留级问题研究论集

陈志峰　郑英杰　主编

中国社会科学出版社

图书在版编目(CIP)数据

留级问题研究论集/陈志峰，郑英杰主编．—北京：中国社会科学出版社，2015.10

（澳门教育丛书）

ISBN 978-7-5161-7019-9

Ⅰ.①留… Ⅱ.①陈…②郑… Ⅲ.①升留级—研究—文集
Ⅳ.①G473.3-53

中国版本图书馆 CIP 数据核字(2015)第 262473 号

出 版 人 赵剑英
责任编辑 史慕鸿
责任校对 韩海超
责任印制 戴 宽

出 版 中国社会科学出版社
社 址 北京鼓楼西大街甲 158 号
邮 编 100720
网 址 http://www.csspw.cn
发 行 部 010-84083685
门 市 部 010-84029450
经 销 新华书店及其他书店

印刷装订 三河市君旺印务有限公司
版 次 2015 年 10 月第 1 版
印 次 2015 年 10 月第 1 次印刷

开 本 710×1000 1/16
印 张 14
插 页 2
字 数 235 千字
定 价 52.00 元

凡购买中国社会科学出版社图书，如有质量问题请与本社营销中心联系调换
电话：010-84083683

资助：

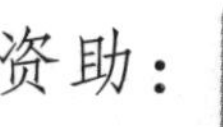

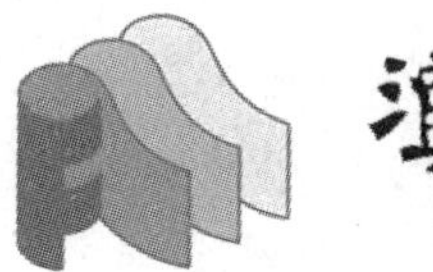

总　序

澳门回归后，在国家的大力支持下，特区政府致力于经济建设之余，高度重视教育发展，提出了“优先发展教育”的方针，逐步完善教育政策和教育法律、法规，持续加大资源投入，努力提升教育质量。在“科教兴澳”的社会背景下，澳门教育有了新的发展。而澳门教师在教育道路上默默耕耘，辛勤付出，在履行教师职责的同时，致力于提升专业水平，努力探索具有澳门特色的教育发展路向和教育方法，其中总结出来的心得体会、实践经验和教研成果，值得积累和推广。

澳门中华教育会是澳门历史悠久的文化教育团体之一，一向以爱国爱澳，团结教育界，服务社会，促进教育发展为宗旨。澳门中华教育会于2011年制定“澳门教育丛书”出版计划，目的是积累、推广澳门教师的教育经验和研究成果，鼓励教师撰写教育心得，以供本澳乃至各地教育工作者交流学习和教育科研之用。作为一个恒常性的出版计划，每年均将出版若干本教育范畴的书籍，其中包括教师文选、教育研究和教师专著。本计划得到澳门基金会大力支持，予以经费赞助。

2011年澳门中华教育会出版了第一辑“澳门教育丛书”后，为进一步提升出版质量，于2012年与中国社会科学出版社签订合作协议，把丛书交与中国社会科学出版社出版发行，中华教育会则负责丛书的组织、策划、评审工作。

澳门教师的教学任务和培训工作十分繁重，能在工余挤出时间，耗费精力进行教育研究和撰写教育心得，实属不易，值得赞扬。“澳门教育丛书”真实反映了澳门教师的精神面貌、教育特色，以及其对澳门教育作出的思考，对构建澳门特色优质教育体系和推动教师专业成长，有莫大裨益。我们衷心希望广大澳门教师积极支持“澳门教育丛书”的出版工作，踊跃投稿，为推动澳门教育健康发展，贡献力量。

“澳门教育丛书”编辑委员会

2012年4月

编者简介

陈志峰，澳门理工学院副教授，中山大学文学博士，澳门中华教育会学术部部长，澳门高等教育人员交流协进会秘书长。

郑英杰，台湾体育大学师资培育中心助理教授，美国加州大学洛杉矶分校（UCLA）教育学博士。

目　录

世界各国留级制度实施现状分析

刘　霖　邓姣婧　阎光才

一　绪论

在国际上，留级现象具有一定的普遍性。即使在强制取消留级制度的国家里，也因为一些特殊原因，存在个别留级现象。因此，在观察世界各国留级现象的过程中，需要真正关注的问题并非是否存在留级现象，而应该是留级率的高低及其影响因素。对于世界各国中小学生留级的原因，Jere Brophy（2006）大致概括为以下几种类型：第一，因为贫困而导致的教育资源匮乏，往往是发展中国家学生留级的主要原因。一些发展中国家的偏远地区，学校只开设最基本的几个年级，其结果是即使学生想继续升学，学校也无法提供下一学年的课程。第二，发展中国家或发达国家均存在学校语言与家庭语言间的差异，造成部分孩子早期的入学困难，而不得不留级。第三，国家对学业水准有严格的考试要求，以满足基本的学业标准，因此考试不合格的学生往往被要求留级重修。这种现象在发达国家中也较为普遍。此外，学生还因为各种原因（健康、家庭、社会等）导致长期缺勤或品行不端而影响正常升级。

就目前整体情况而言，发展中国家的留级现象比发达国家更为普遍，尤其在偏远的农村地区。T. Eisenmon（1997）研究表明：发展中国家的留级率通常较高。其中，世界留级率最高的是撒哈拉沙漠以南的非洲国家，小学每年留级率约为22%，中学为21%；北非和中东国家小学留级率约为12%，中学为21%；拉丁美洲和加勒比海国家平均为9%和8%；东亚和东南亚的资料由于过于零星分散，因此无法统计出有意义的平均值。

相对于发展中国家，大多数发达国家的中小学生留级率较低（通常在1%—5%的范围内），但留级率低并不代表学生的学业都能够达到合格标准，而是因为标准相对宽松。据 T. Eisenmon（1997）估计，如果严格留级标准，发达国家的留级率也可能达到10%以上。因此，他认为不同国家的留级率与各国不同的教育制度有关。斯堪的纳维亚和英语国家更为重视教育的普及性，所以并不特别重视学业标准，留级率相对较低。而法国、葡萄牙和西班牙等国，对中学和高等教育的录取率都有限制，因此留级率相对较高。在美国，任何年纪的留级生都很少，但到了15岁，15%—30%的学生至少留过一次级。Corman（2003）资料表明，美国高中二年级（15岁）中，16%的白人男孩、21%的黑人男孩、10%的白人女孩、17%的黑人女孩都至少留过一次级。

综上所述，中小学留级现象在世界各国普遍存在，但其严重程度却因国家整体教育发展水准及对教育要求的不同而存在差异。留级现象的存在，也与不同国家人们对留级本身的态度有关。发展中国家的学生家长往往将留级作为提高子女学业水准的机会，因此这种留级带有自愿性。而发达国家的留级主要是由学校与家长协商决定，留级与否取决于教师和家长对学生心智成熟度的评估以及对学业成绩的要求。

总之，无论国家经济与教育发展水准如何，无论留级制度是否被国家法律条文所记载，世界各国都不存在绝对的无留级现象，仅是程度上的差异。即使所谓废除留级制的国家，也会因为上述种种原因而存在较低的留级率。

因此，本研究试图从国际比较的角度，对各国留级率、经济、教育和社会发展水准间的关系展开分析，期望从中大致厘清留级现象背后的宏观社会原因。

二　世界各国地区留级率分布情况

根据OECD（经济合作与发展组织）针对2009年参加PISA考试国家的15岁学生留级状况的调查可知，平均13%的学生至少留过一次级。其中，被调查学生中7%在小学留过级，6%在初中留过级，2%在高中留过级。芬兰、冰岛、斯洛文尼亚、英国、阿塞拜疆、克罗地亚、哈萨克斯坦、塞尔维亚、黑山、中国台北，97%以上的被调查学生声称从未留级。日本、韩国和挪威在调查中都不存在留级现象。相反，在比利时、法国、卢森堡、荷兰、葡萄牙、西班牙、阿根廷、巴西、哥伦比亚、巴拿马、秘鲁、特立尼达和多巴哥、突尼斯、乌拉圭和中国澳门，超过25%的学生声称留过级。表1中，在高留级率国家和地区中，既有发达国家和地区，也有发展中国家和地区。不过，相对而言，发达国家和地区的留级率偏低。

表1　2009年参加PISA考试各国（地区、城市）15岁学生的留级情况

单位:%

国家（地区、城市）	15岁学生中至少留级一次的比例	调查者中初中生占比	调查者中高中生占比	国家（地区、城市）	15岁学生中至少留级一次的比例	调查者中初中生占比	调查者中高中生占比
中国澳门	43.70	61	39	澳大利亚	8.40	15	85
突尼斯	43.20	44	56	以色列	7.50	42	58
巴西	40.10	25	75	中国上海	7.50	14	86
乌拉圭	38.00	39	61	约旦	6.60	100	0
法国	36.90	37	63	希腊	5.70	7	93
卢森堡	36.50	62	38	保加利亚	5.60	7	93
西班牙	35.30	100	0	爱沙尼亚	5.60	98	2
葡萄牙	35.00	44	56	新加坡	5.40	4	96
比利时	34.90	9	91	波兰	5.30	99	1
哥伦比亚	33.90	37	63	新西兰	5.10	6	94
阿根廷	33.80	39	61	阿尔巴尼亚	4.70	53	47
巴拿马	31.80	44	56	瑞典	4.60	98	2
特立尼达和多巴哥	28.80	36	64	丹麦	4.40	99	1
秘鲁	28.10	30	70	吉尔吉斯斯坦	4.30	79	21
荷兰	26.70	74	26	罗马尼亚	4.20	100	0
智利	23.40	5	95	捷克	4.00	54	46
瑞士	22.80	79	21	斯洛伐克	3.80	100	0
墨西哥	21.50	94	6	立陶宛	3.90	39	61

续表

国家（地区、城市）	15 岁学生中至少留级一次的比例	调查者中初中生占比	调查者中高中生占比	国家（地区、城市）	15 岁学生中至少留级一次的比例	调查者中初中生占比	调查者中高中生占比
列支敦士登	21.50	44	56	泰国	3.50	24	76
德国	21.40	97	3	俄罗斯	3.20	71	29
印度尼西亚	18.00	54	46	芬兰	2.80	0	100
意大利	16.00	1	99	克罗地亚	2.80	100	0
中国香港	15.60	34	66	英国	2.20	0	100
卡塔尔	14.80	19	81	塞尔维亚	2.00	2	98
美国	14.20	11	89	黑山	1.80	2	98
OECD 平均	**13.00**	**4**	**96**	哈萨克斯坦	1.70	55	45
土耳其	13.00	46	54	阿塞拜疆	1.70	80	20
阿联酋迪拜	12.60	19	81	中国台北	1.60	35	65
奥地利	12.60	7	93	斯洛文尼亚	1.50	3	97
爱尔兰	12.00	62	38	冰岛	0.90	98	2
匈牙利	11.10	97	3	挪威	0	0	100
拉脱维亚	11.10	10	90	韩国	0	4	96
加拿大	8.40	81	19	日本	0	100	0

资料来源：OECD，PISA 2009 Database，Table IV. 3.1.1 2 http：//dx. doi. org/10.1787/888932343399。

三　世界各国留级制度运行现状

对于中小学留级制度，联合国教科文组织基本持否定态度，多年来不断呼吁各国要取消留级制度。目前，挪威、丹麦、瑞典、日本、韩国、朝鲜、泰国和马来西亚等国家以及中国内地和香港，也基本取消了强制留级制度。

（一）欧洲地区

1. 欧洲留级制度的现有法规

所有欧洲国家，存在学业困难的小学生都会得到某些额外的学习支持。在许多国家的现行法律中，如果这些额外的帮助不充分并且学生没有取得满意的进步，留级可以作为一种补救措施来帮助学生克服学业困难。大部分国家在法律中规定了具体规则和实施标准，以此决定是否留级。总体上，欧洲大多数国家允许留级制度的存在。少数国家除外，如冰岛和挪威的法律规定，在义务教育阶段，学生可自动升级，而无论其学业表现如何（Lög um grunnskóla，2008）。在保加利亚，根据2009年国家教育法规修正案，1—4年级的小学生不允许留级。再如列支敦士登，法律规定整个小学阶段都要自动升级，但对其他学段则没有具体要求。

2. 欧洲学生留级的学业表现与标准

在允许留级的欧洲各国，留级通常被作为学生克服学业困难的一种手段，各国对留级都制定了具体操作标准。总体而言，欧洲国家的留级标准大致包括以下几方面：学生未达到预期的学业要求、出勤率、品行和家庭方面的要求。

（1）缺勤。缺勤（由于健康、家庭、社会或其他未界定的原因）是学生留级标准之一。由于难以评估长时间缺勤学生的学业进展，学生不得不重修。许多国家，学生由于疾病而长时间缺勤是留级的原因之一。如荷兰、英格兰和斯洛文尼亚，学校和家长往往会以健康原因来为学生争取留级补救。又如卢森堡，若因疾病造成的长时间缺勤，学校可通过向教育委员会提交申请，获得留级授权。

意大利、塞浦路斯、匈牙利、波兰、葡萄牙和罗马尼亚等国，长时间缺勤可能是学生留级的唯一原因。其中，意大利规定少于75%的出席率就可能留级。在塞浦路斯，如果没有正当的缺席理由，缺课51节要留级，或不管任何理由，缺课161节就要留级。在匈牙利，若学生一学年缺勤总数超过250课，或错过30%以上的任何学科课程，除非教师允许学生重考，否则因学年结束无法评估学生，便要求学生留级。在罗马尼亚和波兰法律中，如果学生缺席超过总学年课堂量的50%将留级。在波兰，如果学生的缺勤率低于50%并且缺席有正当理由，可以通过补考成绩决定是否留级。

（2）品行问题。在法国、比利时佛兰德社区、意大利和罗马尼亚等国，学生的不良品行也会影响正常升级。品行评估通常在每学年末，如果他们的品行分数低于平均水准，将会存在留级的风险。如罗马尼亚的法律规定，参加期末考试的小学生即使其他科目顺利通过，但品行不符合标准，也不得升级。

（3）学业进展。学业进展是最普遍也是最重要的升留级标准。有些欧洲国家，评价学生学业进展的重要指标是学年末成绩，它通常为一个综合性分数，包括动机、行为或技能学习测试等，覆盖每个学科。是否留级取决于学生的综合成绩是否达到令人满意的标准。

另外一些欧洲国家，每学科的分数是主要的判别标准，决定是否留级依据不及格科目的数量。如匈牙利、波兰、罗马尼亚和斯洛伐克，两科不及格就要留级。捷克、爱沙尼亚、西班牙、拉脱维亚和斯洛文尼亚，三科以上不及格要留级。

在希腊、塞浦路斯和葡萄牙，一些学科优先于其他学科，因而优先顺序科目在决定升留级时发挥重要作用。如希腊，学校的学科被分为两组，组“A”科目的分数比组“B”更为重要（组“B”包括体育、艺术、音乐、经济、技术和学校职业指导；所有其他科目属于组“A”）。在塞浦路斯，如果学生没有通过现代希腊语和数学两科，就要留级。在葡萄牙的初中阶段，如果学生的葡萄牙语和数学都不及格，或三个学科成绩不及格，学生也将留级。

还有一些国家，通常把学生的学业进步纳入整体评估。整体评估需要考虑考试成绩（期末成绩、每学科的平均分或所有课程的平均分），但是分数不是唯一的标准。这种情形存在于比利时、丹麦、法国、马耳他、芬兰和瑞典等国。其中，在比利时，决定学生是否升留级主要基于学生整学年的努力程度。如比利时德语社区，努力程度往往通过学生两次考试结果的对比来评价。在丹麦，决定学生升留级既要看学生的最终评价结果，也要看一次特定考试的分数。在法国，教学委员会的审议结果是决定升留级的重要依据，其考虑的主要标准是学生是否已掌握核心内容。在马耳他，考虑的主要标准是各学科中的最低分，如果学生没有达到各学科最基本的能力要求则需留级。在瑞士，留级的唯一准则是学生的总体发展。

3. 欧洲各国对留级次数的限定

有些国家对小学生留级的次数有所限定。在比利时的佛兰德社区，要求小学教育不得超过 8 年。在比利时的法国社区，小学生允许在两个阶段每一年级只留级一次：一个阶段是从进入小学到第二年末，另一个阶段是第三学年至第六学年间。在丹麦，整个义务教育阶段至多留级两次。其他国家如捷克共和国、西班牙、法国、塞浦路斯和斯洛伐克等，法律规定小学阶段学生只允许留级一次。

在初中阶段，如列支敦士登，学生只允许留级一次。在卢森堡，通常学生留级不得超过两次。在斯洛文尼亚，学生中学教育阶段不允许强制留级。在塞浦路斯，学生在同一所学校只允许留级两次，如果想要第三次留级只能转入另一所学校。在奥地利，一个学生在原定的 8 年学习中不能超过 10 年。

捷克、丹麦和西班牙，整个义务教育阶段都有留级限制。在捷克，一个学生最多在小学和初中各留级一次。不管成绩是否达标，已经留过一年就要升级。在西班牙，除非极少数情况，一个学生只允许留级两次。

4. 欧洲各国留级的时段要求

目前，欧洲、挪威、丹麦和瑞典已取消留级制度，但德国、奥地利、荷兰、法国、芬兰和瑞士等国仍继续采用。

德国留级制度的设定在小学阶段（1—4 年级），针对不同年级有不同要求。学生 1 年级必须直升 2 年级，不允许留级；2 年级到 3 年级，若有个别差生需要留级，应取得学生家长同意；3 年级结束，要求全部直升 4 年级；4 年级时，如果学生有两门主科（包括德语、数学、常识）不及格也可以留级，前提是取得该学生家长的同意。

根据法国教育部规定，法国中小学每个班都有一个 10 多人的“班级理事会”，由校长、教务长、该班的所有任课教师、两名家长代表、两名学生代表组成。理事会每学期结束时召开 1 次会议（每年共 3 个学期即召开 3 次会议），其中第 2 次理事会最重要，届时将决定某些学生是否应给予处分、留级等。法国的分数为 20 分制，16 分及以上为优秀，10 分以下为不及格。不及格者是否一定要留级，由理事会成员在分析学生整体情况的基础上再投票决定。OCDE（世界经济合作与发展组织）2009 年调查显示，法国 36.9% 的 15 岁学生至少留级过一次，排名世界第五，仅次于中国澳门、突尼斯、巴西与乌拉圭，而 OCDE 的平均数字仅为 13%。事实上，早在 1989 年，法国便将初等教育划分为跨年级的不同学习阶段，以求减少留级人数。近年来，在教育部的指示下，法国各阶段学生留级数已大幅减少，如高三的留级已由 1990 年的 2/3 降为 2004 年的 2/5（法国《世界报》，2011）。

5. 小结

在大多数欧洲国家，依旧存在留级制度，但各国的执行方式存在较大差异。学生是否留级，有的以学业成绩为依据，有的基于教师的评价或家长的要求，还有的取决于教师、辅导员、学校领导或地方当局的评价，甚至校外参与者也发挥着重要作用，这些外部参与者往往是教育心理学家或学习指导服务机构。通常而言，在做出留级决定时需要非常谨慎，尽量避免随意性，确保留级符合学生发展的实际情况（陈惠英，2012）。

欧洲各国留级率存在巨大差异。据最新公布的“国际学生评估计划”（简称 PISA）的调查资料显示，如斯洛文尼亚、英国、冰岛和芬兰等国的留级率已经低于 3%，但比利时（法语区）、西班牙、法国、卢森堡和葡萄牙等国，学生留级率却超过 30%。比利时，小学生留级率在法语区为 22.0%，在荷语区为 16.0%。而中学生留级率，在法语区虽为 24.2%，在荷语区则降为 8.3%，不到 200 人。与欧洲其他国家相比，葡萄牙、荷兰的小学生留级率为 22.4%，希腊只有 2.0%；至于中学生留级率，西班牙高达 32%。调查报告也指出，欧洲国家对留级现象存在观念上的分歧。以比利时为例，该国将留级视为一种教学策略，视学生留级为常态，因此在欧洲属留级率偏高国家（《世界教育资讯》，2011）。

（二）拉美国家与北美地区

拉美是世界上小学生留级率和辍学率最高的地区。在许多拉美国家中，进入一年级学习的儿童几乎有一半未能读完四年级就由于各种原因被迫留级或辍学，每年平均有 29% 的小学生留级，其中 42% 的小学生在一年级就要留级。由此可见，留级问题已成为阻碍拉美地区小学教育阶段提高整体效率的关键问题（《科技日报》，2002）。联合国教科文组织对拉丁美洲 19 个国家 1998—2000 年间初、中级教育情况进行了专题调研。结果显示，巴西中小学留级生的比例最高，小学为 24%，中学为 18%，居南美洲首位。而巴西学生中，男生的留级率尤为严重，女生为 18%，男生则达 25%（《外国教育研究》，1999）。

在北美地区，美国和加拿大都存在留级制度。20 世纪 60—90 年代，美国盛行“社交性升级”制度，即所有小学生从 1 年级开始，不管他们的学业成绩和文化技能是否达到应有水准，都应跟随同龄儿童升入下一年级。这种做法虽然保护了学生的心理发展，但随着大批不合格的学生升级，造成了美国小学教育品质的下降。因此，1999 年美国联邦教育部宣导在全国范围内废止自动升级制度，主张采用分级测试来检验学生的学业水准，并把该结果作为学生是否留级的依据。自 1990 年来，美国中小学学生每年留级人数的比例最高达到 15%，有 30%—50% 的学生进入高中之前都有留级经历（Steiner & Karen，2008）。

四　留级的宏观社会背景因素考察

（一）PISA 考试成绩

1. PISA 简介

国际学生评估项目（The Programme for International Student Assessment，简称 PISA）是一项由经济合作与发展组织（OECD）统筹的学生能力国际评估计划。通过对基础教育阶段 15 岁的学生进行测试，旨在评价学生是否掌握参与社会所需要的知识和技能。迄今为止，已有超过 70 个国家的学生代表参与该项评估。

自 2000 年起，每隔三年，PISA 会在各国随机抽取 15 岁年龄的学生参与该项评估。评估主要科目为阅读、数学和科学。同时，在背景问卷调查中，学生和校长也会提供他们的家庭背景资讯以及学校的运行方式。

PISA 的独特之处在于它的测试不是直接与学校课程相连，而是评估学生在现实生活中运用所学知识的能力。此外，各国获取每三年的 PISA 资料，可以通过连续性的调查来比较学生的学业表现以及评估教育政策（http：//www. oecd. org/pisa/aboutpisa/）。

2. 2009 年 PISA 考试成绩排名

2009 年 PISA 的调查结果主要评估 65 个国家和地区中，15 岁学生在阅读、数学和科学方面的能力。其中，中国上海的成绩非常突出，在阅读、数学和科学方面均排第一。韩国（阅读第 2、数学第 4、科学第 6），芬兰（阅读第 3、数学第 6、科学第 2），中国香港（阅读第 4、数学第 3、科学第 3），新加坡（阅读第 5、数学第 2、科学第 4），加拿大（阅读第 6、数学第 10、科学第 8），新西兰（阅读第 7、数学第 13、科学第 7），日本（阅读第 8、数学第 9、科学第 5）等国的学生在阅读、数学和科学三方面能力的平均得分均名列前茅。但吉尔吉斯斯坦、阿塞拜疆、巴拿马、秘鲁、卡塔尔、印度尼西亚、突尼斯等国学生三方面的素养均较低（见表2）。

对PISA成绩与留级率的关系分析发现，名列前茅的这些国家的中小学留级率都非常低，大多国家都取消了强制留级制度。这虽然不能说明一国留级率高低与学业成绩间存在负相关，但至少表明留级率高未必对学业成绩的提高发挥作用。

表2 **2009年各国家（地区、城市）学生PISA考试中阅读、数学、科学成绩及排名**

排名	国家（地区、城市）	阅读分数	国家（地区、城市）	数学分数	国家（地区、城市）	科学分数
1	中国上海	**556**	中国上海	**600**	中国上海	**575**
2	韩国	**539**	新加坡	**562**	芬兰	**554**
3	芬兰	**536**	中国香港	**555**	中国香港	**549**
4	中国香港	**533**	韩国	**546**	新加坡	**542**
5	新加坡	**526**	中国台北	**543**	日本	**539**
6	加拿大	**524**	芬兰	**541**	韩国	**538**
7	新西兰	**521**	列支敦士登	**536**	新西兰	**532**
8	日本	**520**	瑞士	**534**	加拿大	**529**
9	澳大利亚	**515**	日本	**529**	爱沙尼亚	**528**
10	荷兰	**508**	加拿大	**527**	澳大利亚	**527**
11	比利时	**506**	荷兰	**526**	荷兰	**522**
12	挪威	**503**	中国澳门	**525**	中国台北	**520**
13	爱沙尼亚	**501**	新西兰	**519**	列支敦士登	**520**
14	瑞士	**501**	比利时	**515**	德国	**520**
15	波兰	**500**	澳大利亚	**514**	瑞士	**517**
16	冰岛	**500**	德国	**513**	英国	**514**
17	美国	**500**	爱沙尼亚	**512**	斯洛文尼亚	**512**
18	列支敦士登	*499*	冰岛	**507**	中国澳门	**511**
19	瑞典	*497*	丹麦	**503**	波兰	**508**

续表

排名	国家（地区、城市）	阅读分数	国家（地区、城市）	数学分数	国家（地区、城市）	科学分数
20	德国	*497*	斯洛文尼亚	**501**	爱尔兰	**508**
21	爱尔兰	*496*	挪威	*498*	比利时	**507**
22	法国	*496*	法国	*497*	匈牙利	*503*
23	中国台北	*495*	斯洛伐克	*497*	美国	*502*
24	丹麦	*495*	奥地利	*496*	挪威	*500*
25	英国	*494*	波兰	*495*	捷克	*500*
26	匈牙利	*494*	瑞典	*494*	丹麦	*499*
27	葡萄牙	*489*	捷克	*493*	法国	*498*
28	中国澳门	487	英国	*492*	冰岛	*496*
29	意大利	486	匈牙利	*490*	瑞典	495
30	拉脱维亚	484	卢森堡	489	奥地利	494
31	斯洛文尼亚	483	美国	487	拉脱维亚	494
32	希腊	483	爱尔兰	487	葡萄牙	493
33	西班牙	481	葡萄牙	487	立陶宛	491
34	捷克	478	意大利	483	斯洛伐克	490
35	斯洛伐克	477	西班牙	483	意大利	489
36	克罗地亚	476	拉脱维亚	482	西班牙	488
37	以色列	474	立陶宛	477	克罗地亚	486
38	卢森堡	472	俄罗斯	468	卢森堡	484
39	奥地利	470	希腊	466	俄罗斯	478
40	立陶宛	468	克罗地亚	460	希腊	470
41	土耳其	464	阿联酋迪拜	453	阿联酋迪拜	466
42	阿联酋迪拜	459	以色列	447	以色列	455
43	俄罗斯	459	土耳其	445	土耳其	454
44	智利	449	塞尔维亚	442	智利	447
45	塞尔维亚	442	阿塞拜疆	431	塞尔维亚	443

续表

排名	国家（地区、城市）	阅读分数	国家（地区、城市）	数学分数	国家（地区、城市）	科学分数
46	保加利亚	429	保加利亚	428	保加利亚	439
47	乌拉圭	426	乌拉圭	427	罗马尼亚	428
48	墨西哥	425	罗马尼亚	427	乌拉圭	427
49	罗马尼亚	424	智利	421	泰国	425
50	泰国	421	墨西哥	419	墨西哥	416
51	特立尼达和多巴哥	416	泰国	419	约旦	415
52	哥伦比亚	413	特立尼达和多巴哥	414	特立尼达和多巴哥	410
53	巴西	412	哈萨克斯坦	405	巴西	405
54	黑山	408	黑山	403	哥伦比亚	402
55	约旦	405	阿根廷	388	黑山	401
56	突尼斯	404	约旦	387	阿根廷	401
57	印度尼西亚	402	巴西	386	突尼斯	401
58	阿根廷	398	哥伦比亚	381	哈萨克斯坦	400
59	哈萨克斯坦	390	阿尔巴尼亚	377	阿尔巴尼亚	391
60	阿尔巴尼亚	385	突尼斯	371	印度尼西亚	383
61	卡塔尔	372	印度尼西亚	371	卡塔尔	379
62	巴拿马	371	卡塔尔	368	巴拿马	376
63	秘鲁	370	秘鲁	365	阿塞拜疆	373
64	阿塞拜疆	362	巴拿马	360	秘鲁	369
65	吉尔吉斯斯坦	314	吉尔吉斯斯坦	331	吉尔吉斯斯坦	330

①资料来源：http：//www. oecd. org/pisa/46643496. pdf。

②数值为粗体代表显著高于 OECD 平均值；数值为斜体代表与 OECD 平均值无显著差异；其余数值代表显著低于 OECD 平均值。

③OECD 阅读平均分为 493，数学平均分为 496，科学平均分为 501。

（二）国家经济发展水准与留级

通过对表 2 中 65 个国家人均 GDP 及对应的 2009 年 PISA 考试的阅读成绩进行统计分析可知，两者之间存在显著相关性（Pearson 相关系数为

0.399，P=0.002<0.05），即经济发展水准越高的国家，学生的整体阅读素养越高。但各国的PISA成绩（以阅读成绩为例）与留级率之间并不显著相关（Pearson相关系数为-0.185，P=0.141>0.05）。

值得注意的是，在2012年各国家（或地区）人均GDP世界排名前十的国家（或地区）中，有三个国家虽然经济发展水准很高，但学生的学业成绩并不高，留级率均高于OECD平均水准（13%）。三国具体情况如下：卢森堡人均GDP（107206美元）排名世界第一，但2009年PISA三项成绩排名都处于中等水准，留级率高达36.5%；卡塔尔人均GDP位居世界第二，但三项PISA成绩排名倒数，留级率为14.8%；中国澳门人均GDP位居世界第四，PISA成绩排名中上等，以43.7%的留级率位居调查之首。

研究发现，这三地均未取消留级制度。其中，在卢森堡，学生会因健康导致的长期缺勤、家庭情况特殊、学业成绩未达到最低标准等因素而被要求留级。尽管卢森堡对每门科目升级的分数要求最低，并限制了小学和初中的最高留级次数（2次），学校还针对学困生提供额外的辅导，但它的留级率仍然很高。另外，澳门有一百多种留级制度，主要原因有学生缺乏学习动机、父母忙于工作、单亲家庭、没有足够的专业学科帮助学生多元发展等。同时也与学校管理、课程设计及教师的知识和技能有关，不少学生无法适应现时的授课模式——以最经济的手段来培养时代需要的劳动者而忽略了个体差异（《澳门日报》，2013）。

表3　**参与PISA考试国家（地区或城市）2012年的人均GDP**　单位:%

PISA排名（以阅读成绩排名为主）	国家（地区、城市）	2012年人均GDP（美元）	2012年人均GDP排名	15岁学生中至少留级一次的比例
1	中国上海	13634	—	7.50
2	韩国	23113	34	0
3	芬兰	46142	14	2.80
4	中国香港	36667	25	15.60
5	新加坡	51162	10	5.40

续表

PISA 排名（以阅读成绩排名为主）	国家（地区、城市）	2012 年人均 GDP（美元）	2012 年人均 GDP 排名	15 岁学生中至少留级一次的比例
6	加拿大	52232	9	8. 40
7	新西兰	38222	24	5. 10
8	日本	46736	13	0
9	澳大利亚	67723	5	8. 40
10	荷兰	46142	14	26. 70
11	比利时	43686	18	34. 90
12	挪威	99462	3	0
13	爱沙尼亚	16320	44	5. 60
14	瑞士	79033	4	22. 80
15	波兰	12538	57	5. 30
16	冰岛	41739	19	0. 90
17	美国	49922	11	14. 20
18	列支敦士登	—	—	21. 50
19	瑞典	55158	8	4. 60
20	德国	41513	21	21. 40
21	爱尔兰	45888	16	12. 00
22	法国	41141	22	36. 90
23	中国台北	20328	39	1. 60
24	丹麦	56202	7	4. 40
25	英国	38589	23	2. 20
26	匈牙利	12736	56	11. 10
27	葡萄牙	20179	40	35. 00
28	中国澳门	67723	4	43. 70
29	意大利	33115	26	16. 00

续表

PISA 排名（以阅读成绩排名为主）	国家（地区、城市）	2012 年人均 GDP（美元）	2012 年人均 GDP 排名	15 岁学生中至少留级一次的比例
30	拉脱维亚	13900	50	11.10
31	斯洛文尼亚	22193	36	1.50
32	希腊	22055	37	5.70
33	西班牙	29289	28	35.30
34	捷克	18579	42	4.00
35	斯洛伐克	16899	43	3.80
36	克罗地亚	12972	52	2.80
37	以色列	31296	27	7.50
38	卢森堡	107206	1	36.50
39	奥地利	47083	12	12.60
40	立陶宛	14018	49	3.90
41	土耳其	10609	63	13.00
42	阿联酋迪拜	—	—	12.60
43	俄罗斯	14247	48	3.20
44	智利	15410	46	23.40
45	塞尔维亚	4983	96	2.00
46	保加利亚	7033	79	5.60
47	乌拉圭	14614	47	38.00
48	墨西哥	10247	66	21.50
49	罗马尼亚	7935	72	4.20
50	泰国	5678	93	3.50
51	特立达和多巴哥	—	—	28.80
52	哥伦比亚	7935	72	33.90
53	巴西	12079	58	40.10

续表

PISA 排名（以阅读成绩排名为主）	国家（地区、城市）	2012 年人均 GDP（美元）	2012 年人均 GDP 排名	15 岁学生中至少留级一次的比例
54	黑山	6882	81	1.80
55	约旦	4879	97	6.60
56	突尼斯	—	—	43.20
57	印度尼西亚	—	—	18.00
58	阿根廷	11576	61	33.80
59	哈萨克斯坦	11773	60	1.70
60	阿尔巴尼亚	3913	104	4.70
61	卡塔尔	99731	2	14.80
62	巴拿马	9919	67	31.80
63	秘鲁	6305	86	28.10
64	阿塞拜疆	7450	76	1.70
65	吉尔吉斯斯坦	—	—	4.30

①资料来源：国际货币基金组织 2013 年 4 月 16 日发布的 2012 年人均 GDP。

②这里 PISA 排名以阅读的排名为主是因为 2009 年 PISA 考试的重点是考查各国学生的阅读素养。

经统计分析，图 1 的 65 个国家人均 GDP 与对应的 15 岁学生至少留级一次的比率并无显著相关性（Pearson 相关系数为 0.125，$P = 0.345 > 0.05$）。但从图中可以看出，有些国家人均 GDP 与留级率成正相关，如匈牙利、葡萄牙、中国澳门、意大利、拉脱维亚、捷克、斯洛伐克、克罗地亚、以色列、卢森堡、奥地利、立宛陶、爱沙尼亚、瑞士和波兰，留级率随着国家经济发展水准的高低而升降；而荷兰、比利时、挪威、爱沙尼亚、列支敦士登、瑞典、德国、爱尔兰等国的人均 GDP 与留级率呈负相关，国家的经济发展水准越高而留级率越低。

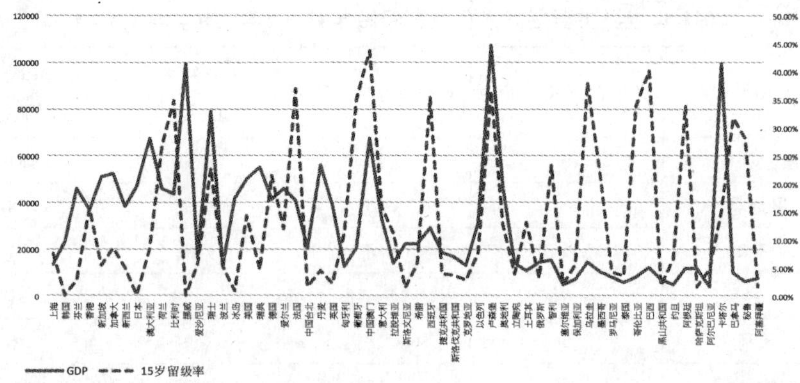

图 1　各国家（地区、城市）PISA 成绩排名与 2012 年人均 GDP 排名关系

（三）世界各国教育发展水准与留级

表 4 为 2011 年世界主要国家的义务教育起始年龄、5—14 岁和15—19 岁学生的就学比例。由表可知，义务教育阶段各国的入学年龄在4—7 岁范围内，结束年龄在 14—18 岁范围内，OECD 平均起始年龄为6—16 岁。

各国 5—14 岁学生就学比例均达到 90% 以上，OECD 平均值高达 99%。其中，希腊、爱尔兰、日本、墨西哥、荷兰、新西兰、挪威、英国、葡萄牙、阿根廷学生就学比例均为 100%，学生比率最低的俄罗斯，也已达到 92%。由此可见，各国在 5—14 岁年龄段，即小学和初中阶段的普及率很高，与留级率无显著关系。

15—19 岁学生就学比例均低于 5—14 岁的学生。其中，15—19 岁学生就学比例达到 90% 以上的国家有比利时、荷兰、波兰、爱尔兰、德国、斯洛文尼亚、匈牙利、捷克，但这些国家的留级率差异较大，如比利时（34. 9%）、荷兰（26. 7%）、德国（21. 4%）的留级率较高，而斯洛文尼亚（1. 5%）、捷克（4%）、波兰（5. 3%）的留级率很低。

15—19 岁学生就学比例较低的国家有印度尼西亚（67%）、以色列（64%）、土耳其（64%）、墨西哥（56%），它们的留级率依次为 18%、7. 5%、13%、21. 5%。

表4　2011 年世界主要国家义务教育起始年龄、小学/中学学生比例

国家	义务教育入学年龄	义务教育结束年龄	5—14 岁学生比例（%）	15—19 岁学生比例（%）
澳大利亚	6	17	99	84
奥地利	6	15	98	78
比利时	6	18	99	94
加拿大	6	16—18	99	81
智利	6	18	94	76
捷克	6	15	98	90
丹麦	6	16	99	87
爱沙尼亚	7	16	96	87
芬兰	7	16	96	87
法国	6	16	99	84
德国	6	18	99	92
希腊	5	14—15	100	84
匈牙利	5	18	98	92
冰岛	6	16	99	87
爱尔兰	6	16	100	93
以色列	6	17	97	64
意大利	6	16	99	81
日本	6	15	100	—
韩国	6	14	99	86
卢森堡	4	15	96	—
墨西哥	4	15	100	56
荷兰	5	18	100	93
新西兰	5	16	100	81
挪威	6	16	100	86
波兰	5	16	95	93
葡萄牙	6	18	100	87
斯洛伐克	6	16	96	85
斯洛文尼亚	6	14	97	92

续表

国家	义务教育入学年龄	义务教育结束年龄	5—14 岁学生比例（%）	15—19 岁学生比例（%）
西班牙	6	16	99	86
瑞典	7	16	97	86
瑞士	5—7	15	99	85
土耳其	6	14	95	64
英国	4—5	16	100	78
美国	4—6	17	96	80
OECD 平均	**6**	**16**	**99**	**84**
阿根廷	5	17	100	72
巴西	6	17	95	77
中国	—	—	—	—
印度尼西亚	—	15	93	67
俄罗斯	7	17	92	78

资料来源：www. oecd. org/edu/eag. htm - OECD. Argentina, China, India, Indonesia, Saudi-Arabia and South Africa：UNESCO Institute for Statistics。

表 5 为 2009—2011 年世界主要国家的高等教育入学率。由表可知，从 2009 年到 2011 年，各国本科入学率都经历了细微的波动。如西班牙、葡萄牙、墨西哥、德国、丹麦、英国、日本、沙特阿拉伯等国入学率逐渐上升。而意大利、波兰、斯洛伐克等国入学率逐渐下降。此外，还有国家的本科入学率经历了先升高再下降或先下降又升高的过程。

2011 年本科入学率 OECD 的平均值为 60%。其中，葡萄牙（98%）、澳大利亚（96%）的本科入学率最高，其次为波兰（81%）和冰岛（81%），而它们的留级率依次为 35%、8.4%、5.3%、0.9%。由此可见，它们的本科入学率越高，留级率反而更高。

2011 年本科入学率低于 OECD 平均值的国家有西班牙、沙特阿拉伯、匈牙利、日本、奥地利、波兰、意大利、德国、智利、瑞士、爱沙尼亚、希腊、土耳其、法国、墨西哥、比利时、印度尼西亚，又以印度尼西亚（24%）的本科教育入学率为最低。其中，法国（36.9%）、西班牙（35.3%）、比利时（34.9%）的留级率最高，波兰（5.3%）、爱沙尼亚

（5.6%）、希腊（5.7%）的留级率较低，日本留级率为0。

2009—2011年中，专科入学率的浮动也同样符合本科入学率的变化。其中多数国家的本科入学率均高于专科入学率，但也有例外，如比利时和智利。

表5　　2009—2011年世界主要国家高等教育入学率　　单位:%

	2009年	2009年		2010年		2011年	
国家	15岁至少留级一次的比例	本科入学率	专科入学率	本科入学率	专科入学率	本科入学率	专科入学率
巴西	40.1	—	—	—	—	—	—
法国	36.9	—	—	—	—	39	—
卢森堡	36.5	31	2	28	10	—	—
西班牙	35.3	46	23	52	26	53	28
葡萄牙	35	84	0	89	0	98	0
比利时	34.9	31	39	33	38	33	38
阿根廷	33.8	56	46	60	51	—	—
荷兰	26.7	63	0	65	0	65	0
智利	23.4	44	59	47	58	45	59
瑞士	22.8	41	21	44	23	44	22
墨西哥	21.5	31	2	33	3	34	3
德国	21.4	40	19	42	21	46	21
印度尼西亚	18	22	5	22	5	24	4
意大利	16	50	0	49	0	48	0
美国	14.2	70	x（11）	74	x（12）	72	x（13）
土耳其	13	40	30	40	28	39	27
OECD平均	**13**	**58**	**18**	**61**	**18**	**60**	**19**
奥地利	12.6	45	14	53	16	52	16
波兰	12	51	25	56	28	51	24
匈牙利	11.1	53	14	54	16	52	17
澳大利亚	8.4	94	—	96	—	96	—
加拿大	8.4	—	—	—	—	—	—
以色列	7.5	60	27	60	29	60	27

续表

国家	2009 年	2009 年		2010 年		2011 年	
	15 岁至少留级一次的比例	本科入学率	专科入学率	本科入学率	专科入学率	本科入学率	专科入学率
希腊	5.7	—	—	—	—	40	31
爱沙尼亚	5.6	42	30	43	29	43	28
波兰	5.3	85	1	84	1	81	1
新西兰	5.1	80	47	80	48	76	45
瑞典	4.6	68	11	76	12	72	11
丹麦	4.4	55	25	65	25	71	26
捷克	4	59	8	60	9	60	9
斯洛伐克	3.8	69	1	65	1	61	1
俄罗斯	3.2	69	27	66	29	72	31
芬兰	2.8	69	a	68	a	68	a
英国	2.2	61	31	63	26	64	23
斯洛文尼亚	1.5	61	32	77	19	75	18
冰岛	0.9	77	4	93	4	81	4
日本	0	49	27	51	27	52	29
韩国	0	71	36	71	36	69	37
挪威	0	77	0	76	0	76	0
中国	—	—	—	—	—	—	—
印度	—	—	—	—	—	—	—
沙特阿拉伯	—	43	15	48	11	53	10
南非	—	—	—	—	—	—	—

①资料来源：http：//dx. doi. org/10. 1787/888932847488。

②这里采用的是联合国教科文组织所制定的教育层次分类法，ISCED0 为小学前教育，ISCED1 为初等教育，ISCED2 为中等教育初中阶段，ISCED3 为中等教育高中阶段，ISCED4 为高中后教育但非高等教育阶段，ISCED5 为高等教育的专科和本科阶段，ISCED6 为高等教育研究生阶段。因此这里的高等教育入学率分为本科入学率和专科入学率。

③由于后期的更改，智利的相关资料并未列入 OECD 平均值计算中。

④表格中的“0”代表资料很小可忽略不计或“无”；“—”代表数据缺失；“a”表示资料因不适用于该国的教育分类标准而无法获得。

⑤这里的入学比例可能会被高估，因为这里的本科或专科学生不仅包括本科/专科第一年入校的学生，还包括其他专案第一年入校的学生。

高中教育的分类采取 OECD 官方使用的分类方法，分为普通高中教育、准职业教育和职业高中教育。普通高中强调的是知识性和研究性，职业高中强调的是技术性和职业性，而准职业教育主要提供比职业教育更广泛和基本的课程，使年轻人有更多的职业尝试机会。总体而言，绝大多数国家普通高中学生所占的比例高于职业高中，学生进入普通高中的概率更大。如表 6 所示，在留级率超过 OECD 平均水准的国家中，除了卢森堡、比利时、荷兰、瑞士、意大利的职业高中学生所占比例超过普通高中外，其他均为普通高中教育比例更高。瑞典（职高学生占 55%）、斯洛文尼亚（65%）、芬兰（70%）、奥地利（70%）、斯洛伐克（71%）及捷克（73%）的留级率均在 OECD 均值之下，但职业高中教育占主导地位。法国、西班牙、德国、印度尼西亚、土耳其、澳大利亚、波兰和丹麦，普通高中与职业高中的发展相对均衡。

总之，在留级率较低的国家中，职业教育的发展较为成熟，学生入读职业高中的比例较高。也许职业高中的良好发展为学困生提供了另一条发展途径，致使留级率不高。

表 6　2011 年世界主要国家高中阶段各类学校学生所占比例　单位：%

国家	15 岁至少留级一次的比率	普通高中教育	准职业教育	职业高中教育	其他
巴西	40.1	86	a	14	a
法国	36.9	55	a	45	12
卢森堡	36.5	39	a	61	14
西班牙	35.3	55	a	45	2
葡萄牙	35	58	4	39	a
比利时	34.9	27	a	73	3
阿根廷	33.8	82	a	18	a
荷兰	26.7	31	a	69	—
智利	23.4	67	a	33	—
瑞士	22.8	35	a	65	60

续表

国家	15 岁至少留级一次的比率	普通高中教育	准职业教育	职业高中教育	其他
墨西哥	21.5	91	a	9	a
德国	21.4	51	a	49	43
印度尼西亚	18	58	a	42	a
意大利	16	40	a	60	a
美国	14.2	—	—	—	—
土耳其	13	56	a	44	0
OECD 平均	**13**	**54**	**2**	**44**	**12**
奥地利	12.6	24	6	70	35
波兰	12	66	33	1	a
匈牙利	11.1	74	10	17	17
澳大利亚	8.4	51	a	49	—
加拿大	8.4	94	—	6	a
以色列	7.5	62	a	38	4
希腊	5.7	68	a	32	a
爱沙尼亚	5.6	66	a	34	0
波兰	5.3	52	a	48	7
新西兰	5.1	71	6	23	a
瑞典	4.6	44	1	55	0
丹麦	4.4	54	a	46	45
捷克	4	27	0	73	32
斯洛伐克	3.8	29	a	71	29
俄罗斯	3.2	48	23	29	—
芬兰	2.8	30	a	70	12
英国	2.2	64	—	36	—

续表

国家	15岁至少留级一次的比率	普通高中教育	准职业教育	职业高中教育	其他
斯洛文尼亚	1.5	35	a	65	0
冰岛	0.9	66	2	32	14
日本	0	77	1	22	a
韩国	0	79	a	21	a
挪威	0	47	a	53	15
中国	a	48	—	52	a
印度	a	—	—	—	—
沙特阿拉伯	a	—	—	—	—
南非	a	—	—	—	—

①资料来源：http：//dx. doi. org/10.1787/888932850338。

②“其他”主要指基于学校和工作相结合的职业教育（Vocational of which combined school - and work - based）。

③表格中的“0”代表资料很小可忽略不计或“无”；“—”代表数据缺失；“a”表示资料因不适用于该国的教育分类标准而无法获得。

（四）家庭社会经济文化指数与留级

ESCS指数（Index of Economic Social and Cultural Status）是测量家庭社会经济地位的指标，它综合了有关学生父母亲的最高教育程度、父母亲的最高职业地位和家庭拥有物及教育资源的回答。其中，OECD国家的家庭社会经济文化地位平均水准设为0，高于平均水准为正值，反之为负值。家庭处境有利学生是指在自己国家处于ESCS分布的最高四分之一的学生，家庭处境不利学生是指在最低四分之一的学生。

PISA十分关注家庭社会经济和文化状况对学生学业和阅读素养形成的影响。PISA的研究方法通过回归分析，计算ESCS指数对学生阅读素养成绩的影响。由表7中ESCS指数解释学生成绩差异的比例可以看出，所有参与国家和地区中，除了中国澳门、中国香港以及卡塔尔和冰岛的ESCS指数对学生阅读成绩的影响相对较小外，约79%的国家这一比例都在10%以上。其中，秘鲁（27%）、匈牙利（26%）、乌拉圭（21%）和阿根廷（20%）都超过20%，说明家庭背景的差异对学生学业成绩会产生一定的影响。

因此，这里将经合组织成员国“ESCS 指数平均值”和“OECD 各成员国 15 岁学生中至少留级一次的比例平均值”作为国际坐标，把各国家庭背景对学生留级率的影响分为四大类。它们是“高留级率、高 ESCS 指数”，“高留级率、低 ESCS 指数”，“低留级率、高 ESCS 指数”以及“低留级率、低 ESCS 指数”的国家和地区。

表 7　　2009 年家庭社会经济地位对 PISA 成绩和留级率的影响

国家（地区、城市）	15 岁学生中至少留级一次的比例（%）	阅读平均分	ESCS 指数解释学生成绩差异的比例（%）	ESCS 指数
中国澳门	43.70	408	2	-0.24
突尼斯	43.20	404	8	-1.2
巴西	40.10	412	13	-1.16
乌拉圭	38.00	426	21	-0.7
法国	36.90	496	17	-0.13
卢森堡	36.50	472	18	0.19
西班牙	35.30	481	14	-0.31
葡萄牙	35.00	489	17	-0.32
比利时	34.90	506	19	0.2
哥伦比亚	33.90	476	17	-0.18
阿根廷	33.80	398	20	-0.62
巴拿马	31.80	370	13	-1.31
特立尼达和多巴哥	28.80	416	10	-0.58
秘鲁	28.10	372	27	0.51
荷兰	26.70	508	13	0.27
智利	23.40	449	19	-0.57
瑞士	22.80	501	14	0.08
墨西哥	21.50	425	14	-1.22

续表

国家（地区、城市）	15岁学生中至少留级一次的比例（%）	阅读平均分	ESCS指数解释学生成绩差异的比例（%）	ESCS指数
列支敦士登	21.50	468	8	-0.05
德国	21.40	497	18	0.18
印度尼西亚	18.00	405	8	-0.57
意大利	16.00	486	12	-0.12
中国香港	15.60	402	5	-1.55
卡塔尔	14.80	424	4	-0.34
美国	14.20	500	17	0.17
土耳其	13.00	464	19	-1.16
OECD 平均	**13.00**	**493**	**14**	**0**
阿联酋迪拜	12.60	470	14	0.06
奥地利	12.60	533	17	-0.8
爱尔兰	12.00	496	13	0.05
匈牙利	11.10	494	26	-0.2
拉脱维亚	11.10	499	10	0.09
加拿大	8.40	515	9	0.34
澳大利亚	8.40	524	13	0.5
以色列	7.50	474	13	-0.02
中国上海	7.50	526	12	-0.43
约旦	6.60	390	8	-0.51
希腊	5.70	483	12	-0.02
保加利亚	5.60	501	20	0.15
爱沙尼亚	5.60	429	8	-0.11
新加坡	5.40	495	15	-0.33
波兰	5.30	500	15	-0.28
新西兰	5.10	521	17	0.09

续表

国家（地区、城市）	15 岁学生中至少留级一次的比例（%）	阅读平均分	ESCS 指数解释学生成绩差异的比例（%）	ESCS 指数
阿尔巴尼亚	4. 70	385	11	-0. 95
瑞典	4. 60	497	13	0. 33
丹麦	4. 40	495	15	0. 3
吉尔吉斯斯坦	4. 30	484	15	-0. 13
罗马尼亚	4. 20	459	14	-0. 21
捷克	4. 00	478	12	-0. 09
斯洛伐克	3. 80	487	15	-0. 7
立陶宛	3. 90	477	14	-0. 09
泰国	3. 50	421	13	-1. 31
俄罗斯	3. 20	442	11	0. 07
芬兰	2. 80	536	8	0. 37
克罗地亚	2. 80	459	11	0. 42
英国	2. 20	494	14	0. 2
塞尔维亚	2. 00	556	10	-0. 49
黑山	1. 80	371	10	-0. 81
哈萨克斯坦	1. 70	362	12	-0. 64
阿塞拜疆	1. 70	314	7	-0. 65
中国台北	1. 60	413	12	-1. 15
斯洛文尼亚	1. 50	483	14	0. 07
冰岛	0. 90	500	6	0. 72
挪威	0. 00	520	9	-0. 01
韩国	0. 00	539	11	-0. 15
日本	0. 00	503	9	0. 47

①资料来源：http：//dx. doi. org/10. 1787/888932343551 - OECD，PISA 2009 database，Table II. 1. 1。

②“ESCS 指数”是指“PISA 经济社会文化地位指数”（即 PISA Index of Economic Social and Cultural Status），它作为测量家庭社会经济地位的指标，包括三个方面：父母亲的最高教育程度（选择其中教育程度更高者）、父母亲的最高职业地位（选择其中职业地位更高者）、家庭拥有物（一般用具有代表性的家庭特定物件拥有来间接地测量家庭的财富状况），三项指标经过特定的模型和方法计算得出 ESCS 指数。

如图 2 所示，横向来看，在高留级率区间里，有 18 个国家 ESCS 指数低于 OECD 成员国平均值，仅 7 个国家的家庭经济社会文化地位高于 OECD 成员国平均水准。此外，图中许多学生留级率低的国家也正是学生家庭背景环境好的国家，如冰岛、日本、芬兰、克罗地亚、瑞典、丹麦、英国等。这充分说明 ESCS 指数对一个国家留级率的高低有一定影响，学生家庭经济社会文化地位较高的国家，留级率相对较低。然而，纵向来看，中国澳门、法国、哥伦比亚、列支敦士登、意大利、以色列、希腊、捷克、立陶宛和挪威，它们的 ESCS 指数相近，但 15 岁学生中至少留级一次的比率却逐渐下降，这说明不同国家和地区之间在留级率与家庭社会经济背景的关联度上存在差异，表明家庭背景并非决定学生学业表现的唯一因素，还有一系列其他因素影响留级率的高低。

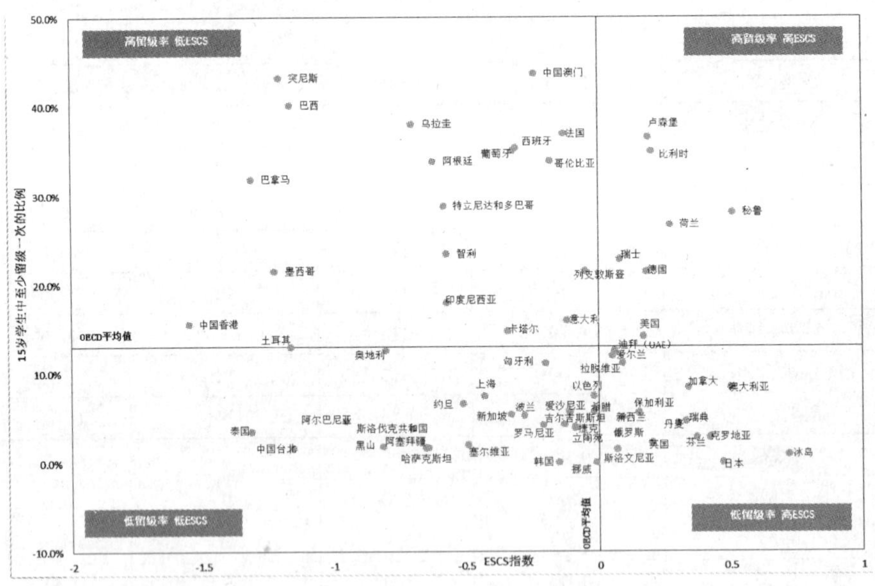

图 2　2009 年家庭社会经济文化地位指数与留级率的关系

总之，学生的家庭背景环境对留级率有一定影响。总体而言，学生家庭背景优越的国家或地区留级率相对较低，但并不意味 ESCS 指数高的国家或地区留级率一定低，也不意味 ESCS 指数低的国家或地区留级率一定高，仍然存在高 ESCS 指数、高留级率或低 ESCS 指数、低留级率的国家和地区，学生的家庭社会经济文化地位不是影响学生留级率的唯一因素。

（五）社会公平指数与留级

社会公平主要有六项衡量标准，其中第一项为防止贫困（主要指标为贫困率、儿童贫困率、老龄人口贫困率），第二项为受教育度（主要指标为教育政策、学生表现），第三项为充分就业［主要指标为就业率、失业率、就业人口（年龄、性别以及国籍）］，第四项为社会和谐、无歧视（主要指标为社会包容、无歧视政策、收入平等、一体化政策），第五项为健康（主要指标为健康政策、人口寿命、婴儿死亡率、健康与收入间的关系），第六项为代际正义（主要指标为家庭及津贴、环境政策、国家债务水准）（http：//img4. duitang. com/uploads/item/201203/13/20120313140653_ 5KAWc. jpeg）。社会公平指数主要综合上述衡量标准以及它们相应的指标而得出。

表 8 中，所有分值都按 10 分制计算。社会公平指数分值越高，表明该国水准越高。31 个国家中，有 12 个国家高于 OECD 平均值（6. 67）。其中冰岛得分最高（8. 73），土耳其得分最低（4. 19）。

表 8　**各国社会公平指数得分**

国家	PISA 排名	社会公平指数	国家	PISA 排名	社会公平指数
冰岛	16	8. 73	**OECD 平均值**	–	**6. 67**
挪威	12	8. 31	爱尔兰	21	6. 41
丹麦	24	8. 2	匈牙利	26	6. 41
瑞典	19	8. 18	意大利	29	6. 29
芬兰	3	8. 06	波兰	15	6. 17
荷兰	10	7. 72	澳大利亚	9	6. 14
瑞士	14	7. 44	日本	8	6
卢森堡	38	7. 27	葡萄牙	27	5. 97
加拿大	6	7. 26	斯洛伐克	35	5. 96
法国	22	7. 25	韩国	2	5. 89
捷克	34	7. 17	西班牙	33	5. 83
新西兰	7	7. 14	美国	17	5. 7
奥地利	39	7. 13	希腊	32	5. 37
德国	20	7. 03	智利	44	5. 2
英国	25	6. 79	墨西哥	48	4. 75
比利时	11	6. 73	土耳其	41	4. 19

①资料来源：http：//img4. duitang. com/uploads/item/201203/13/20120313140653_ 5KAWc. jpeg。

结合PISA排名和社会公平指数可知，社会公平指数高于OECD平均值的国家中，芬兰（3）、加拿大（6）、新西兰（7）、荷兰（10）的PISA成绩位于前十。社会公平指数低于OECD平均值的国家中，韩国（2）、日本（8）、澳大利亚（9）的PISA成绩位于前十。可以说，PISA排名和社会公平指数之间并无直接的正相关或负相关。如韩国，虽然它的社会公平指数（5.89）低于OECD平均值，但却在PISA考试中排名第二。而奥地利，虽然它的社会公平指数（7.13）高于OECD平均值，但PISA考试中只取得了39名的成绩。

图3将“31个国家社会公平指数均值”和“OECD各成员国15岁学生中至少留级一次的比例平均值”作为国际坐标，把社会公平对学生留级率的影响分为四大类。它们是“高留级率、高社会公平指数”，“高留级率、低社会公平指数”，“低留级率、高社会公平指数”以及“低留级率、低社会公平指数”的国家。

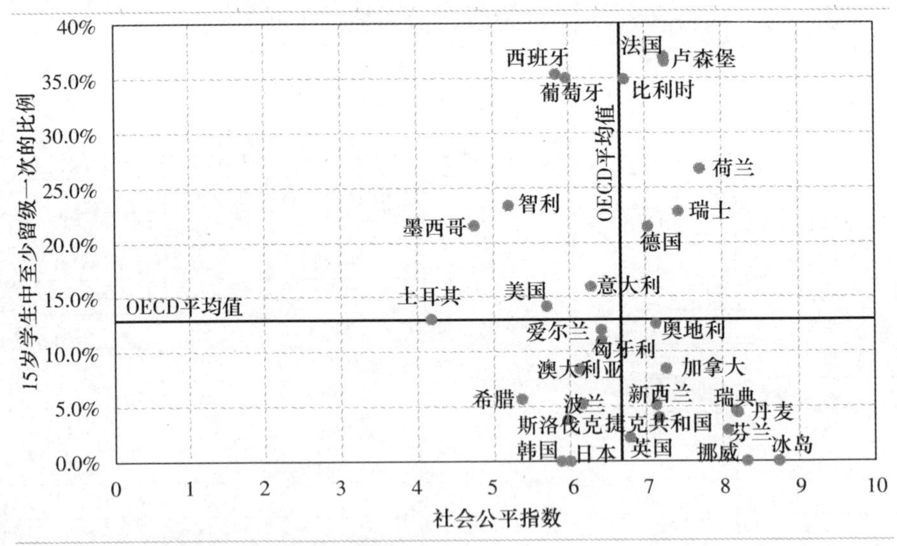

图3　各国社会公平指数与留级率

总体看，各国的社会公平指数集中在4—9分范围，并以5—8分最为密集。其中冰岛、挪威、丹麦、瑞典、芬兰高于8分，墨西哥、土耳其低于5分。各国留级率低于15%的国家最为密集。其中日本、韩国、挪威留级率最低，均为0。约有三分之一的国家留级率分布于15%—40%之间，又以法国（36.9%）和卢森堡（36.5%）的留级率最高，其次为西班牙（35.3%）、葡萄牙（35%）、比利时（34.9%）。

经相关系数统计分析，虽然31个国家的社会公平指数与对应的15岁学生至少留级一次的比率并无显著相关性（Pearson 相关系数为 -0.178，P=0.329>0.05）。但在“高留级率、高社会公平指数”和“低留级率、低社会公平指数”两个区域中，希腊、澳大利亚、匈牙利、爱尔兰、德国、瑞士、荷兰等国的社会公平指数与留级率呈正相关，随着社会公平指数的增高，留级率也逐渐上升。而在“高留级率、低社会公平指数”和“低留级率、高社会公平指数”两个区域中，智利、意大利、加拿大、芬兰、冰岛等国，其社会公平指数与留级率呈现负相关，即社会公平指数升高，留级率反而降低。

五 我国中小学留级现象原因与利弊分析

（一）留级原因分析

实施义务教育后，学生在校学习期内，总有少数学生由于某种原因导致学习成绩不及格，如果经过补考仍难达到要求标准时，为了保证教学品质以及让学困生在适合自己能力的状态下循序渐进地学习，学生可能被要求留级重读。总之，留级的原因多样，主要原因是学生学习成绩不良，具体而言可分为主观原因和客观原因。

1. 主观原因

就学生自身而言，智力和健康水准较低、学习态度不端正、品德及素质较差、自信心和毅力不足等都可能影响学生的学习成绩，造成留级。其中有些学生乐意学习并愿意学好，但苦于跟不上学习进度，于是他们主动要求留级。因为留级可以坚定学习的自信心，经过一年的重修，成绩有望提高。也有些学生由于缺乏学习兴趣和良好的学习习惯，导致基础知识不牢固。随着学科和知识的内容和难度的增加，学生便难以紧跟课程，因此留级对其而言是一条良好的补救途径。

2. 客观原因

（1）教师的品质、教学水准及教学态度对学生的留级起着决定性的影响。有些地区的教师并不完全合格，他们大多是代课教师转正，未接受正规教育，自身素质不高，教学方法落后，这必然导致留级生人数的增多。另外，有些教师因升学率和评职评优的压力，为了提高班级的整体成绩，缺乏对差生的关心和对学困生有针对性的辅导。调查发现，28.5%的小学留级生和27.6%的初中留级生认为，如果教师加强个别辅导，他们就不会留级［《人民教育》（京），1991］。还有的学校或教师为了追求所谓的高毕业率和高升级率，在毕业前一年让升学无望的学生留级，人为地扩大了留级面。

（2）留级与学生的入学年龄偏低有关。受错误观念的引导，不少父母认为早期教育就是早受教育，把未满6岁甚至更小的孩子送进小学，但这些孩子无论在心理、生理还是体力上都不能适应学校生活，难以完成学习任务。已有调查发现，提前入学的学生，一部分在一、二年级就已经留级，另一部分由于父母和学校的紧密配合，虽然一、二年级未留级，但一升入三年级，随着学习内容难度的增加，学生的成绩就会下降，导致不得不留级（《父母必读》，1988）。

（3）儿童缺乏学习准备，成为小学留级率高的重要因素。小学一年级留级率明显高于其他年级，主要因为在农村及偏远地区，学前教育远远没有普及，由于缺乏学前准备，存在幼小衔接问题，一些小学新生入学后不能很快适应课堂教学，跟不上教学进度。早期学者也调查发现，低年级留级转化率较高，主要由于经过一年学习，学生已经能适应小学的学习生活，从而说明，让低年级学困生留级是可取的（陆金海，1987）。

（4）贫困落后造成的教育资源匮乏是导致留级的原因。有些农村小学的生源急剧减少，学校不得已实行来年招生，但这样便不能保证儿童在法定年龄入学。因此为了不耽误学生，学校只好准许提前入学，然而学生年龄太小，到了初中学习内容和难度的变化造成学生的不适应，从而导致留级（尚忠奎，2004）。另外，在偏远贫穷地区，学校只开设最基本的几个年级，即使学生想继续升学但限于学校无法提供下一学年的课程，不得已而留级。

（5）家长对教育的认识、态度是影响留级的重要因素。家长及家庭教育环境的作用对学生的影响至关重要，父母文化程度的低下，易造成他们对子女教育的漠视，这类家庭的子女留级率偏高（徐韵安，1991）。此外，部分学生家长认为留级可以巩固学生基础，因此主动要求成绩不良的子女重读。

（二）留级利弊分析

1. 留级制度的利

（1）保证学生学业品质。留级制度为基础不佳的学生提供再次学习知识的机会，为学习新知识打下坚实的基础，从而保证学生的学业品质。

谢川认为，允许留级是承认和尊重人的个体差异，让每一个体都能正常发展，真正做到以人为本。让少数达不到升级要求的学生留级，是对义务教育的负责。虽然学生花费更多的时间重修，但获得的是学习的信心和循序渐进的知识的进步。此外，激发学生的学习积极性，有利于减少辍学率。如果废除留级，希望学生留级的家长便会利用休学等方式达到留级目的，反而导致学生挤占更多有限的教育资源（谢川，2008）。

Jill S. Cannon（2011）针对拥有全美 11% 公立学校学生的洛杉矶联合校区的小学留级现象进行分析。结果表明，该区 7.5% 的学生在三年级前都有过留级经历；在其他条件相似的情况下，年龄较小的学生和男生更易留级；留级对一、二年级学生帮助较大，经留级后学业水准有明显提高。其中，一年级留级生的阅读水准显著提高，二年级留级生在英语、语言、数学和艺术方面提高最为明显（Jill S. Cannon & Stephen Lipscomb，2011）。

（2）促进教育教学品质。教师为确保每一名学生都能达到义务教育阶段的基本要求，必须对学生给予更多的关注，努力提高自身的教学品质和水准。

黄兆龙认为，学校的教育教学和管理工作必须面向全体学生，保证每一名学生都能得到全面发展。否则是教育者的失职，必须从教与学两方面查找原因。建立与完善留级制度的根本目的不是甩包袱、卡学生，而是保证学校教育教学品质不断稳步提高（黄兆龙，1998）。

2. 留级制度的弊

尽管没有确切证据表明留级制度的利弊，但近年来，教育学者普遍认为留级对学生的课业进展无太大益处。许多学者认为，无论何时留级，留级生的学习成绩均低于一般学生。相较于特殊辅导、暑期学校等有效的措施，留级效果甚微。一系列研究也表明，留级制度弊大于利，之所以不认同并建议取消留级制度，主要有以下几方面原因（http://en.wikipedia.org/wiki/Grade_retention）。

（1）占用国家教育资源，加重家庭经济负担。我国实行免费的九年义务教育，学生留级便意味着要对其提供多一年的教育资源，增加政府教育经费负担和重复投入。此外，加重家庭的经济负担，不利于贫困学生顺利完成义务教育。

2011年7月OECD报告书中总结，留级制度的最大问题是成效不佳且所费不赀，并会增添社会不平等的现象。OECD报告建议，若能减少留级人数，将可免除学生留级一年的教育经费负担，亦可减轻学生延迟进入职场对社会造成的经济负担（http：//www. oecd. org/general/searchresults/?q = grade repetition&cx = 012432601748511391518：xzeadub0b0a&cof = FORID：11&ie = UTF – 8）。

（2）影响学生心理健康。留级会打击学生的自信心和自尊心，使他们成为其他学生嘲笑和欺负的对象，因而产生自卑感和孤立感，对学习怀有消极态度，更有甚者因此辍学。相比较学业进展顺利的学生，留级生更容易发生犯罪、吸毒、酗酒、自杀等现象。此外，留级还会给部分难以克服困难的学生偷懒、放弃的机会和理由。

林子谦认为，除少数留级生在复读过程中有所进步外，大多数留级生都不见提高，有的甚至越来越差（林子谦，1993）。留级使学生形成一种失败心理，同时留级生给新的班级也带来不利影响。

（3）造成教师对学生的区别对待。部分教师将学习不良的学生划分为"留级生"的范围，平时教学中对其放任自流、不闻不问，严重损害学生的身心发展，也不利于教学的进行。

（4）影响学校管理。由于留级生常常被贴上差生的标签，受到老师和学生的歧视。因此他们在学校很容易对学习失去信心，并且影响他人或班级的成绩和进度，甚至破罐破摔、扰乱学校，最终出现厌学、翘课、退学的行为。他们给学校带来不稳定因素，影响了学校的正常管理。

（5）不利于素质教育。留级是应试教育的产物。为了片面追求升学率，学校劝说学生留级，结果不利于素质教育的推行（金柯，2003）。

徐桂衍认为，小学实行百分比的留级制度不符合"应试教育"向"素质教育"转轨的形势要求，违背教育规律，不利于学生的综合发展。他认为留级制度是实施素质教育的障碍，要实施素质教育就必须取消留级制度（徐桂衍，1996）。

此外，留级制度的实施过程中还存在一定的缺陷和灵活性。郭新民认为，一是补习的全面性。要求留级生补习所有科目，即使学生某门功课非常优秀也同样需要重读，这不利于保持学生的学习兴趣。二是补习的不全面性。留级只为学生提供某阶段内容的补习机会，如只限于四年级，至于学生是否已掌握先前内容，就不再过问了（郭新民，1988）。

六　成功案例经验分析——以芬兰、韩国、日本为例

表9　**芬兰、韩国、日本的现今学制**

	芬兰	韩国	日本
学前教育	1年	—	—
小学教育	1—9年	6年	小学（6年）
初中教育		初级中学（3年）	中学（3年）
高中教育	普通高中（2—4年） 职业高中（3年）	高级中学（3年） 分为普通高中和职业高中	高等学校（3年）
大学教育	大学学士（3年） 多科技术学院（3—4年） 博士（2年）	职业专科学院（2—3年） 大学（4—6年：教育大学、师范大学、综合大学4年，医科大学6年） 硕士及博士（2—3年）	大学（4—6年） 研究生院（即大学院2—5年）

①洪健峰：《芬兰基础教育改革研究》，浙江师范大学学位论文，2012年。
②姜坤：《浅析韩国教育制度》，《新课程学习》2012年10月8日。
③平田嘉三：《日本的学制与中小学历史教育》，《历史教育》1985年第3期。

表10　**芬兰、韩国、日本各项主要指标**

国家	留级率	2009年PISA成绩排名			2012年GDP排名	5—14岁学生入学比例(2011)	高中阶段普高职高学生占比(2011)		高等教育入学率(2011)		ESCS指数(2009)	社会公平指数
		阅读	数学	科学			普高	职高	本科	专科		
芬兰	2.8%	3	6	2	14	96%	30%	70%	68%	—	0.37	8.06
韩国	0	2	4	6	34	99%	79%	21%	52%	29%	0.47	6
日本	0	8	9	5	13	100%	77%	22%	69%	37%	-0.15	5.89

由表9、表10可以看出，韩国、日本、芬兰三个国家的学生在历年PISA各项能力测试中成绩都名列前茅，并且留级率都很低。经分析发现，芬兰、韩国、日本三国历年的PISA考试成绩不仅优异，而且均衡度高。它们都取消了留级制度，中小学生的留级率极低。最重要的是这三国基础教育整体水准良好，芬兰在2011年的小学入学率达98%，中学入学率为93%；韩国在2010年调查显示小学入学率达99%，中学入学率96%；日本基础教育各阶段的学生入学率均已达到或接近100%。三国在追求教育品质的同时也追求教育公平发展，已成为世界范围内教育普及率高、品质高、均衡度高的"三高"典范。因此，以芬兰、韩国、日本为例，对其成功的教育经验进行分析。它们基础教育的成功不仅是依靠大量公共或私人资金的投入、教师和学生的时间投入，而且是多种因素相互作用的结果，具体概括如下。

（一）免费的基础教育，充足的教育财政保障

经济资源和物质资源的获取是一国教育发展的前提条件，纵观基础教育发展较为发达的国家，中央和地方政府一般都大力给予充足的经费支援和投入，为义务教育的普及和发展提供物质保障。此外，教育的财政投入程度也和国家经济发展水准有关，如表10所示，这三个国家都是发达国家，经济发展水准都较高。

在芬兰，中央政府出资57%，地方政府分摊43%，教育经费占全国GDP的6%以上（张国平，2011）。芬兰基础教育高福利面向全民，学生从幼稚园到大学甚至到研究生不仅免费，而且学习用品、午餐、交通、医疗服务、医疗保险等也免费，中央和地方政府还联合投资建立了完善的全国图书馆服务体系，为所有人免费提供借阅图书的服务。

韩国的教育经费除了政府财政之外，还有企业财团的捐资办学，学生家长的捐助及学校自筹等方式。韩国教育投入的基本原则是政府公共资金重点保证义务教育的普及，义务教育后阶段的教育投入，尤其是高等教育投入以私人为主，投入占教育投入的比例居世界第一（皮拥军，2007）。韩国在推行义务教育方面最为特殊的是先从贫穷落后地区开始逐步向经济发达地区推进，这种农村包围城市的形式保证了国民教育机会的均衡性（李娜，2011）。

日本义务教育中地方政府经费的投入大于中央政府，实行国立学校的经费由国家负责，公立学校的经费由地方政府负责，私立学校的经费由办学方即学校法人负责的教育财政制度，这种明确细致的教育经费投入规定和支出安排，更好地保证了教育经费的充足和教学设施的完备。

（二）高素质教师团队

拥有经过严格筛选并给予莫大信任的高素质教师团队，是教育创造奇迹的关键。芬兰、韩国、日本拥有如此优异的教育成果和品质，与他们对教师悉心的培育密不可分。

1. 严格的教师选拔

在芬兰、韩国和日本，教师都是最受欢迎和受人尊敬的职业，具有很高的待遇和社会地位，并受到国家法律的保护。但各国对未来教师的选择却苛刻至极，不仅需要硕士水准的学历，还需要通过精心设计的心理测试和教师资格考试，经过严格的学术训练与教学演练，达到教育理论和实践的平衡（张国平，2011）。

在韩国，要通过公开竞争及教师选拔考试来公平竞聘学校岗位，只有具有教师资格证书的人员方可参加考试。考试共两次，包括笔试、实际运用能力测试和面试三部分，只有通过第二次考试的人才可以成为中小学教师的预备人员（何茜，2009）。韩国资格证制度具有连续性、等级划分细的特点，除初等、中等教师资格证外，还新设有幼稚园、小学低年级和高年级、初中初级和中级综合学校的教师资格证。

日本自古就有重视教师素质的历史传统，他们将制度化、法制化、严格化作为保证教师品质的基本条件。“二战”结束前夕，日本中小学75%的教师就已具有法定的教师资格。战后日本对师范教育的重建，使教师素质与先前相比又有了更高的突破。日本中小学教师均由文部省认可的高等教育机构培养，而他们在不同层级的学校接受学习培养后，须通过国家考试，考试合格授予教师资格证书后，方能成为专职教师（吴忠魁，1996）。此外，日本对从教人员在学位等级、基础学科、专业学科、教育学科等方面均有明确的规定和要求。

2. 职前和在职培训

为保证教师的素质，芬兰、韩国、日本均对教师职前和入职后进行具有严格要求的定期培训，以确保教师品质不会退化。

培养以研究为本的教师是芬兰教师教育的核心，教育研究和实践训练相结合是芬兰职前教师教育的重要特征（胡旭红，2012）。中小学教师职前教育以教师资格要求高、学习内容宽泛扎实、学习评价方式灵活、重视教学实习等为主要特点。芬兰的学校还免费为教师提供在职或脱产培训和攻读学位以提高教师的专业技能。芬兰的 11 所综合性大学都设有教育学院，这些学院为了满足教育改革的需求不仅设置了教育咨询专业，还为教师提供终身教育培训（洪健峰，2011）。

韩国的教师在职进修机构主要是各类教育进修院，中小学教师在职培训的形式大致可分为与教师职称晋升有关的资格培训、提高全体教师在学校生活的各个领域工作能力的一般性培训和根据国家或地方的计划开展的特别培训（何茜、谭菲，2009）。

3. 教师定期流动制度

教师定期轮换流动制，有利于保持学校之间师资的年龄结构、专业水准等相对合理并趋于平衡，也利于保持教师对工作环境的新鲜感，激发工作热情和自身潜能，提高教师的专业能力（李娜，2011）。

韩国以法律形式规定教师流动教学的义务性，并制定完善的教师定期流动制度，规定小学、初中、高中的教师每四年流动一次，即一位教师只能在一所学校工作四年。

日本教师的定期流动机制主要在公立基础教育学校范围实行，分为同市、町、村之间的流动和跨县级行政区域间的流动。一位教师在一个学校最多连续执教七年，就要被轮换去另一所学校，包括城市教师去农村执教。此外，日本为促使校长积累治校经验，避免固定思维模式，还实行校长轮换制，规定学校校长每五年轮换一次，不能在同所学校连任（杨威，2011）。

（三）个性化课程设置

芬兰、韩国、日本在 PISA 考试中取得优秀的成绩与排名，与本国的课程设置密切相关。课程内容多样化、重视学生个体差异，有利于学生的学习及个性化发展。同时，三国均对学校赋予较高的自主权，学校可根据本校实际情况进行课程设置，各学校和教师还可以自由选择最适合学生取得优异成绩的教材和教学方法，决定选修科目的数量、类型及评价学生的方法。弹性学制、个别化教学有助于提高学生学习的自主性、选择性及责任感，从而最大限度地激发学生学习的积极主动性（李群，2004）。

韩国小学课程丰富有趣，包括各种形式的活动类、生活类和道德类课程。活动课多样，因为韩国政府希望每个人从孩提时就能多培养兴趣爱好和技能，而不只是读书；生活课体系完善，如整理书包等；道德教育将传统文化融入道德课中，形成韩国独具特色的道德课程体系（袁慧娟，2011）。考虑到每个学生的基础、兴趣、能力和需要的差异，使每个学生充分发展，韩国引入差异课程理念，将课程内容设置为不同水准，根据学生自身能力水准来选择相应课程。

日本对教育进行的个性化改革，尤其突出在教育课程方面。日本在小学至高中阶段设置了“各教科”、“道德”、“特别活动”三大教学活动之外的第四块内容——“综合学习时间”。主要有主题学习、体验学习、教育研究、教育研究补充、系统学习、自主设计者六种类型。内容丰富广泛，涉及生命健康、人权问题、生产和劳动、民族独立、和平与国际联盟、个人生存发展等。目的希望通过综合实践性强的课程，培养学生发现、思考和解决问题的能力，促进学生的个性化发展。小学低年级的综合学习在课外活动中让学生基础性的接触和参与，高年级以学生生活中的问题和发生事件为题目，组织学生参与时事性的学习。中学学生以时事性综合学习为主，开展过程中添加理论性学习。重点引导和解决“和平、公害、种族歧视、性”这四个问题。而高中的综合课程以学生的主体性展开，深化学生知识和技能，教师引领学生思考人生和规划未来等（施雨丹，2003）。这些内容从课程设计维度讲，体现了学科课程与个人课程统合、个性化学习与集体学习统合、教师指导的个别化和学生学习的个性化统合，关注了学生的个体差异，适应了学生的学力、兴趣、生活经历等差异（刘学智，2006）。

（四）独特的高中教育体制

每个国家都有适合本国国情的高中教育体制，也有与众不同的高中特色。大多数国家的高中都实行分流制，高中主要分为以进入大学为目标的普通高中和以就业为目标的职业高中，独特的高中教育特色在一定程度上能有效缓解学生与家长对高中学校教育的择校热与争议，找到教育公平与英才教育的最佳结合点，有利于国家整体教育发展水准的提高。

芬兰的义务教育结束时，学生可以报 5 个志愿升学，普通高中、职业高中、体育或护士学校等依据学生各学年成绩及面试结果决定是否录取。

“不分年级制”是芬兰高中的特色，这种制度是根据学生的具体学习状况安排教学进度，为学生制定个性化的学习内容，适应个别差异的课程结构。在不分年级制高中允许学生根据自己的意愿制定合适的学习计划、进度和内容，并可做随时调整，甚至选择任课教师。学生按自学所取得的分数升级，当学生掌握一个年级的学习内容后，可选修下一个年级的课程（卢枫，2003）。芬兰的高中教育与韩国、日本的最大不同之处，芬兰的职业教育较为发达，职业高中的学生占比高达 70%，而其他两国仅占 20% 左右，这也与芬兰普高文凭和职高文凭均有升入大学和多科技术学院的合法性制度有关。芬兰在为不同学习能力、态度和兴趣的学生提供适合他们的教育方式，有利于不同类型的学生良好发展。

韩国高中阶段的教育分流具体可分为普通高中、职业高中和特目高中，小学、初中和普通高中都实行就近入学原则，已取消“小升初”、“初中升高中”的入学考试，但进入职业高中需要参加该校的入学考试。韩国最值得关注的是特目高中，即以特色、特性化目的举办的高中，目前韩国有 56 所这种高中，其中 29 所外语高中、18 所科学高中、2 所国际高中、6 所自律型私立高中。这些特目高中的办学特点主要是小班教学（每班 10 余人），外语均由原语言国家的教师讲授，教学设施高水准，允许 1、2 年级提前学完全部课程，允许提前毕业者升入大学或研究机构等（http：//www. liuxue. com/e/20130109/50ed69c6d7663. shtml）。

（五）英才教育制度的实施

学生的天资并非一致，天资聪颖、天赋特别的学生是国家最宝贵的人力资源。如何挖掘学生非凡的天资和潜力、如何因材施教、如何制订出适合不同学生学习需要并且更为有效的教学计划，是很多国家教育学界关注的问题。

韩国大力发展英才教育，以具有优势和潜力的英才为物件，以数学、科学、语言、艺术和体育等领域为中心，构建了金字塔式英才教育制度模型和实施模式。它实施的模式主要有特殊目的学校的英才教育（英才学校）、一般学校的英才教育（英才班级）和大学、研究所及教育厅等的英才教育（英才教育院）。从小学到高中所有的英才教育机构均在国家的统治下，目的为提高英才教育的系统性与效率化（刘继和、赵海涛，2012）。然而，在英才学校接受教育的儿童并不多，小学生仅占 3% 左右，高中生占0.01%。

日本的不同之处在于英才教育在官方是不被认可的，但实质是存在的，例如大学给高中学生提供丰富的项目、大学的提前入学、开设专门培养科学和数理能力的“超级科学高中”、存在各种实施英才教育的民间私立机构等（陆莎、肖非，2013）。

（六）改革考试制度，实施多元评价

考试制度一直以来都是衡量学生学业水准的主要手段，最大的好处是实施方便且相对公平，但也存在一系列弊端，专凭考试有时无法真实测量学生的能力水准，因此很多国家都取消了小学升初中或初中升高中的入学考试。其中，芬兰和韩国就是如此，这也是他们中小学生留级率低的原因之一。

具体而言，芬兰除了在高中结业时参加4—7门科目考试，即“国家入学考试”外，16岁以下的学生无需参加毕业考试或其他强制性标准考试。芬兰的法律规定，六年级以下的学生严禁用等级和分数进行评价。教师不对学生成绩排名，对学生的评价多数为描述性、基于综合考试等多次测评结果而得出的，学校教育的重点也几乎在学习而非测试上（原青林，2007）。不考试并不代表不重视学生评估，学校教师会及时向家长回馈学生近期情况，两月一次的学生关爱小组会议也会讨论班级和学生的个人问题。芬兰对学生的评估往往非问责目的，而为诊断问题或一种形成性评价。

韩国已取消“小升初”、“初中升高中”的入学考试，但进入职业高中需要参加该校的入学考试。与芬兰不同，学校非常重视学生平时考试的成绩，基础测验一学期两到三次。期中、期末本校出题，题目以选择题为主，考试时间较短，最长为70分钟。期末考试结束后，学生再上一周课，这段时间教务处把学生的所有成绩统计出来发给学生，由学生确认。韩国高中每年在非期中或期末时间有一两次全国统考，是教育部组织的学业评定，目的是调查学生的学习能力情况，以便调整国家的教育政策（郑海月，2007）。

（七）对特殊群体的关注

1. 芬兰对后进生的关注

芬兰学生获得的优异成绩，贡献最大的来自芬兰学生中成绩最低的5%的学生（邵志豪、袁孝亭、董姝娜，2012）。在芬兰的基础教育中，处处都体现了为后进生提供特殊教育的思想。学校为学习困难的学生在特殊班级提供半日或全日教育。当学生某科目有困难时，都可以寻求一定时数的特别辅导，它与正常课程教学进度同步，并且是有针对性和免费的。此外，芬兰在OECD测验中表现较差的学校，反而会得到较多资源，让每名学生都能得到优质教育。约有两成六的学生因身心障碍、成长迟缓等原因，接受免费的特别教育。Joel Kivirauma 和 Karl Ruoho 在《特殊教育带来的优异？——芬兰学校改革一课》中分析芬兰小学生在PISA水准测试中取得的出色表现，也与其特殊教育的大力支持有着密不可分的联系（Joel Kivirauma & Karl Ruoho，2007）。

2. 韩国“放学后学校”与“放学后保育”制度

韩国为减少由于课外补习给学生及家庭带来的负担，教育人力资源部自2007年起，积极推行“放学后学校”政策。它采取校长负责制，部分教学科目或教育活动由校长委托校外非营利团体和机构负责，教师也可由校长聘请外部讲师、社区志愿者担任。其教育对象不仅限于本校学生，其他学校或辍学青少年和社区居民也可参与。

与“放学后学校”并行的是“放学后保育”制度。它为解决低收入人群和双职工因无人看管放学后的孩子，不得不将其送去补习的问题而设立。“放学后保育”主要以低年级学生为对象，除了具备适于保育的教室环境外，还根据学生不同的发展阶段设计专题指导、游戏指导、咨询、素质开发等多样化的教育专案。教师通常由本校教师、保育师、社区志愿者等担任（姜英敏，2008）。

3. 全纳教育

芬兰、韩国、日本均将全纳教育视为教育过程中的重要组成部分，目的为促进教育公平，实现全民教育。

芬兰的教育目标是使所有学生都成功，不是让学习慢、有特殊需求的学生去特殊班级或特殊学校，而是和其他学生一样进入综合学校。2001年，芬兰政府调整政策，使所有学生（即便是最需要特殊照顾的学生）

都能进入基础教育的环境中（蓝建，2011）。芬兰教育的成功很大程度上也取决于它所建立的消除排除、共同进步的全纳教育结构。

韩国全纳教育对象不仅包括残障、智障学生，还包括情绪行为障碍、自闭症谱系障碍、沟通障碍、学习障碍及健康障碍等。在实践中，对特殊学生进行安置时，首先考虑的是所有特殊教育物件能否在普通班级安置，其次才考虑特殊班和特殊学校。韩国不管哪所学校，都设有资源教室，主要针对情感或智力上有欠缺的孩子。由特殊教育专业教师管理，他们为学生提供咨询、个案管理、教学心理诊断等，也为学生拟订个别化教育计划、教学支持、学习辅导、个别补救教学等，甚至可以只对 3 个孩子上课。韩国的全纳教育关注每一个生命，对弱势群体给予更多的关注，他们相信，每一个孩子都应该受到平等的教育（王波，2012）。

日本同样将整个全纳教育理念渗入到社会。为促进改革，2003 年日本文部科学省成立的“特别支持教育调查研究协力者协会”发表报告，提出改变对残障儿童按照残障种类和程度在特殊场所进行指导的特殊教育，建立准确掌握就读于普通班级的残障儿童具体学习需求，建立最适合本人需要的“特别支援教育”，并于 2006 年将所有关于特殊教育的表述统一规定为“特殊支持教育”（田辉，2011）。它是一项针对每一个儿童的特殊教育需求提供适当的教育支持，为日本教育的改变和发展提供了重要的帮助。

参考文献

王波：《韩国全纳教育的发展、实施策略及面临问题》，《中国特殊教育》2012 年第 4 期。

《比利时中小学生留级率高》，《世界教育资讯》2011 年。

邓国庆：《巴西中小学生留级比例过高》，《科技日报》2002 年 2 月 9 日。

平田嘉三：《日本的学制与中小学历史教育》，《历史教育》1985 年第 3 期。

卢枫：《芬兰基础教育成功原因初探》，《中国教育报》2003 年 3 月 3 日。

田辉：《日本全纳教育政策的确立——从“特殊教育”走向“特别支

持教育”》,《中国民族教育》2011 年第 6 期。

皮拥军:《OECD 国家推进教育公平的典范——韩国和芬兰》,《比较教育研究》2007 年第 2 期。

刘学智:《日本中小学教育中的个性化学习、经验、问题与启示》,《比较教育研究》2006 年第 2 期。

刘继和、赵海涛:《韩国英才教育制度及启示》,《比较教育研究》2012 年第 12 期。

李娜:《韩国推进公平教育的经验及对我国的启示探析》,《继续教育研究》2011 年第 2 期。

李群:《芬兰基础教育课程改革及对我国的启示》,《基础教育参考》2004 年第 3 期。

杨威:《日本教育公平分析及借鉴》,《教育学刊》2011 年第 6 期。

吴忠魁:《论日本提高基础教育师资素质的改革》,《比较教育研究》1996 年第 5 期。

何茜、谭菲:《韩国教师教育的发展特色及变革趋势》,《比较教育研究》2009 年第 12 期。

宋广恒:《低年级小学生的留级率为什么升高?》,《父母必读》1988 年第 8 期。

张国平:《芬兰基础教育中的教育平等归因分析》,《学周刊》2011 年第 1 期。

陆金海:《小学留级生的情况调查》,《上海教育科研》1987 年第 5 期。

陆莎、肖非:《日本“有实无名”的英才教育》,《比较教育研究》2013 年第 5 期。

陈惠英:《义务教育阶段该不该设置留级制度?》,《中小学校长》2012 年第 7 期。

邵志豪、袁孝亭、董姝娜:《教育中的平等与品质——从 PISA 成绩看芬兰的基础教育》,《教育探索》2012 年第 10 期。

林子谦:《小学生留级弊病多》,《江西教育科研》1993 年第 1 期。

尚忠奎:《普及九年义务教育与小学阶段学生的升留级》,《河北教育》2004 年第 22 期。

国家教育发展研究中心课题组:《我国小学、初中学生辍学和留级问题研究》，《人民教育》（京）1991 年 11 月 16 日。

金柯：《中小学生为何没留级了?》，《解放日报》2003 年 7 月 23 日。

郑建风、牛道生：《拉美国家小学生留级和辍学问题初探》，《外国教育研究》1999 年第 5 期。

郑海月：《“教育均衡化”制度与韩国高中教育》，《中学校长》2007 年第 1 期。

驻法国代表处教育组：《法国检讨留级制度》，《法国世界报》2011 年 8 月 11 日。

胡旭红：《基于“研究”的教学实践模式——芬兰小学教师职前教育的经验》，《外国中小学教育》2012 年第 5 期。

施雨丹：《教育个性化——日本教育改革的战略选择》，《教育评论》2003 年第 3 期。

姜坤：《浅析韩国教育制度》，《新课程学习》2012 年 10 月 8 日。

姜英敏：《从“平等”到“追求卓越”——浅析韩国义务教育理念变迁》，《比较教育研究》2008 年第 12 期。

洪健峰：《芬兰基础教育成功原因新探》，《中国电力教育》2011 年第 34 期。

洪健峰：《芬兰基础教育改革研究》，《浙江师范大学》2012 年第 25 期。

袁金淑：《澳门留级制度的再反思》，《澳门日报》2013 年 6 月 24 日。

袁慧娟：《韩国的特色小学教育》，《江西教育》2011 年第 7 期。

原青林：《芬兰基础教育成功因素新探》，《外国中小学教育》2007 年第 12 期。

徐桂衍：《留级制度的弊端及对策》，《教育改革》1996 年第 6 期。

徐韵安：《上海郊县流失生、辍学生、留级生抽样调查》，《上海教育科研》1991 年第 1 期。

郭新民：《现行留级制度的缺陷及其补救》，《湖南教育》1988 年第 1 期。

黄兆龙：《留级制度不能废》，《中小学管理》1998 年第 3 期。

谢川：《升留级制度利弊争议》，《聚焦教育》2008 年第 9 期。

蓝建：《芬兰全纳教育——让所有学生都成功》，《中国民族教育》2011 年第 7 期。

Corman, H. "The Effects of State Policies, Individual Characteristics, Family Characteristics, and Neighbourhood Characteristics on Grade Repetition in the United States." *Economics of Education Review*, 2003, (22): 409-420.

http://en. wikipedia. org/wiki/Grade_ retention.

http://epaper. edu. tw/windows. aspx? windows_ sn=8124.

http://img4. duitang. com/uploads/item/201203/13/20120313140653_5KAWc. jpeg.

http://www. liuxue. com/e/20130109/50ed69c6d7663. shtml.

http://www. oecd. org/general/searchresults/? q=grade repetition&cx=012432601748511391518: xzeadub0b0a&cof=FORID: 11&ie=UTF-8.

http://www. oecd. org/pisa/aboutpisa/.

Je. "Education Policy Series - Grade repetition." The USA: International Academy of Education, 2006. http://www. unesco. org /iiep/.

Jill S. Cannon & Stephen Lipscomb. "Early Grade Retention and Student Success, Evidence from Los Angeles." Public Policy Institute of California, 2011: 1-2.

Joel Kivirauma & Karl Ruoho. "Excellence through Special Education? Lessons from the Finish School Reform." *Review of Education*, 2007, 53: 283-302.

Lögum grunnskóla (Compulsory School Act), 2008.

OECD. PISA 2009 Results: What Makes a School Successful? - Resources, Policies and Practices (Volume IV) 2010: 64-65. http://dx. doi. org/10. 1787/9789264091559-enre Brophy.

Steiner & Karen. "Grade Retention and Promotion." retrieved, 2008-01-28.

T. Eisenmon. *Reducing Repetition: Issues and Strategies.* Paris: IIEP-UNESCO, 1997.

（作者简介：刘霖，硕士研究生，华东师范大学；邓姣婧，硕士研究生，华东师范大学；阎光才，教授，华东师范大学）

后留级制语境下的留级制研究：以上海市为例

李琳琳

中国大陆留级制改革始于1994年。随后在素质教育的语境下，由于中小学过于强调知识测试的倾向给学生带来巨大学业负担和心理压力，要求逐步减少留级人数甚至取消留级制度的呼声一直不断，全国各省市都不同程度地推进着留级制改革。上海市作为全国教育发展的优势地区，经过近二十年的探索，2012年在义务教育阶段的学籍管理中不再设“留级”制度。但是，这一政策举措背后的变迁路径却鲜有人知，其对各方利益相关者的影响更是少有研究者关注。因此，本文试图通过对上海的留级制改革路径、主要利益相关者针对取消留级的议论和态度、教育品质保障的现状和困难进行分析，以便为上海、国内甚至国际其他地区的留级政策发展提供经验反思。

本研究选取混合研究的方法，首先进行量化研究，用问卷调查的方法了解教师和家长对于留级制的态度。采用整群随机抽样的方法，选取两所小学、两所初中和一所高中，在学校内部，向全体任课教师发放教师问卷，每校每个年级抽取2个班发放家长问卷。教师问卷发放370份，回收314份，回收率84.9%。家长问卷发放1200份，回收1027份，回收率85.6%。基于问卷统计分析的结果，对教师进行质性研究的半结构访谈，进一步探索留级态度背后的原因、教师的阐释和理解。访谈中个案学校对后进生管理的一些探索和尝试，也为实践层面的政策建议提供基础。遵循目的抽样的原则，本研究在一所小学、一所初中和一所高中里，对18位教师进行访谈。考虑到担任班主任和年级长的教师对留级管理有更多的了解，每个年级都保证有一位班主任或年级长。最后，量化和质性部分的资料进行相互验证，进一步保障资料的可信度（Tashakkori & Teddlie，2003）。

一 留级制相关研究

长期以来，留级被许多国家作为一种保障教育品质的制度而存在，2009年的PISA资料显示，OECD国家15岁的学生群体，平均有13%的学生有一次留级经历。极少数的国家如韩国、日本和挪威基本不存在留级现象，但也有国家和地区如法国、葡萄牙、荷兰和中国澳门等的留级率较高，15岁学生中有留级经历的占25%以上（OECD，2010）。美国1993—1996年的统计资料显示，15岁学生中有留级经历的占15%—18%（US Department of Education Office of Special Education Programs，1996）。留级生群体还具有以下的人口统计特征：男孩的留级率明显高于女孩（Corman，2003）。父母受教育水准低、低收入、单亲家庭的孩子留级率更高（Eide & Showalter，2001）。受到入学年龄划分的影响，后半年出生的学生留级率更高（McArthur & Bianchi，1993）。

留级制度被广泛运用，但其利弊却在学术界存在争议。有少部分研究支援留级的正面影响，认为留级有利于个体知识的学习和学业成绩的提高。一项实证研究证明，与上一年的成绩排名相比，留级后的学生成绩排名有明显提高（Hong & Raudenbush，2005），特别是低年级留级的效果明显（Lorence & Dworkin，2006）。一年级留级生的阅读水准有显著提高，二年级留级生在英语、语言、数学和艺术方面的提高明显（Cannon & Lipscomb，2011）。但也有学者指出，留级一般都伴有个性化辅导和暑期学校等措施，无法将留级这一因素的影响单独剥离出来（Jimerson & Kaufman，2003）。

更多的研究支持留级给个体带来负面影响，认为留级带来的成绩提高只是因为知识重复学习而发生的短期效应，在后续的学习中，这种效应便会消失（Gomes-Neto & Hanushek，1994）。有三项元分析综合了美国上百份留级制影响的实证研究结果（Holmes，1989），元分析的结果表明：相对于低学业成就升级的学生，留级学生并没有学业优势。留级甚至会对留级生个体的社会情感和行为适应产生有害影响，增加高年级辍学率（Jimerson & Kaufman，2003），造成教育资源的浪费（Jimerson & Kaufman，2003）。

留级对群体层面的影响也有待分析。有一种假设认为，能力不佳的学生留级能缩小班级学生能力的差异，使得教学更有针对性，群体内其他学生的学习效果更好（Eide & Showalter，2001），但在实证研究中，这一假设得不到证明（Hong & Raudenbush，2005）。PISA 2009 的资料显示，PISA 成绩名列前茅的国家和地区，留级率都非常低（OECD，2010）。最后是主动留级和被迫留级的问题。研究证明，如果学生没有主动认同留级对自己的帮助，便会倾向于将留级看作对个人的惩罚和社会污名，并感受到较多的尴尬和压力（Anderson & Jimerson & Whipple，2005）。因此，学生个人对留级的认可也在一定程度上影响留级效果。

二　上海留级政策文本分析

1994 年，国家教委发布了《关于全面贯彻教育方针，减轻中小学生过重课业负担的意见》，其中明确提出："义务教育阶段要积极创造条件，逐步减少留级人数，可选择部分地方和学校进行取消留级制度的试验。"上海市留级制的管理主要体现在《上海市中小学学籍管理办法》中，1998 年和 2006 年两版的《办法》对于留级的管理规定相同，这两份文件都对留级学生的成绩要求、留级年级、留级次数进行了详细限定，并认为"小学、初中要积极创造条件逐步降低留级比例和减少留级次数，毕业年级不再留级，小学一、二年级取消留级制度。九年义务教育阶段学生，在同一年级连留两次（即在同一年级读完三年）仍不能升级，而又未满十六周岁者，应继续随班就读，也可转入初职班（校）学习"。

在上海市教委 2012 年开始实行的《上海市义务教育阶段学籍管理办法》中，"留级"被"重读"取代。第二十五条（重读）规定："学生确因特殊原因在同一年级需要重读的，须由家长在学期结束前 10 个工作日内向就读学校提出书面申请，经学校同意并报所在区县教育行政部门后，可予以重读。义务教育阶段重读最多不超过 2 次，毕业年级不申请重读。"

从以上的政策规定可见：首先，上海市在留级管理中使用了渐进式的改革方式，从 1998 年开始，通过细化留级考核要求，限制留级年级和留级次数，设计补考环节，逐步降低留级比例和减少留级次数。在此基础上，2012 年的政策话语彻底摒弃"留级"，同时以"重读"为名，为一部分特殊需要的学生留出制度空间。其次，为学生的差异性发展留出空间，允许一定程度的偏科生随班就读。再次，留级决策者发生改变，由“按照规章制度执行”转为“家长申请，教育机构审批”，重视家长在学生留级决策中的参与度。最后，针对学段特征设计政策，2012 年出台的新规定也只针对义务教育阶段（小学和中学）施行，高中依然沿袭 1998 年和 2006 年的留级管理办法，体现高中学段非义务教育的性质以及一定的学业选拔特性。

三　留级现状与决策主体

在长期减少留级率的政策导向下，上海当前的留级现象非常少。样本中留级生的人口统计学特征如下：（1）留级率及学段分布，对教师问卷中的资料分析结果表明，样本学校当前平均留级率为 0.69%，具体到不同的学段，小学生留级率为 0.06%，初中为 0.15%，高中最高，为 2.15%。（2）留级性别分布，家长问卷资料显示：男生中的曾经留过级的比例为 2.12%，女生明显较低，只有 0.55%。（3）留级生家庭背景，对家长的调查显示：城乡无业、失业、半失业者、个体工商户、商业服务业员工这几类职业群体家庭中，孩子成绩较差的比例较高。在对教师的访谈中，教师也有相似的观察：“后进生要么是父母离异的、老人带的，要么是社会层次比较低的……（那些）家庭层次比较高的，孩子暂时落后家长会想办法补一补，差到那么差的就比较少。”（A3CHI－H－01）基础教育阶段的学生，家庭教育在学生习惯养成、兴趣培养、课后学习指导等方面可以发挥重要作用，而一些后进生之所以学习困难与家庭教育的不同程度缺失关系密切。

在留级依据方面，对教师的调查问卷显示，知识掌握和学习能力最受教师重视，学习习惯次之，学习兴趣方面的考虑最少。进一步对学生的留级原因进行调查，样本教师认为，自己曾经接触过的留级生中，79% 的学生学习态度差，45% 的学生学科知识掌握不好，还有 36% 的学生家庭教育缺失，智力发展水准低、身体状况较差、转学过来不适应的占较小的比例。

留级决策参与方面，具体到不同的学习阶段进行分析，详见图 1：小学和初中阶段，家长较多地参与到学生个体是否留级的决策中，而到了高中阶段，家长在决策中的参与度降低，学校和教育部门领导的决策权更大。学生和老师在三个阶段中的比例都不太高。

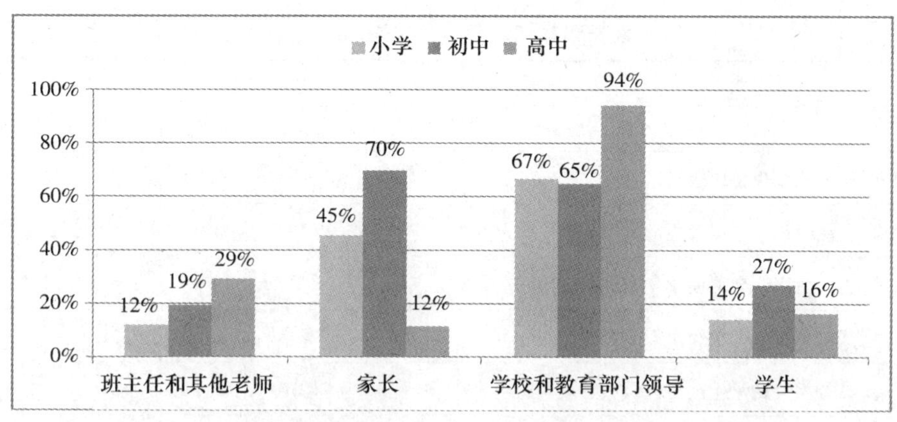

图1　各个学习阶段不同利益主体在留级决策中的参与度（来自教师的观点）

对教师的访谈发现了相似的观点，在义务教育阶段，个案初中在进行留级决策时遵循“按教委标准进行衡量，教师提议，家长和学生最终决定”的方式进行。一位初中英语教师这样描述当前她班上一个学生的留级决策的过程：“我们肯定是先征求家长的意见，最终决定的还是家长和孩子，是他们自己决定，自己商量的结果。”（B3ENG－N－12）但高中属于非义务教育阶段，学校会要求那些达到上海市的管理档中留级标准的学生必须留级。高中的教师、家长和学生在留级决策中的参与权都很少：“期中考试就预警一次，期末考试成绩出来再预警一次，中间的暑假还可以做补课和提高……补考时间是暑假快结束的时候，整整中间有两个月左右的时间。”（C2CHI－H－17）个案高中的留级预警环节和暑假后补考的环节都给家长和孩子更多的“心理缓冲期”和“学习补救机会”。不仅最大程度地发挥了留级制对后进生的督促作用，也使得最终留级的学生及其家长有较长的时间逐渐接受留级决策，减少抵触和消极情绪。

四　对后进生留级的态度

本研究的问卷用五分量表调查教师和家长对留级制各个方面的观点，下表对其均值和方差进行描述，1 表示非常不同意，5 表示非常同意，前 6 题是描述支持留级制的一些观点，后 6 题是反对留级制的相关观点。

表 1　**家长和教师对留级及其影响的观点**

项目	教师同意程度		家长同意程度	
	均值	标准差	均值	标准差
1. **学校应该保留留级制**	**3.34**	0.97	**2.26**	1.21
2. 留级可以提高留级生的学习成绩	2.73	0.97	1.69	1.10
3. 保留留级制会促使学生更加努力学习	2.99	1.01	1.89	1.19
4. 成绩不良学生留级可以减轻教师负担	2.31	1.17	1.28	1.05
5. 成绩不良的学生随班升级会影响其他学生	2.61	1.10	1.91	1.15
6. 成绩不良学生随班升级无法跟上学习进度	3.21	0.94	2.45	1.08
7. **学校应该取消留级制度**	**1.05**	1.08	**1.97**	1.10
8. 留级会影响学生的自信和情绪	2.21	1.05	3.03	0.90
9. 留级违背了素质教育多元发展的理念	1.66	1.16	2.36	1.09
10. 接收留级生会影响教师的教学品质	2.18	1.12	_	
10-1. 相较于留级，家教、课外辅导等方式更适合说明成绩不良的孩子	_		2.54	1.02
11. 成绩不良的学生不留级也有机会跟上学习进度	1.90	1.09	2.50	0.95
12. 留级生容易破罐子破摔，影响其他学生	1.89	1.09	2.32	1.07

由表1资料可知，家长和教师对留级的看法不同。在支持留级的6个专案上，教师们普遍认同留级带来的积极影响，赞成保留留级制(3.34)。但其中，教师们比较不认同“成绩不良学生留级可以减轻教师负担”(2.31)。相反，家长在支持留级的题项上的均值都小于2.5。基本上不同意留级带来的积极影响。但在“学校应该保留留级制”的题项上，观点较为持中(2.26)。

家长和教师观点差异的原因在于：上海在义务教育阶段取消留级制的同时，为了保证教学品质，对班级的及格率进行监督。这使得后进生的压力更多地由教师来承担，样本小学三年级的一位班主任认为：“确实是有些孩子是跟不上的。在跟不上的情况下硬跟，那就会造成学生也很痛苦，家长也很痛苦，老师也很痛苦，所以我个人认为，适当的留级制还是需要的。”(A3CHI-H-01)而那些对孩子学习期望较低，不负责任的家长，取消留级制实际上减少了他们的负担。样本小学三年级另一位班主任这样分析："我还是比较赞成有留级制的，因为有些同学并不是智商有问题，而是家长对他没有什么要求，听之任之的，反正不会留级……这样就缺少一种机制。"（A3ENG－H－02）

此外，在反对留级制的六个题项上面，家长和教师的观点相对一致，两个群体都反对学校取消留级制度（教师1.05，家长1.97）。而其中，家长最大的担忧集中在：留级会影响学生的自信和情绪（3.03）。但教师对这一点却没有太多的忧虑（2.21）。因为教师在实践中有较多的机会或方式来减少留级对学生带来的心理影响。一位初三政治老师这样分析："留级生的名声不大好听……这些都得做思想工作，特别是老师对他们一视同仁，甚至给这些学生特殊的关爱，给他一种尊重，也是有帮助的。"（B2NOR－N－10）

进一步分析不同学段的特点，结果如表2所示，随着学段的升高，家长和教师对保留留级制的意愿更强，取消留级制的阻力更大。小学阶段的家长在保留留级制（2.01）和取消留级制（2.18）的观点上态度模糊，但其他阶段的家长和老师都较为支持保留留级制。在第11题的结果表明，家长和教师都认为学段越高，成绩不良学生随班就读跟上学习进度的可能性更小。与此相关的，高中教师非常不赞同后进生留级会减轻教师负担的观点（1.77）。具体分析其原因，高中阶段的后进生基础薄弱，积重难返，班级接收这样的留级生，且要保证合格率，会大大增加教师的负担。

再进一步分析不同学习水准的学生家长的观点，并进行方差分析，检验结果如表3所示，在大部分项目上，不同学习水准的学生家长观点都存在显著差异。学习较差的学生家长更不希望保留留级制度（M＝1.69），但同时，在取消留级制度方面观点不明确（M＝2.28）。成绩较差的学生家长尤其不同意"留级可以减轻家长负担"的观点（M＝1.06）。

在对教师的访谈中，教师认为成绩差的家长不愿意孩子留级，更多是出于家长自己"面子"和"自尊心"的考虑："讲得功利一点，（家长）面子上挂不住，同事之间交流时，我的小孩很好，你的小孩留级了，这个肯定面子上挂不住的。"（C2CHE－H－16）特别是特殊家庭的家长，以及社会底层家庭的家长。还有自己"时间"和"精力"的考虑。因此大部分后进生家长不愿意学生留级。

表2　　不同学段的家长和教师对留级及其影响的观点

项目	家长			教师		
	小学	初中	高中	小学	初中	高中
1. 学校应该保留留级制	**2.01**	**2.34**	**2.66**	**3.13**	**3.28**	**3.70**
2. 留级可以提高留级生的学习成绩	1.65	1.65	1.88	2.86	2.68	2.65
3. 保留留级制会促使学生更加努力学习	1.77	1.85	2.24	2.87	3.06	3.02
4. 成绩不良学生留级可以减轻教师负担	1.33	1.25	1.25	2.66	2.43	**1.77**
5. 成绩不良的学生随班升级会影响其他学生	1.88	1.87	2.04	2.69	2.63	2.49
6. 成绩不良学生随班升级无法跟上学习进度	2.34	2.49	2.61	3.30	3.27	3.06
7. 学校应该取消留级制度	**2.18**	**1.91**	**1.63**	**1.43**	**1.11**	**0.51**
8. 留级会影响学生的自信和情绪	3.03	3.08	2.95	2.11	2.32	2.18
9. 留级违背了素质教育多元发展的理念	2.47	2.31	2.23	1.75	1.68	1.49
10. 接收留级生会影响教师的教学品质				2.41	2.22	1.84
10-1. 相较于留级，家教、课外辅导等方式更适合说明成绩不良的孩子	2.57	2.41	2.29			
11. 成绩不良的学生不留级也有机会跟上学习进度	**2.57**	**2.54**	**2.34**	**2.26**	**1.76**	**1.63**
12. 留级生容易破罐子破摔，影响其他学生	2.37	2.30	2.29	1.84	1.94	1.87

表3　　不同学习水准的学生家长对留级及其影响的观点

项目	良好	一般	较差	F	显著性
1. 学校应该保留留级制	**2.46**	**2.10**	**1.69**	14.59	.000
2. 留级可以提高孩子的学习成绩	1.82	1.58	1.44	6.30	.002
3. 保留留级制会督促孩子更加努力学习	2.04	1.76	1.58	7.47	.001
4. 成绩不良的孩子留级可以减轻家长负担	1.41	1.16	**1.06**	7.51	.001
5. 成绩不良的孩子随班升级会影响其他学生	2.06	1.79	1.42	9.61	.000
6. 成绩不良的孩子随班升级无法跟上学习进度	2.61	2.32	2.03	11.28	.000
7. 学校应该取消留级制度	**1.79**	**2.14**	**2.28**	12.76	.000
8. 留级会影响孩子的自信和情绪	2.94	3.08	3.31	4.53	.011
9. 留级违背了素质教育多元发展的理念	2.22	2.50	2.56	7.78	.000
10. 相较于留级，家教、课外辅导等更适合帮助成绩不良的孩子	2.43	2.46	2.53	0.20	.821
11. 成绩不良的孩子不留级也有机会赶上学习进度	2.40	2.60	2.69	5.69	.003
12. 留级的孩子容易破罐子破摔，影响其他学生	2.31	2.32	2.40	0.13	.874

五 后进生管理

学校和教师为了保障后进生的学习品质，在教师评估、制度建设各个方面针对后进群体进行了设计。访谈的三所学校中，对老师教学的评价都会参考“班级及格率”和“班级平均分”，样本小学甚至提出“及格率100%”的目标。老师普遍表示，“及格率”和“优秀率”在对教师的考评中同等重要。这就在评估层面，对后进行的学生品质有了明确的要求。样本初中三年级一位英语教师有这样的感受：“（后进生有）很大影响，因为（考）二三十分的（后进生的）成绩把班里的平均分都拉下来了，及格率也没有了，这个压力主要是来自后面的学生。”（B3ENG－N－12）在具体的教学过程中，不同的学校也发展出不同的后进生学业保障机制。

样本小学的教师主要是用“个别辅导”模式来说明后进生，在放学之后和课间对学科基础薄弱的同学进行个别辅导。样本初中则在基本课程之外，探索出了“分层教学”的模式。上午五节课，下午两节课以后，放学之前，有一个弹性的时间段，学生可以根据自己的学习能力、兴趣爱好，参加各种社团、拓展课和探究活动，后进生则在相应学科教师的指导下进行“补缺补差”。初三的一位班主任这样评价分层教学：“还是蛮受老师和学生欢迎的，效果还是不错的模式……（老师）有点像全职保姆一样的从头管到尾，孩子现在很多是家里不配合或家长盯的不到位的，善后工作都是靠老师来完成。”（B3SCI－H－11）样本高中则是以“伙伴教师、伙伴同学”的方式对后进生进行“一对一的帮助”。

在课外补习方面，小学的教师态度与中学略有不同，在小学阶段，后进生更多是学习态度和习惯的问题，知识要求并不太难，老师表示“课堂都不认真的话，课外再私下补怎么补得好呢”（A4CHI－N－04）。“那得要是家庭条件还可以的……并且找到好的补习老师也蛮难的，还得正好碰到小孩比较适应。”（A3CHI－H－01）样本初中和高中的校外补习现象更为普遍，这个阶段的知识难度增加，家长对孩子有较高的学业期望，除了补差，补优的校外补习也普遍存在。样本初中担任化学课的一位原班主任认为：“（对后进生来说）补习班更主动一点，留级是没有办法的办法，所以他宁可选择花点钱上补习班，甚至一对一地请老师，也不会平时不管不问地到最后留级，这种家长还比较少。”（B1CHE－H－07）

六　结论与讨论

上海能够较为顺利地降低留级率甚至义务教育阶段取消留级制，是多方面因素作用的结果，这与本地区广泛认可素质教育理念、较高的学校教育品质和家长较多的教育投入密不可分。此外，采用渐进式改革路径，关注学生个体发展差异、年级差异、学段差异，并为特殊需要的学生以“重读”为名留出制度空间，都是改革顺利实施的关键。本研究对留级制改革实践的反思如下：

首先，虽然留级制的批评者普遍认为留级会带来负面影响，但本研究中，样本家长和教师普遍认同留级制可能带来的积极影响。问题的关键可能不在于留级制度本身，而在于制度积极影响的实现条件，它需要家长、学生、教师的共同努力。实践中改善的途径是，避免以学习成绩为唯一标准的强制留级方式，让学生、家长和教师就学生留级的决策进行充分协商，在这样的协调和分析过程中，可以综合考虑除成绩之外的学生兴趣和习惯等因素，关注学生素质的全面发展。同时也会变被动留级为主动留级，有效减少留级可能对学生心理和班级管理带来的负面影响。顺利实现留级对教育品质保障的作用。

其次，避免将后进生学习品质保障的压力全部转移给教师。上海取消留级制的政策实际上一方面取消留级制，一方面加强对及格率的监控，从而实现对教育品质的保障。但教育品质保障的压力全部转移给教师，并不合理，因为后进生问题的形成原因是复杂的，并不完全发生在学校场域之中。同时，过于强调教师在及格率上的责任也会容易扭曲教师对后进生的态度，大部分教师反对取消留级制，也是出于教育品质保障和及格率的压力。

最后，“低社经背景的后进生”是留级制改革，也是整个基础教育中的弱势群体。基础教育阶段的学生处于学习兴趣和学习习惯养成的关键期，家庭教育不能提供有效的帮助使得这一部分学生更多地依靠学校教育。本研究中个案学校的弹性教学和个别辅导方式都是有益的尝试，教育管理者应进一步思考如何在制度上保障对这一弱势群体的支持，这是教育品质保障、实现教育公平和素质教育的关键。

参考文献

Anderson, G. , Jimerson, S. & Whipple, A. "Student Ratings of Stressful Experiences at Home and School: Loss of a Parent and Grade Retentionas Superlative Stressors." *Journal of Applied School Psychology*, 2005, (21): 1 - 20.

Cannon, J. S. & Lipscomb, S. Early Grade Retention and Student Success: Evidence from Los Angeles. Public Policy Instit. of CA, 2011.

Corman, H. "The Effects of State Policies, Individual Characteristics, Family Characteristics and Neighborhood Characteristics on Grade Repetition in the UnitedStates." *Economics of Education Review*, 2003, (22): 409 - 420.

Eide, E. R. & Showalter, M. H. "The Effect of Grade Retention on Educational and Labor Market Outcomes." *Economicsof Education Review*, 2001, 20 (6): 563 - 576.

Gomes-Neto, J. B. & Hanushek, E. A. "Causes and Consequences of Grade Repetition: Evidence from Brazil." *Economic Development and Cultural Change*, 1994, 43 (1): 117 - 148.

Holmes, C. T. "Grade-level Retention Effects: A Metaanalysis of Research Studies." In L. A. Shepard & M. L. Smith (Eds.), *Flunking grades: Research and Policies on Retention*. London: Falmer, 1989, 16 - 33; Holmes, C. T. & Matthews, K. M. "The Effects of Nonpromotion on Elementary and Junior High School Pupils: A Meta-analysis." *Reviews of Educational Research*, 1984, (54): 225 - 236; Jimerson, S. R. "Meta-analysis of Grade Retention Research: Implications for Practice in the 21st Century." *School Psychology Review*, 2001, (30): 420 - 437.

Hong, G. & Raudenbush, S. "Effects of Kindergarten Retention Policy on Children's Cognitive Growth in Reading and Mathematics." *Educational Evaluation and Policy Analysis*, 2005, 27, 205 - 224.

Jimerson, R. S. & Kaufman, M. A. "Reading, Writing and Retention: A Primer on Grade Retention Research." *The Reading Teacher*, 2003, 56 (7): 622 - 635.

Lorence, J. & Dworkin, A. G. "Elementary Grade Retention in Texas and Reading Achievement among Racial Groups: 1994 – 2002." *Review of Policy Research*, 2006, 23 (5): 999 – 1033.

McArthur, E. K. & Bianchi, S. M. "Characteristics of Children Who Are 'Behind' in School." National Center for Education Statistics & Bureau of the Census: ERIC Document Reproduction, 1993; Dauber, S. L., Alexander, K. & Entwisle, D. "Characteristics of Retainees and Early Precursors of Retention in Grade: Who Is Held back?" *Merrill-Palmer Quarterly*, 1993, 39 (3): 326 – 343.

OECD. PISA 2009 Results, What Makes a School Successful: Resources, Policies and Practices [DB/OL]. http://dx.doi.org/10.1787/9789264091559 – en. 2010.

Tashakkori, A. & Teddlie, C. *Handbook of Mixed Methods in Social & Behavioral Research.* Sage: 2003.

US Department of Education Office of Special Education Programs, "(17th) Annual Report to Congress." Washington DC, US Government Printing Office, 1996.

（作者简介：李琳琳，讲师，华东师范大学）

澳门留级制度研究

阎光才　陈志峰

一　前言

首先，本文是以历史研究的视角对澳门目前留级现象的历史、文化和传统归因予以条分缕析；其次，采用比较研究方法，对国际上留级现象以及留级制度实施的整体现状进行概括性的分析；然后，将实地考察、访谈与问卷调查研究中的发现进行整理概括；最终，基于以上内容就降低留澳门留级率甚至取消留级制度的可能性与可行性展开政策研究，并提供一个尽可能带有可操作性的整体方案。

（一）研究问题的提出

中小学留级现象在国际上具有一定的普遍性，但是，它很少成为各国政府以及学术界所关注的焦点。之所以如此，原因在于留级制度存在与否或者留级率的高低，似乎与国家的社会经济发展水准以及教育发达程度之间并不存在必然的联系。如艾斯曼（Eisenmon，1997）指出，同为西方发达国家，北欧以及英语系国家的留级率较低，但是一些西欧国家如法国、西班牙和葡萄牙的留级比例较高；同是发展中国家，西亚以及东欧许多国家留级率很低，甚至远低于发达国家，而拉美许多国家的留级比例则比较高（OECD，2009）。因此，严格来说，留级现象本身或留级率高低更多是各国教育文化、观念、传统和制度的派生之物，而与各国教育品质之间并无必然关联。

从澳门教育发展的角度来看，留级问题非今天始有，是长期存在的问题。早在回归前，澳门的留级问题已经相当严重。早期发现这个问题的学者是龚水桑·阿尔芙斯·斌多教授（1987），他接受澳葡政府委托，研究澳门教育制度，在调研中发现两所官立学校，其留级比例分别占32.4%和38.8%。接着是中华教育会刘羡冰，她回忆说："一九九二年我统计出当年澳门高中毕业生顺利升上高等教育的比率超过80%，这比邻近地区高得多的数字，谁不兴奋？再经几年的观察，我心有不安，于是一九九八年我搜集十二年的数据，发现澳门中小幼学生的留级率都十分惊人，每年留级率都在10%以上。"刘羡冰在回归前就曾撰文深入剖析这个问题，根据她对澳门教育数字的长期跟踪，发现留级问题非常严重，每人平均留级0.95次，教育经费浪费了十二分之一。她认为过高的留级率一方面浪费公帑；另一方面，学业的挫败重戕青少年儿童的自尊自信，扼杀乐学的动机和生机，是新教育观的大忌。她提出"厌学—留级—出校—犯罪"的四部曲，呼吁解开厌学死结，正本清源（刘羡冰，2001，148）。

虽然斌多和刘羡冰早于二十多年前已提出这个严峻的教育问题，可是问题始终没有得到彻底解决。作为澳门民间的教育专业社团，中华教育会提出必须关注留级率高企的问题，每年就澳门特区政府施政出谋献策时，均把留级问题列为重点，呼吁必须优先解决这个老大难问题。至于政府的态度，在回归初年，时任教青局副局长苏朝晖在接受报章访问时曾表示，学校课程水准过高可能是导致留级问题的主要原因（陈志峰，2011，2）。及至2003年，时任教青局局长苏朝晖再接受报章的访问时表示，留级制度仍存在一定的作用，并无取消的必要，但要善用这个制度，鼓励学校采取多元评核的模式（陈志峰，2011，51）。及至2005年，苏朝晖再次就留级问题作出回应，要派员到高留级率的学校进行调查，收集数据及相关资料，并与大专院校共同研究解决方案。可是，这个问题一直都没有得到彻底解决（陈志峰，2011：96）。

2011年5月，中华教育会陈志峰撰文指出：2008学年的初中留级率为13.9%，小学的留级率为5.2%，意味着小学阶段每20人就约有1人留级；初中阶段每7人就约有1人留级。2008学年高中和初中的巩固率（不包括留级生的巩固率）为65.0%和60.0%，中学的巩固率只有39.6%，这意味着澳门初一年级的学生经过相应的学习年限后，升至高三而没有留级者的比率只有39.6%——不足四成的澳门中学生能够顺利完成中学教育阶段而在过程中没有留级（陈志峰，2011）。留级现象渐得教育界同仁关注。

2011年12月，教青局局长梁励回应议员何少金（时任中华教育会理事长）的质询，表示当局有意检讨“五花八门”的留级制度，较合理反映学生的学习成绩。梁励强调问题核心是留级能否增强学生的知识及能力，据相关测试（指 PISA 评估），澳门留级生能力水准较低，说明留级无助能力提升，高留级率值得关注（《澳门日报》，2011）。据悉，澳门非高等教育委员会已成立相关工作小组，就留级问题和评核问题，正在研究解决方案。

中华教育会就 2013 年施政方针（教育范畴）就留级问题提意见时曾建议：教育当局在未来一年的政策重点应聚焦高留级率问题，可举办相关的学术研讨会，邀请澳门教育的持份者参与讨论，集思广益，凝聚共识，认真面对相关议题，让各持份者认清留级对于学生心灵的重大打击，无论如何应想方设法以积极的态度辅助学生学业和身心健康成长，否则，普及教育变成了筛选的工具，澳门的下一代因为高企的留级率导致最终无法完成十五年基础教育，导致跨不进高等教育的门槛，直接令澳门下一代的整体素质蒙受影响（《澳门教育》，2012）。

澳门留级问题广受社会关注的原因是源自 2009 年 PISA 国际评估的结果公布，当年参加评估的全澳 15 岁的学生当中，有 43.7% 至少曾经留级一次，这个数据位列参与接受评估的国家和地区之首。这个数据，后来被澳门一家新兴的免费报章作为头条新闻，并以“秝班之都”作为标题，澳门留级率“冠绝全球”开始引起社会大众的广泛关注。此外，随着澳门发展，人才培养的问题广受社会关注，教育持份者愈来愈关心澳门下一代的竞争力的问题，在 PISA 评估中，虽然澳门在参与的国家和地区中位列中上水准，可是，如果以比较的角度，同样是东亚文化圈的其他国家和地区，澳门不仅留级率明显较高，而且 PISA 成绩与上述地区存在较明显的差距。基此，留级问题在 2009 年以来广受关注。

中华教育会遂于 2011 年启动了有关问题的先导研究，通过对 27 位澳门教师进行深度访谈，结果 27 位教师中有 26 位教师认为要保留留级制度，相关研究报告《澳门基础教育留级问题研究（教师视角）》于 2013 年年初发表，并举办了多场与留级制度相关的集思会，听取不同持份者的意见，为澳门教育政策建言献策。其他不同的社团和组织，如中华新青年协会、澳门学生联合总会、新澳门学社都曾举办论坛来探讨这个问题。不少本地报纸和杂志刊发了一些与留级相关的评论文章。不少传媒，亦对留级问题作出了专题报道。社会和教育界在这样的背景下，掀起了一股反思留级制度的热潮。而中华教育会在2013年11月中旬举办的“留级制度存废探讨”学术研讨会，广邀两岸四地专家学者就相关议题进行探讨和论证，发表了论文共10多篇，吸引了近八百人次到场研讨，足见社会和教育界对于这个问题的高度关注。因此，我们有理由相信，留级这个问题已经愈来愈受社会关注。

正是在这样的背景与脉络中，我们尝试对澳门所存在的独特留级现象进行全面审视，细察其产生的内外原因及其利弊，并期望以该现象的研究为切入点，以点带面，围绕教育品质提升的核心议题，为澳门目前教育体制以及相关制度体系改革与调整提供一个带有可操作性的整体规划与方案。

（二）研究方法与技术路线

如上所述，虽然从国际横向比较的角度而言，留级现象的存在与否与各国教育品质高低可能没有必然的关联，而与特定地区教育文化、观念、传统和制度等因素高度相关。显然，在此涉及几个基本问题：第一，构成澳门地区中小学高留级率的深层社会背景成因究竟是什么？第二，在同属东亚乃至华人文化圈中，相对而言，澳门地区为何存在留级率高而国际评估成绩尚不及邻近国家和地区？第三，实行留级制度或者维持较高的留级率，究竟对澳门的基础教育品质产生什么影响？或者不妨换一种表述方式，如果是降低甚至取消留级制度又会如何？是否有影响？影响是负面的还是正面的？最后一个问题是，结合澳门基础教育的现实状态，是否存在一种在低留级率甚至废止留级制度的前提下，教育品质又能够获得较大幅提升的路径以及制度和政策整体框架？

本文拟围绕上述问题的次第展开而加以系统的研究。首先，将采用历史研究的视角，对澳门目前留级现象的历史、文化和传统归因予以条分缕析，解决这样一个困惑：在视留级为习以为常的惯例，甚至为不同群体（学校管理者、教师、家长和学生）所共同接纳和认可的澳门，这种集体意识和习俗的背后究竟存在一种什么样的文化基因与情结，又是通过一个怎样的制度演变与变迁过程而得以形塑的？

其次，研究将采用比较研究方法，对国际上留级现象以及留级制度实施的整体现状做概括性的分析。鉴于留级制度实施以及留级原因在世界各个国家和地区的复杂性，本研究虽然不敢奢望去获得有关共性或规律性的结论，但还是希望能够通过资料分析，尝试着在各国留级现象与国家经济、教育发展水准和社会公平程度等因素之间的关联上，获得一些经验证据。此外，研究还把东亚地区，特别是大中华地区的某些国家和地区作为参照，将澳门纳入同文同种这样的文化脉络中，通过差异比较，对澳门留级现象存在的特殊性及其生成机理和原因予以阐述或解释。考虑到大陆上海市在国际 PISA 测试中的良好表现，且其留级政策基本废止多年的政策背景，本文将把上海地区作为一个特殊个案，期望通过开展问卷调查研究，揭示留级制度存否与学业水准（当然，也未必等同于教育品质）间并不存在必然相关的联系，这也许会对澳门提供一些启示。

最后，本文采用实地考察、访谈与问卷调查方法，以部分学校校长和教师、学生为访谈对象，以部分学校教师、家长为问卷调查对象，了解不同群体对于澳门留级现象的理解，各自的认识和立场差异以及有关的基本共识，从群体互动的角度探求未来制度变革的路径选择、民意基础以及政策调整的空间。最终，本着尊重澳门特区历史、立足当下、面向未来的精神，适当参照其他国家与地区的经验，结合澳门有关现行制度安排及其运行状态分析，拟就降低留级率甚至取消留级制度的可能性与可行性展开政策研究，并提供一个尽可能带有可操作性的整体方案。

围绕上述问题的展开逻辑，研究的整个技术路线如下：

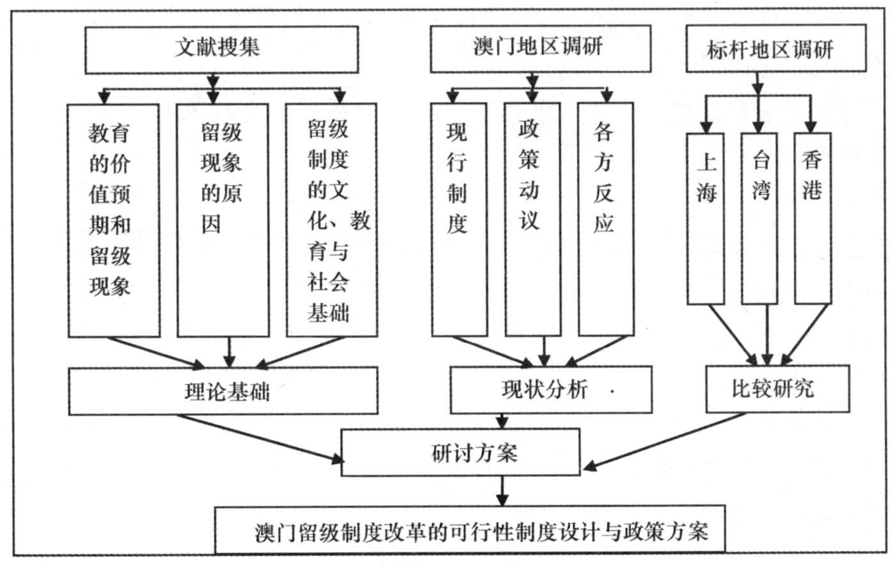

图 1　研究的技术路线

二　澳门特区留级制形成的历史、文化与社会脉络

如上所述，本地媒体对留级问题的相关报道，都是负面居多，例如讥讽澳门是“袜班之都”，大肆报道私校留级制度“五花八门”，几乎达百多种之多。对于社会大众而言，或许会为之瞠目结舌，并视为一种怪相，可是，正本清源，实在是这个问题没有被清晰解说，媒体只执一角，大众只知一隅，可谓“瞎子摸象”，未能“一窥全豹”而已。故此，我们有必要对澳门留级问题进行深刻的研究，尝试从不同的角度进行调研，剖析留级问题的深层次因由，从而对症下药，循序渐进去梳理和解决相关问题。

回顾20世纪澳门百年教育发展历程，作为一个被葡萄牙占领百多年之久的中国南方沿海小城，其教育文化基因源自多个母体，包括葡萄牙、中国大陆、中国台湾和香港地区，呈现一番多元的景象。

在百多年的管治过程中，澳葡当局只管葡萄牙人及土生葡人教育，对华人教育基本采取放任自流的态度。葡国教育传统虽然影响了澳葡时期的官立教育和官制私立教育，此引证了上文提及斌多教授在20世纪80年代在两所官立学校进行的调研，发现其留级率超过三成，这与葡萄牙传统都是世界上留级率较高的国家不无关系（根据2009年的统计，其15岁学生中留级至少一次的比例达35%）。但葡萄牙的高留级率，对澳门华人教育的影响却无从谈起。

至于华人教育，在几乎没有政府干预的状况下自我发展。天主教会、基督教会、佛教寺庙，甚至巴哈伊教都曾在澳门办学；不同界别的社团、慈善团体、氏族宗亲等亦承担了华人子弟的教育责任，甚至不同政治主张的学校体制，都曾经在澳门某个历史时期并存。西方宗教的价值观和教育模式，无疑成为构成澳门教育文化基因的其中一个母体；华人慈善团体和氏族宗亲所办的学校，当然也深受中国传统文化，尤其儒家文化的影响。国共在1949年后的政治对峙，亦造成亲共和亲台的教育体系同时存在于澳门，政治取态和意识形态无可避免形成对立，并曾在特定的历史背景下发生过一些冲突；香港教育文化对澳门教育的影响主要体现在教科书、学制和重视英语教学的传统方面。

由于以上种种因素，澳门直至20世纪八九十年代，学制呈现多元模式，4+2+3+2+1学制、6+3+3学制、6+5+1学制和6+5学制（统

计司，1984）并存。这无疑是因为澳葡政府长期对华人教育放任自流的结果，但是，没有政府的集中管理，教育在澳门这片较自由的土地上茁壮地成长。不同办学背景的私校，在缺乏公共教育经费挹注的前提下，均调动积极性募集和筹措办学经费，虽然经济拮据，却形成了学校内部较强的内聚力，凝聚了较强的归属感，也有主人翁精神（刘羡冰，2002，32）。在这种多元学制并存的教育生态下，澳门中学毕业生的升学出路也多种多样，中国大陆、台湾地区、香港地区以及英美澳加等国，都有澳门学生的足迹。基于多元化的格局成为澳门教育的一大特色，这完全与邻近地区，甚至世界不同国家或地区对于基础教育“中央集权”模式分庭抗礼。以“中央集权”模式观照澳门模式，容易造成不必要的误解，往往影响对澳门教育问题的判断。

至于有关澳门教育的质量保证，刘羡冰认为“澳门私校林立，背景各异，师资、设备都存在差异。办校宗旨、学制、校规和行政风格虽然大同小异，但校与校之间仍有一些差距。20世纪80年代前，人口变动，几度大增大减中，私校的生存全赖学生人数的保证，在竞争中，适者生存，先后淘汰了百所规模较小的私校。到80年代，能生存下来的大都有一定的实力支持”。而“私校必须生存，必须保证学生来源，因而必须面对社会，适应社会要求，求得自己生存的空间。适应的目的是避免在竞争中被淘汰，因而也受市场经济规律的制约，学校重视家长意见，重视提高工作的合理性和科学性，竞争性保证了办学质量”（刘羡冰，2002，32—33）。刘羡冰所谓的私校之间的“竞争性”构成了澳门教育的质量保证机制，这与邻近地区以至世界不同国家和地区大相径庭，却切实在澳门形成了独特的质保体系。

问题在于，80年代中期由于外来人口激增令学生人数急剧增长，学额不足，私校之间的良性竞争产生了变化，刘羡冰认为无疑带来了“一定的负面影响”（刘羡冰，2002，33）。少数私校为了增加竞争力和吸引力，锐意提升其学生的素质，于是对学业要求较严格，留级就成为其中一项重要的筛选工具，它一方面具备择优的功能，筛选不同学术水准的学生，分流到一些办学宗旨不同的其他学校，或者分流到社会作为经济发展重要的人力资源；另一方面它具备一定的惩罚性和阻吓性，对一些学生起到警醒的作用，提醒学生学习不努力就会面临留级、劝退、转校、失学的困境，甚至可能因此而被排除在教育体制以外，到社会从事一些报酬不高、相对辛苦的工作。留级作为相对简单且便于操作的学校内部质量保证机制，不少学校相沿承袭，学校把学生素质保证的责任和压力，向家长以及学生身上进行分摊。留级制度就在这个背景底下扎根下来，成为澳门教育一大特色。

三　留级制度的存废：国际比较的视角

留级现象其实在国际上具有一定的普遍性，各国之间所存在的差异仅仅在于留级比例的高低。OECD 对参与 PISA 考试的国家和地区统计结果表明，60 多个国家和地区中 15 周岁学生零留级率的仅有挪威、韩国与日本（OECD，2009）。我们估计该结论可能存在统计口径与对留级概念的理解差异问题，譬如，如果学生出现长期病休等特殊原因而复读是否也属于留级案例？因此，为了谨慎起见，在此我们有必要对留级的概念稍作澄清和界定：所谓留级应该是指学校有明确而具体的出勤要求，或学业以及品行考核评价标准，在无法达到要求标准的情形下学校有权强制要求学生复读，或者经学校与家长协商，以及由家长或学生根据个人学习情况而自愿选择复读等现象。

就目前世界各国和地区的整体情况而言，在义务教育阶段，绝大多数都存在留级制度。而也正是要求和标准的不同，导致各国留级比例存在显著的差异。概括而言，在欧美等发达国家，如德国、法国、荷兰、西班牙等大陆国家的中小学一向具有重视学术的传统，对学业成绩考核较为严格，所以留级率较高。但是，其他绝大多数发达国家特别是北欧国家，除非在学生出勤率非常低、多门主科目考试不及格或者综合水准极低的特殊情形下才会被留级。这些国家的中小学留级比例不高，15 岁学生有过留级经历的比例大致在 10% 以下。

在发展中国家，学生升级的学业要求和标准其实是较为宽松的，但是，不同国家和地区间留级比例存在很大差异的原因在于学生的失学或辍学的比例不同。如中亚和东欧等国家留级比例较低，但是，拉美等国家的留级比例则非常高，其主要原因便在于失学与辍学问题严重。如果说在发达国家，留级现象与经济和贫困问题之间不存在强关联，那么在许多拉美国家，则是经济贫困、社会差异以及人们的教育观念等多种因素纠葛于一起，共同推高了留级率。

比较特殊的区域是东亚以及大中华地区，尽管该地区的各国和地区经济发展水准相差很大，但是，除中国澳门外，如日本、韩国、新加坡和中国大陆、中国台湾等，留级比例相对较低，15 周岁学生中有留级经历的比例都在 10% 以下。更值得关注的是，这些国家和地区在 PISA 评估中的表现都位居国际前列。这足以说明，并非经济因素和学业标准宽松的缘故，而是该区域的社会和教育文化观念、传统习俗等，对留级现象产生了关键性的抑制作用。

为能够深层把握宏观层面留级现象背后的深层原因，本文通过尽可能搜集各国有关社会经济、教育、社会差异以及社会公平方面的资料，尝试采用实证手段寻找留级比例与上述宏观指标之间的关联。研究的基本结论是：

第一，各国 15 岁学生中至少留级一次的比例与国家或地区经济水准（人均 GDP）之间无显著相关性，如荷兰、卢森堡、瑞士和中国澳门等这些国家和地区，人均 GDP 水准和留级率呈现双高的格局，巴西、阿根廷等拉美国家则是呈分化格局，人均 GDP 水准相对较低，但是，留级率却非常高。因此，总体而言，留级比例与经济发展水准之间不存在因果关联。

第二，因为参加 PISA 国家和地区都已经实现了普及型的义务教育，因此义务教育阶段入学率和完成率无法反映各自之间的教育发展水准差异。为此我们尝试以高等教育入学率作为教育发展水准的指标，结果高等教育入学率与留级比例之间也不存在相关性。

第三，考虑到各国中等教育结构即普通高中教育与职业教育入学比例存在差异，我们尝试探索高中阶段职业教育的发展水准与留级比例间是否存在关联，结果发现，高中阶段普通高中与职业教育的发展规模，与留级比例之间也不具有显著相关性。

第四，通过对各国家庭社会经济文化地位（ESCS 指数）与留级比例间进行交叉分析，结果发现，就总体而言，各国家庭社会背景指数与留级比例之间也不存在必然的关联。

第五，就总体而言，作为反映社会差异和分化水准的社会公平指数与留级比例之间也不存在显著相关。不过，具体到特殊区域，如社会公平指数最高的北欧地区国家，留级比例也非常低。除美国外，其他主要英语系国家与此情形相仿。一些西欧大陆国家则呈现社会公平指数与留级率双高的情形。这也表明，地区文化、教育传统对留级比例的影响最为明显。

总之，通过上述宏观指标与留级比例间关系的资料分析，我们基本上可以得出这样一个结论：各国与地区的留级比例主要取决于其教育文化与传统、取决于各国人们对留级本身而不是教育的态度。具有重教育文化传统与轻教育文化传统的国家，这些传统都可能是构成留级率高低的原因，但具体到所在国家与地区，其成因却存在差异。譬如，西欧和拉美两个地区留级比例都较高，但前者由重学术传统所致，而后者则是因为主观与客观性的失学与辍学问题所引起。

澳门的本土文化认同属于华人传统，又多少移植了西欧葡国的传统，应该说其留级现象较严重的原因与重学术传统间存在一定的关联。但那个令人颇为纠结的困惑在于：为何同属东亚和华人文化圈，其他东亚国家和地区留级比例却较低？为此，这里特别有必要把澳门纳入东亚文化圈再予以有针对性的比较研究，从中或许可以获得相关启示。

四 澳门留级现象：以亚洲部分国家和地区为参照框架

除澳门外，在东亚以及大中华区的其他国家和地区，中小学生的留级极少会成为一个问题，原因在于留级率很低甚至为零。日本的九年义务教育制度明确规定，在该阶段，既不允许学生跳级，也不允许学生留级，因此几乎每个人都能够基本无障碍地完成九年义务教育。韩国也在原则上规定，义务教育阶段不允许留级，以及休学和退学。中国台湾地区在其“国民教育法”中甚至法律形式明示，强迫学生留级致使其受教年龄超过15岁则属于违法。中国香港地区政府不提倡中小学生留级，并严禁受其资助学校因为学生的学业分数达不到要求而强迫学生留级，即使存在特殊情况，在校生的留级率也不得超过3%（小学）和5%（中学）。

新加坡较为特殊，在小学阶段不存在留级现象，只有在小学6年级离校会考中四门主科中有两门科目成绩不及格，才有可能被留级，但事实上出现这种情形的可能性很低，因为四科总分只要达到160分即可升级。

中国大陆传统上对留级没有限制，20世纪90年代教育部考虑到财政紧张的问题才提出，要创造条件逐步取消中小学留级制度，并要求各地把留级比例视为一个督导指标。随后，虽然教育部取消了强制性要求。但是，因为素质教育改革的全面展开，减少甚至取消留级制度也就成为一个不可逆转的趋势。以上海为例，该市尽管没有完全取消留级，但规定只有在五门科目都不及格（非毕业年级，如因为生理缺陷，体育或音乐等不及格者不予计算）的前提下才需要强制留级。本研究通过对上海中小学抽样调查也发现，留级比例非常低，样本中，小学有留级经历的仅仅为0.06%，初中为0.15%。

由此可见，在上述国家和地区，留级几乎不再成为一个学校日常运作层面的问题，各地以及国际上统计也表明，上述国家和地区义务教育阶段的留级比例非常低，也远低于国际上其他区域。不过，这里值得关注的是，低留级率似乎从未成为该区域各国和地区义务教育阶段品质的负面影响因素。

包括日本、韩国以及中国台湾、中国香港和上海市，在近年来的国际PISA评估中，都有不俗表现。上海于2009年开始已经连续两次参与PISA评估，在60多个参与国家和地区中，各个科目成绩两次都名列前茅；在2009年的评估中，韩国、日本以及华人主导的新加坡，各科目都位居前10。中国台湾除了阅读排序稍微落后，数学与科学也大致在10名，相对而言，台湾与澳门之间的差距最小。因为文化差异，PISA测试究竟是否真正反映了教育品质的高低以及人才培养的效果，这本身就是一个颇具争议的问题。众所周知，东亚地区特别是华人社会一向有教育功利化、重视升学教育、偏重基础知识与基本运行能力规训的传统，这种规训方式很可能有意与无意中暗合了PISA评估取向。而事实上，多少年来，上述所有国家和地区的教育改革的核心宗旨，都是希望通过考试与选拔方式的改进与完善以及课程体系与教学方式的改革，试图消除传统教育中所存在的积弊。但是，传统和习俗所构成的民间力量异常强大，它犹如一把双刃利剑，迄今依旧在日常家庭与学校教育中产生着利弊兼存、损益难分的影响。这大概也是为何上海官方很少对PISA评估表现进行宣传和表态的原因所在。

尽管如此，上述地区近些年的改革总体理念和趋势却大致明朗和雷同，即在义务教育阶段，从制度层面越来越强调减轻学生学业负担、淡化考试的工具效应，消除“考试地狱”的影响。韩国从20世纪60年代开始取消小升初考试，70年代推行标准化教育，其目的便在于通过消除学校间差异，缓解考试和学业压力，减轻学生心理和精神负担。但是，制度层面上的改革并不能克服人们心中的传统观念，虽然学校所施加的压力降低了，但韩国学生校外补课与辅导成风。学校生活在不断发生变化，但“唯独没有变化的私塾和课外补习热，使正在发育中的孩子每天要在校外补习到深夜12点”（李水山，2007）。

与韩国相似，在80年代，日本中小学科目繁多、考试成风、学业压力大、应试教育取向突出的问题，也曾招致社会各方特别是家长的非议。1980年后启动了旨在宽松的“自由化”与“个性化”教育改革，大幅减轻学生学业负担，并强调课程结构的弹性化与学生学习的灵活性。但是，颇为意味深长的是，这一改革不久便引起社会的强烈反弹。进入21世纪后，文部省通过提出新的《学习指导要领》与修改《教育基本法》，又再次允许学生课外补习和增加学习时间，有人认为这意味着日本的“宽松教育黯然收场”（魏能涛，2001）。日本“宽松教育”改革的命运多舛，无疑表明在东亚这种文化传统中，民间重学术传统与习俗力量是何等强大！

因为上海参与PISA评估的非凡表现，近年来，上海乃至整个大陆的基础教育广受国际关注。众所周知，中国有着极为深厚和浓重的尊师重教的优良传统，然而，不可否认，学而优则仕的科举制度传统、望子成龙的传统心态也为教育打上了深刻的功利化烙印，故而在高考恢复后，应试教育所带来的积弊曾长时间为社会各方所诟病。90年代，为缓解和消除考试所带来的负面效应，大陆地区开始宣导素质教育，随后，也全面启动了中小学教育的一系列改革，旨在通过考试制度改革、课程改革、减轻学生学业负担等，为学生的主动学习和身心健康发展创造一个宽松的环境和愉悦的氛围，降低和取消留级制也是在这一背景下浮出水面。但是，因为考试制度改革所牵扯的利益面太广，传统观念更新和传统体制改革面临重重困境，大陆基础教育改革并未取得明显的成效，学业负担重和应试教育取向始终未得到根本性的改变。以上海为例，虽然在PISA评估中取得了非凡的成就，但是，上海学生课外补习成风、学生家庭作业不堪重负等现象依旧严重。在PISA评估参与国家和地区中，上海学生每周作业时间也位居第一，便是佐证。

仅以上海为例，在中小学阶段，整体成绩表现不俗，且留级率又极低，其深层原因在于民间传统观念和习俗力量的强大，家庭在学生学习中的作用不可小视。除此之外，社会的期待、政府对学校以及学校对教师的评价制度也在其中发挥了助推作用。在上海实地调查中发现，忌惮于考评压力，唯恐学业不良学生“拖后腿”，教师往往采取种种策略来应对，如与家长沟通，分层指导和放学后个别辅导，等等。

总之，通过对东亚以及大中华文化圈中各国与地区近年来教育改革变迁过程的简单梳理，不难发现：尽管各自在体制上还存在一定的差异，但是普遍的重学传统、学校与家庭的不遗余力的投入，是促成该区域 PISA 评估成绩优良的共同原因。它同时也表明，西方以儿童中心主义为价值取向的宽松和自由教育，虽然也多少为该地区所广泛接纳，甚至一度成为改革的主导潮流，但并未能够撼动传统教育文化和观念的民间基础。传统与现代、东方与西方两种力量在交汇之中，既存在持续的对立和冲突，也存在着不时的交融与整合。也正因为如此，对于国际上所关注的 PISA 评估表现，东亚各国和地区反而普遍拥有一种较为复杂心态，既看重又没有盲目乐观。因为成绩背后的动力机制有着太多优劣并存、良莠难分的复杂因素。

应该说，澳门的本土文化与上述国家和地区存在相似的基因，且有着长期的西方治理传统，其 PISA 测试表现略逊一筹与高留级率现象，纯粹从观念与文化层面来解释，显然还难以有说服力。因此，结合上述分析，通过对澳门学校教育及其制度予以实地考察，会更有助于我们深层地把握澳门留级制的学校与社会内在成因。

五　澳门留级制的各方态度与立场

澳门是大中华区首个实现 15 年免费教育的地区，因此，经济问题早就不再是构成学生入学的障碍。但是，相对于大中华地区的其他国家与地区，澳门的留级率和离校率较高，据教青局统计，在 2007/2008 学年、2008/2009 学年、2009/2010 学年三个年度，小学留级率基本维持在 5%—6%，初中留级率在 14%—15%，初中离校率也始终维持在 5%—7%。除此之外，另外一些资料也尤为值得关注，如统计显示，在上述三个年度中，小学阶段完成率基本在 85% 左右，而初中阶段则仅为 70% 多一点。而其他国家和地区，以大陆上海为例，1994 年义务教育的完成率接近 90%，2003 年则已经达到了 98%（邱国华，2005）。

留级率、初中完成率甚至 PISA 评估成绩的高低，或许都不能作为不同区域学校教育品质高低的指标，因为各地的学业合格考核标准并不统一。但是，2004 年许毓涛对澳门中小学生调查的结果，或许足以令人心惊。调查发现，超过 70% 的学生“感到功课的压力”，近 60% 学生为升学与就业烦恼，认为自管能力不足的超过 57%（许毓涛，2004）。显然，中小学时期，对功课与升学感到烦恼的如此大比例，不可能与留级率高低没有关联。正如我们在对有过留级经历的学生访谈中，很多学生表示，当得知要被留级时，感到非常恐惧与害怕，有强烈的挫败感。

近年来，因为社会的广泛关注，澳门中小学留级率虽然有所下降，但是，总体上尚未有太大的改观。在对部分学校调查中我们发现，对于升学与留级的标准，虽然大同小异，但还是存在一些差异。譬如，有的学校规定两门主科（补考）不及格，或两门主科与一门副科不及格便要求留级；有的学校是三门不及格即留级；还有的学校按单位计算，四个单位不及格或全年总平均分不及格就要留级；此外，许多学校对学生品行有严格要求，达不到基本等级也要求留级，如此等等。媒体所报道的澳门留级制“五花八门”有一定道理，这与澳门私校自主的教育格局有密切的关联，法律容许澳门私校自定留级准则，每间私校都会因应各自的传统和校情制定留级制度。

访谈结果：对于留级现象，各校以及教师和学生究竟持有什么态度和立场？在访谈中，对留级持赞同、否定与折中的意见都有。持赞同态度的大多数教师都认为，这是一种对学生施加压力发挥阻吓作用的最为有效方法，只不过需要改进留级的形式和控制留级的比例。持否定态度的教师则认为，如果学生成绩太差，留级后成绩也不会有显著提高，甚至没有提高，反而使学生将留级视为一种习惯。此外，留级更是教育资源的浪费，加大了对资源的重复投入。还有，因为大学入学比例越来越高，门槛很低，即使成绩不理想也不妨碍学生将来上大学，何况成绩不代表一切，且随着学生年龄增长，一些早期学业不良的学生会逐步有所醒悟，强制性留级反而没有效果。无论是否有过留级经历的学生，对留级也持有两种不同的态度。与教师一样，赞同者肯定它所具有的警示与压力效应，否定者则认为它不仅打击了自信心，而且对学习兴趣没有发挥积极作用，效果也不理想。

总而言之，认为留级可以发挥阻吓作用，这是对留级制度持认可和赞同态度的人们的共识，而持否定态度的共识则怀疑其究竟有多大的效果。郑英杰等针对澳门 15 岁学生留级次数与 PISA 评估成绩间的关系进行了实证研究，结果表明，在控制其他有关变数后，每多一次留级经历，阅读成绩会下降40分（郑英杰、赖文辉等，2013）。因此，至少在经验层面而言，所谓留级的阻吓作用可以提高学习成绩的观点没有获得证据支持。但是，值得深思的是，师生口中所谓的“阻吓作用”，是否只是针对留级生而言，抑或留级同时存在对于全体学生起到“阻吓作用”，留级包含着如果不努力念书，成绩不及格，到时候就要面临留级的处分。透过留级的“阻吓作用”，促使同学认真把书念好。

问卷调查结果：为更全面了解各方面对留级制的态度，本研究采取分层抽样的方法对澳门14所中小学校的教师、家长和学生进行了问卷调查。中学生（初中生和高中生）中，有过留级经历的比例超过了40%。调查显示，在学生成绩不达标的情况下，认为学生应该留级的教师比例高达58%，而上海调查的结果仅仅为8%。在关于是否应该取消和保留留级制的态度上，三个群体之间存在显著差异。认为应该保留留级制的教师（非常同意与基本同意）比例为62%，家长为47%，学生（初中和高中）为35%。而进一步分析发现，有无留级经历的学生和家长，对留级制的态度也存在差异，没有留级经历的学生赞同保留留级制的比例高达43%，而有过留级经历的仅仅为28%。在家长群体中，子女没有留级经历的家长，赞同保留留级制的比例为55%，而子女有留级经历的家长赞同比例为41%。

显然，上述简单的资料分析表明，对于澳门目前的留级制度，其实不同群体的态度存在较大的差异。教师是留级制度最大的支持者，而有过留级经历的学生和家长，相对而言，则是留级制的抵触和反对者，尤其是有过留级经历的学生，反弹最为强烈。分析结果也表明，学习状况越差的学生越不赞同保留留级制，学生留级次数越多，越不赞同保留留级制。学生之所以对留级更多持反对态度，是因为相对而言，他们更认同“留级并不能提高成绩”，反而认为留级是“影响自信和情绪”的重要原因，并更倾向于“不留级也有机会赶上学习进度”。

六　澳门留级制度的优化改革方案

概括而言，澳门留级现象严重的原因无非包括以下方面：

（一）传统观念与文化

华人圈重学文化及其应试教育传统在澳门地区依旧得以延续，这也是为何众多学校、教师与家长赞同保留留级制度的观念性成因。日本、韩国，以及中国大陆及台湾都曾经历过对传统教育的反思和改革阶段，尽管经过改革的洗礼之后，传统观念并没有被彻底颠覆，甚至在某些国家还存在反复与回流现象，但是，降低留级率甚至废除留级制度是一种体现教育人性化的重要举措，庶几成为共识。但是，作为中西文化交融的澳门，并没有或者至少在目前尚未完全认同这一思潮。

（二）制度惯性

从早期的自由放任到现在以资源配给为手段的有限干预，相对于其他国家和地区，政府对澳门基础教育的介入依旧较少。自由与多元化固然是其特色与优势所在，不过，我们亦发现不少学校的教材择用、课程安排由科组甚至是校长自决，有些学校采用程度较深的课程，甚至有使用超前课程的情况；而且，各校对于学生成绩的优劣，评价标准存在一定的差异。在澳门，时有案例是某校的留级生，转到他校却变成了优异生，这除了学生发奋自强的因素外，学校之间的课程差异和对学生的要求都是其主因之一。

（三）教学内容、方法与评价理念

对留级生的调查表明，导致中小学生留级的主要科目是英文与数学，两者比例分别为81%和79%。访谈中发现，学生认为无法掌握的主要原因在于：第一，教师大都习惯于传统的灌输方法，注重死记硬背，缺乏师生间的互动，导致学生的厌学与理解上的困难；第二，教学内容存在偏难的问题，有的中文学校甚至采取英文版教材，学生较难适应；第三，平时学业考试内容较为艰深，影响了学生的自信心。因此，仅从学生方面的反映来考察，澳门中小学校在日常教育与教学活动中还没有完全接纳和践行邻近国家和地区近几十年来教育与课程改革所持守的以学生为本和多元评价的理念。尽管因为民间习俗力量过于强大，这些国家和地区的改革还难言成功，但是，经过改革的洗礼之后，许多新的观念正逐渐深入人心。目前无论是大陆还是台湾，都是曾经的高留级率地区，然而，教师和家长对留级大都持反对态度便足以反映了改革的成效。

（四）客观社会环境因素

不容否认，澳门地区以娱乐博彩为主体的产业结构，多多少少地对教育带来一些负面效应。在分层随机抽查的样本中，学生家长在服务、销售、博彩、旅游和酒店等行业从业的比例达 40%，而父母从事公务员、医生、律师、工程师、教师和文员等带有专业性质职业占比仅仅为 15% 左右。父母的工作需要轮班的比例达到父亲 33%，母亲 40%。显然，父母从业性质会客观地影响家长对子女的教育投入，如关注、时间和精力等。如调查资料显示，近 30% 家长每周陪伴孩子的时间不足 3 小时，超过 50% 的家长平均每天陪伴孩子的时间不足 1 小时。

除此之外，澳门特殊的产业结构对低端劳动力的旺盛需求，也难免会多少影响部分家长以及学生的学业成就欲望与动机。在教师调查中，有 78% 的人认为学生留级的原因在于学习动力不足，认为学习习惯差和家庭教育缺失的比例分别为 70% 和 56%。学生的学习动力不足，往往与家长对子女的期望之间存在密切关联。因为澳门低端就业机会充裕，且无生计之虞，少数家长放松了对子女的要求，甚至采取放任的态度也就不难理解了。当然，由于技术环境改变，网络以及传媒等对青少年的负面影响也愈加凸显，分散了学生对学习的注意力和精力，这也是难以抗拒的环境因素之一。但这是当今社会所存在的普遍性问题，不为澳门所特有。

基于上述各种缘由，显然，探讨留级制的优化改革方案，涉及两个基本预设或者理想的预期：

第一，如果大幅降低留级率甚至取消留级制度，是否会保证学生依旧能够承受适中的压力，促使学生能够在压力中奋发学习？这也是取消留级、消除绝大多数教师和部分家长疑虑，并赢得他们支持的前提。

第二，从理想的角度而言，这种压力如果可以转化为学生自我施压的动力，或者转向基于兴趣的自主学习，则不仅符合以学生为本的理念，而且也是人们所期待的澳门教育最为理想状态，达到这个理想的境界，留级制度是否存在已经不是一个关键问题。

根据调研结果，在澳门社会上，包括教育当局、广大教师、家长，甚至是部分学生均未有迫切废除留级制度的诉求，且保留留级制度的意见还占较大多数。在学校行政、教师、学生和家长都未有共识的前提下，以一刀切的方式取消留级制度是没有尊重广大教育持份者的意见的表现，现阶段来说可谓相当不可取。

然而，鉴于上述现实中的困境，欲达致这种理想状态，不仅要克服很多障碍，而且还有很长的路要走。因为留级问题的根由不在它本身，而是由隐身于它背后各种错综复杂因素所引起的学业不良，当然还有对“学业不良”理解上的分歧问题。如上所述，由于这些因素涉及观念、制度、社会结构和学校日常生活各个层面，且不同群体之间乃至同一群体内部尚存在分歧，乃至于基本共识的付之阙如，仅仅纠结于澳门留级制度的存与废议题并不能切中肯綮，在实践层面更无助于问题的解决。为此，本文基于国际经验尤其大中华地区的比较研究，结合澳门自身的社情传统，加上对澳门学校的调查研究成果，提出如下基本立场和判断：

一是就不久的将来而言，就留级的问题，继续在现有基础上提高社会各方面的重视程度，大力谋求共识，借着有关留级研讨会所累积的学术素材，促进教育当局和教育界的反思和改革的自觉性。二是在中、小学教育阶段降低留级率，乃至教育持份者更审慎地利用这质量保障机制，充分发挥多元评核制度，应该是澳门教育改革与发展的基本方向和目标。三是解决留级问题不独是学校的内部行为，而是需要政府、社会和学校各方的全力配合。四是政府作为资源的配给者，在针对留级问题的改进以及全面教改过程中应该发挥其引导和资源保障的作用。

七　澳门留级问题解决的方案、对策和建议

2013 年，澳门中华教育会教育科学研究组发表了《澳门基础教育留级问题研究（教师视角）》（以下简称《教师视角》）。该研究组透过深度访谈澳门 27 位不同教龄、任教不同背景学校的教师，尝试了解从教师的角度如何看待澳门留级问题，并在文末提出了十点具有可操作性的建议。

本文在《教师视角》建议的基础上进一步深化，从不同的角度，包括教育行政、教师、学生和家长等不同的持份者，对留级问题进行科学的调研，并利用调研成果与《教师视角》的建议作相互引证，从而提出更具针对性和科学性的解决方案、对策和建议。

就教育观念而言，在本次调研所发现，留级率的高低，往往与社会的经济水准、社会总体家庭社经地位及社会公平指数等并没有必然的关联，

反而留级比率主要取决于社会的教育文化与传统。从研究中我们得悉，同属东亚文化圈的中国香港、中国台湾、上海和新加坡、日本、韩国，虽然深受重视学术的传统文化影响，但对于西方以儿童为中心、以学生为本的价值取向已经接纳，甚至一度成为教育改革的主流，而属同一文化圈的澳门在这方面的“落伍”，实在有待社会的深刻反思。

况且，澳门教育早已迈进普及化的年代，过往精英教育主义金字塔模式已经不合时宜，教育界应该反思自身的课程内容，必须符合学生的心智发展轨迹，避免使用超前课程；同时又要善加利用澳门课程框架给予私立学校的弹性，尽量裁剪合乎自身学校学生适性发展的课程，以落实普及教育的哲学精神。

再者，澳门虽然在入学机会均等方面基本落实教育公平，但在关怀弱势、扶助后进方面仍需观念革新。众所周知，受到留级问题困扰的学生，往往是最缺乏话语权和最没有社会资本的一群，从访谈中得悉，很多学生当得知要被留级时，会感到非常恐惧与害怕，且有强烈的挫败感。因此，我们应该给予这部分弱势的孩子更多关怀和爱护，不要给他们贴上负面的标签，应该投入更多资源帮助他们渡过难关，帮助他们健康成长。

还有，教师的教学方法亦有待反思，过往重视知识、教学方法单一、偏重死记硬背和带有浓烈应试教育取向的模式是否切合时宜，与其授之以鱼何不授之以渔，教授孩子知识何不教授孩子学习的方式，尤其在如今资讯爆炸的年代，搜集资讯、综合分析、多元评价、总结内化才是汲取知识的新模式，反思过往传统侧重知识的传授，往往是忽略综合学习能力的培育。

基于此，我们建议教育界必须构建更多不同的交流平台，利用现有的学术成果作为讨论和反思的基础，共同探讨，凝聚共识，把降低留级率的问题继续放在会议桌上，成为澳门教育界必须攻克的议题，从根本的观念革新去解决问题，回归国际教育的主流。

就制度而言，作为质量保证机制而言，受访者大都认同这是一种对学生施加压力发挥阻吓作用的最为有效的方法，赞同者往往肯定它具有的警示与压力效用，但反对者认为留级往往只会打击学生的自信心，而且对学习兴趣没有发挥积极的作用。甚至有研究通过实证检验，留级可以提高学习成绩的观点没有得到实质证据的支持。

加上，澳门现行的学生评核制度过于单一，一直以来，纸笔测验模式成为澳门主要的评核模式，考试渐渐变成了决定学生学业“生死”的唯一标准。对于学生平常的学习参与、团队协作、沟通调解、演说辩证等能力都可以考虑成为评核的元素，形成一套多元的学生学习评价体系。据悉教育当局有意根据《非高等教育制度纲要法》第25条，制订有关学生评核制度的行政法规，引入多元评核模式，改革以往以文字答卷为唯一考核形式及单一的总结性评核手段，从根源上解决留级问题。

基于此，我们建议教育界应该关心学生评核制度的立法进度，在法案公开咨询时积极建言，出谋献策，从而完善学生的评核制度。同时，亦呼吁教育当局和高教机构，为教师举办有关多元评核的专业培训，为法案的制定工作打好学术基础，以便制度更有效的推行。

就操作层面而言，留级现象本身是学业不良的结果，而导致学业不良的原因千头万绪、错综复杂。排除一些因为课程过于艰深，评核方式过于单一的因素后，导致真正意义上学业不良的原因大概可以归为五个层面：个人、学校、教师、家庭和社会。在此，结合调查中所发现的澳门留级现象的原因，我们提出如下应对策略：

1. 对学业不良学生给予特殊关心，增强其学习自信心

（1）改变以分数为重的不良评价机制，在对学业不良学生的管理中避免采取以罚代管、以撵代管或留级代管等行为方式，而应以学生的全面发展为原则，关注学业不良学生群体的特殊需求和心理健康教育，合理分配教育资源辅助后进生，如校内义务开办补习班、加强班等，加大对学业不良学生各方面的支持力度，及时调整教学管理策略。

（2）建立与家长的长效沟通机制，加强家校合作。学业不良的外部重要原因之一来自家庭，特别是弱势家庭。对此，学校可通过定期家访、召开家长会、与家长保持电话或短信联系、邀请家长参加学校活动等形式，与家长特别是学业不良学生家长保持紧密联系，说服家长和指导家长科学地教育子女。

（3）引导同伴交往，建立合作互助的群体关系。学业不良的学生往往选择与自己有着相同价值观和背景的学生交往，对此，在日常的学校生活中，教师要善于引导学业不良学生的同伴交往，让学业优异的学生与其结成互助互勉的合作学习小组，也可让学习优异的同学经常在班里交流经验。

2. 重视教学过程的改进与评价方式多样化，减轻学生学习负担

（1）改变课堂上填鸭式的教学方式，适当运用教育资讯技术和实践体验的形式进行教学设计。教师可以通过创设问题情境进行启发式教学，制造相互矛盾的事物，使其在情感上产生好奇、惊讶、怀疑的体验，配合现代的教育资讯技术等手段促使学生发现学习的乐趣和意义。

（2）优化学生评价方式，激发良好的自我效能感。教师要善于发现学业不良学生的优点和闪光点，帮助他们获得学习成功的体验，及时进行强化回馈，给予称赞和肯定，调动学生学习的积极性和主动性。教学内容和考试的难度和深度都应当依据整体学生的实际水准而设定，不宜过难而超出学生的能力范围。特别是对“英文、数学、物理、化学”等不合格率较高的科目（根据调研，英文和数学与学生留级最有密切关系的科目，而物理和化学次之）尝试调整教学内容、教学难度和课时量。

（3）教授学生正确的学习方法和学习技能，同时配合适当的励志教育。教师在日常教学中应有意识地指导学生如何记忆、如何思维、如何配合教师的教学课前预习、课后复习和总结归纳，减少死记硬背的内容，加强学生学习技能和考试技能的传授与培养。与此同时，适当向学生灌输勤奋上进的思想和拼搏奋斗的精神，激发学生的斗志。

3. 建立广泛交流的校际互动网络，促进教师团队的专业成长

（1）加强澳门各校之间以及两岸三地间教师的交流、互动、研讨与培训，转变教育、教学与评价观念，逐渐形成以尊重学生个性和兴趣发展为前提，让每个人都能够幸福成长的学校环境和氛围，引导学生由强制被动学习转向自发的主动学习。

（2）同时又可通过聘请其他国家和地区富有丰富教育经验的一线老师或教育专家，在澳门任教或担任指导。将优质的教育方式、教学经验、教学计划等引入澳门，让教育同侪相互学习、携手共进。

（3）重点加强教师教学方法的培训，尤其注重提升授课的效率，教师入室必须上好每一堂课。继续为教师提供更多专业发展的交流平台，集思广益，不让教师单打独斗，共同协力面对留级问题，寻求治本良方。

4. 反思留级政策及其作用，逐渐利用其他替代方案

（1）学校与教师应逐渐淡化留级的阻吓功能，逐渐降低留级率，尽量减少留级措施的使用频率。例如可以参考香港的做法，资助学校的《学校行政手册》表明留级不是一项理想的安排，学校宜使用辅导教学措施，协助表现较弱的学生，尽量避免让学生留级，小学阶段留级比率不得

超过校内学生总数的3%，而中学则不得超过5%。在留级未发生前，给予学生一个警示作用，学校和教师可以立即介入辅导，帮助学生急起直追，尽可能避免留级。在迫不得已而的确需要留级时，学校应该尽可能与家长和学生本人进行沟通和协商，并充分预估和评价留级可能产生的效果，避免其可能带来的负效应。

（2）教师可因材施教，实施分层教学和分层作业。对学业不良学生采取课堂时间相机辅导和课余时间个别补习策略，弥补他们知识上的缺陷，使不同学习水准的学生都能得到发展；在给学生布置作业时可以以不同的方式呈现，对不同程度的学生要求作业完成的情况也可以适当地有所不同。

（3）引进在台湾地区卓有成效的补救教育课程，在教育当局保障资源的前提下，组织专家团队和一线教学人员组成课题组，共同研究后进生学习困难的根本性原因，针对其薄弱环节，给予课后的因材施教。补救教育的理念是充分调动年轻的义工，在接受专业培训后，在课后给学习薄弱的学生进行补救教育，同时又调动社工的协调力量，形成合力帮助学生。与其在学年终宣布学生因不及格不达标而留级，不如在其学习的过程中给予其有针对性的学习补救，台湾方面在数学和英语方面取得的成果，可以成为澳门留级政策的其中一项有效替代方案。

5. 建立广泛的社会帮扶机制，改进学业不良学生生活与学习环境

（1）打造澳门终身教育体系，构建学习型社区，丰富社区学习资源，尤其是要重点支持相对贫困社区的图书馆、社区中心、家长学校等文化设施建设。为学习困难学生提供校外学习场所。

（2）发挥社工的作用，营造良好的社区环境和文化价值氛围。社工通过运用倾听、心理辅导、课业辅助等措施与学业不良学生及其家长建立密切联系，并对其学业失败进行归因引导，帮助学生重塑自我概念，克服学习障碍，树立学习自信心，使其在学业成绩、人际关系和情感态度等方面得到一定的发展。

（3）社工局、教青局及本澳一些社团可以提供一定的家庭援助，改善家庭亲子关系，提升家长对家庭教育的重视程度。尤其从调研中发现，接受问卷调查的学生，其父母需要轮班的比例较高（父亲需轮班的比例是33.5%，母亲需轮班的比例是40.2%），结果显示，母亲要轮班的孩子留级的发生比率更大，亲子互动时间越短，孩子留级的发生比率越大。而

在研究中发现，最弱势的一群就是“学习成绩差，有一次甚至多次留级经历，父母需要轮班和父母很少陪伴”的学生群体。因此，社会必须正面引导家长对子女寄予合理的期望，营造良好的家庭氛围和环境，创造亲子互动的条件，扶助相对薄弱的家庭。

参考文献

李水山：《新时期韩国教育的重大改革与社会反映》，《职业技术教育》2007 年第 19 期。

2012 年第 2 期《澳门教育》。

陈志峰编：《澳门回归十年非高等教育范畴大事记（1999. 12—2009. 12）》，澳门中华教育会，2011 年。

贝磊、古鼎仪：《香港与澳门的教育与社会：从比较角度看延续与变化》，香港大学比较教育研究中心，2002 年。

邱国华：《义务教育完成率：“普九”新阶段的核心指标》，《教育发展研究》2005 年第 4 期。

袁金淑：《澳门留级制度的再反思》，《澳门日报》2013 年 6 月 24 日。

统计司：《教育调查》，澳门政府，1984 年。

许毓涛：《青少年面对之问题和困扰与其偏差行为之相关度》，《两岸四地青年发展指标研讨会论文集》，2004 年。

陈志峰：《普及教育与精英教育的暗中角力——在规划十年教育蓝图的前提下有必要厘清的澳门教育哲学观》，《澳门日报》2011 年 5 月 2 日。

单文经主持：“澳门非高等教育课程的检视与改革路向”专案研究报告书，2006 年。

2011 年 12 月 3 日《澳门日报》B05 版新闻报道。

刘羡冰：《基本法决定全民教育的路向》，收入《从教议教》，澳门出版协会，2005 年。

刘羡冰：《澳门教育史》，人民教育出版社 2002 年版。

刘羡冰：《再给学生一个机会》，《澳门日报》2011 年 12 月 4 日。

刘羡冰：《教书育人再思考》，澳门出版协会，2011 年。

郑英杰、赖文辉等：《澳门留级制度对学生学业成就表现之影响：以 PISA 2009 阅读素养成绩为例》，澳门中华教育会研讨会，2013 年。

魏能涛:《日本“宽松教育”黯然收场及其原因》,《基础教育参考》2001 年第 10 期。

龚水桑·阿尔芙斯·斌多:《澳门教育对教育制度之探索》,澳门:教育文化政务司办公室,1987 年。

Eisenmon, T. *Reducing Repetition*: *Issues and Strategies*. Paris: IIEP - UNESCO, 1997.

OECD. PISA 2009 Database, Table IV. 3.1.1 2, http://dx.doi.org/10.1787/888932343399.

(作者简介:阎光才,教授,华东师范大学;陈志峰,副教授,澳门理工学院)

澳门留级制度与学生成绩关系之趋势变化：以 PISA 2009/2012 为例

中华教育会教育科学研究组*

一 前言

留级制度在澳门已行之有年，甚至有“留级之城”之论述出现于报章杂志上（《华侨报》2013 年 6 月 14 日）。不过，这几年来，有关留级制度是否适宜、是否有用、是否该废除等争议，也屡屡见诸各式各样的大众传播媒体之中（如刘羡冰，2011；澳门中华教育会教育科学研究组，2013）。毋庸讳言，教育并非在真空中运作，而是与社会紧密结合，当教育发生问题时，造成的影响不仅仅局限于教育情境之中，相反地，往往对社会产生冲击。以留级为例，留级不仅增加，甚至浪费了学生的就学时间，在某种程度上，亦有增加学校行政人员与教师负担和虚耗社会教育资源的可能性，使得留级不仅仅是教育问题，而且变成一种社会问题。例如，根据陈志峰（2011）的统计报告，2008 年初中留级率为 13.9%，小学留级率为 5.2%，即在小学阶段，每 20 个学生就有一人有留级经验，初中阶段每 7 个学生就有一人有留级经验。虽然近年澳门留级率有下跌的趋势，但根据 2012 年 PISA 的结果，澳门仍是留级率最高的地区，因此这个问题已不单单是教育界的课题，亦为澳门政府与社会大众必须正视之议题。

而且，留级是否真的有助于改善学生的学习？当今社会对此问题的答案仍旧莫衷一是。在澳门，留级之所以如此盛行，最主要的原因，仍在于

---

* 研究人员包括郑英杰、陈志峰、赖文辉、蔡亮、何锡标、苏敏森、黄金花、谢英、张浩贤、温素玲、李雪松等。

社会大众倾向于相信通过留级，可以改善学生的学习质素，因为，如果任由学生自由地升班，则无法维持学生的品质。不过，澳门 PISA 2009 的数据，却说明了**留级无助于澳门学生能力的提高**（《澳门日报》2013 年 3 月 23 日）。因此，留级制度与改善学生学习之间的关系，仍有待进一步的厘清。

再者，在澳门 PISA 2012 成绩出炉后，澳门学生在数学、阅读与科学方面的分数，皆有所成长，显示澳门学生的能力表现，与 PISA 2009 比较起来，似有所进步，不过，其中值得进一步讨论之处，在于当澳门学生于 PISA 2012 的成绩表现有所进步的同时，学生留级经验与 PISA 2012 成绩之间的关系为何？其两者的关系，若与 PISA 2009 相比，又是如何？换言之，若能透过追踪比较留级对 PISA 2009 以及 PISA 2012 的影响，一方面，不仅可以了解留级制度在澳门学生 PISA 成绩表现所扮演之角色为何，另一方面，也可以了解虽然澳门学生于 PISA 2012 的成绩表现比较好，但表现好的是哪些学生，这些学生有什么共性。亦即，是留级生还是非留级生，两者之间的差距是否缩短或者反而是拉大？回答前述问题，有助于厘清留级与澳门学生 PISA 成绩之间的关系，更能进一步地追踪检测留级生与非留级生两者之 PISA 表现差异。

依循着前述问题，本研究之研究目的如下：

1. 分析澳门学生 PISA 2009 到 2012 各项成绩之趋势变化。
2. 分析留级制度对澳门学生 PISA 2009 到 2012 各项成绩影响之变化

二　澳门留级制度之现况及其与 PISA 成绩之关联性探讨

（一）澳门留级制度之缘由、现况与评析

有关"留级"之定义，简单来说，系指"重读某个年级"。至于，有关重读之原因，Brophy（2006）进一步指出留级主要有五种情形，第一，学生自愿留级到原来的年级，因所处学校并未提供下一阶段的学习，此种情形主要发生在发展中国家的偏远学校，因为学校资源与设备不足以提供其他年段的学习。第二，家长自愿让其子女留级，原因在于学生可能需要打工或者有其他因素的限制，导致学生无法天天到学校而学习不完整。第三，学校所使用的语言与学生的母语不同，学生必须要重读最初的几个年级学习语言，裨益未来的学习。第四，学生必须要通过一些考试，方能获

得资格进入中等教育或者高等教育阶段，当学生考试失利时，可能选择留在原本的年级，等待来年的考试。第五，留级主要是因为学校的要求，而非取决于学生或者家长的意愿，因此，这是一种非自愿性的留级，而此种情况，通常发生在实施义务教育的国家，学校往往要求学业表现不良的学生留级。

就澳门而言，似比较符合第五种情形，希冀通过留级提升或确保学生的学习能力。此外，澳门留级之所以如此盛行，亦与澳门教育制度有关。详言之，澳门自葡萄牙殖民时期开始，即秉持着“放任自流”之教育政策，回归之后，基于历史的原因，亦复如是，例如，根据澳门基本法第一百二十二条规定，各类学校均有办学的自主性。在各具特色的私立学校独力经营的情况下，澳门没有共同遵守的教育准则，包括学制、教材、教学大纲、教学进度、成绩评核、留级条规、学生招收、师资要求等方面。澳门私立学校可以依法各自为政，以致各校都因应其个别的校情而自订其评核学生升留级的标准。

不过，有关留级制度是否真能帮助学生提升其学习质量，无论在发达国家或者发展中国家，迄今仍备受争议并无定论。若审视澳门本地社会大众于报章杂志上之讨论，也同样呈现正、反之声音。持正面意见者，多半认为如果取消留级制度，将无法对学生的学习成果进行把关，如高留级率一直是澳门教育的一个“特色”，近年更引起社会和教育界关注讨论，而高留级率其实也反映了澳门教师与学校对于学生素质的责任心，若提到要降低，甚至取消留级制度，教师与家长皆会提出“如何保障教学质量”的诘问，因此“留级”似乎与“严格”画上了等号，亦即，留级与教学质量有很大的关联，也是学校保障教学质量的重要手段（《澳门日报》2014 年 9 月 26 日）。正因如此，当非高等教育委员会下设的小组提倡小学一至四年级不设留级的建议，并允许小五、小六一科不及格的学生可带科升班或毕业，且小五、小六年级留级率不可超过 4%，初中的留级则不得超过 8%，各方意见就有所分歧，如有学者指出小一至小四是学生养成读书习惯的重要阶段，尽管小一至小四留级率极低，均不宜取消留级制，而且若小五、小六可带科升班，意味着若有学生某科成绩由小一至小六均不达标，同样可升上中学，长远不利学生学习（《澳门日报》2014 年 9 月 26 日）。

持赞成意见者，则多认为留级本身对学生其实有不当的影响，如相关教育当局委员即指出社会或教育界都应拿出勇气，正视并逐渐解决澳门教育长期以来存在的问题，即高留级率问题，因若长期保持限时的留级状态，将不利于学生的成长（《澳门日报》2014年9月1日）。其中，负面的影响则包括留级会影响学生的心理发展，故宜取消，因此，取消留级制度是大势所趋，重点宜放在如何确保整体的教育质素，如完善的师资培训、落实小班制、课程改革以及完善评核标准等方面（《澳门日报》2014年9月26日）。再者，留级也会降低学生的学习意愿，因为不少教育工作者意识到，高留级率并不等同于高的教学品质，反而会挫伤学生的学习动机和兴趣，甚至使部分学生因学业问题逐渐产生行为问题，最终离开校园，不见其利，先见其弊（《澳门日报》2014年9月26日）。此外，金玉枚（2012）也从各个面向，分析了澳门留级现象的弊端，具体言之，在社会方面，由于澳门是15年免费教育，每留级一年，差不多会浪费公帑2万多澳门币，也增添了社会滞后因素；在学校方面，每个学生每留级一年，要多占去应届的一个名额，在师资、教材、教室等资源设备上造成重复浪费，也为学校发展增加了一份后进阻力；在家庭和学生本人方面，则让家长多花掉一年财力和精力，以及学生本人一年的青春年华。袁金淑（2013）也提出同样的见解，亦即，澳门因为读书免费，所以学生往往认为读书不用钱而不珍惜读书的机会，导致缺乏竞争的能力，且因为免费，使得留级变得无关痛痒，更导致家长未能积极地正视与关心自己小孩的教育问题，只要小孩待在教育体制内，就无需负担任何教育费用，或许也因此，家长产生了消极的心态，认为小孩就算留级再多次，也不会多花自己一毛钱，又能在学校里面继续学习，对于留级制度或许也持比较正向的态度。

（二）澳门留级制度与PISA成绩关系之关联与建构：基于没有统考制度

本文旨在分析学生留级经验与其PISA成绩之间的关联性。在探讨此议题之前，必须先探究学生的留级经验何以会与PISA成绩“挂钩”。其中，最主要的关键原因之一，在于澳门没有统考制度的前提下。当没有一个共同检测澳门学生学习情形的考试工具时，PISA的出现，刚好可借来作为重要的参考。此种说法，于报章杂志上也很常见，如在《澳门日报》（2014年10月13日）的报道内容中，即有一篇专论，明白地指出了PISA

测试对澳门的意义，认为，对澳门来说，因为没有统一考试制度[①]，教学质量的检测一直没有一个量度指标，PISA 测试的出现，恰好起了某种程度的替代作用。有鉴于此，澳门于 2003 年首次参与 PISA 测试，并且，从 2009 年起，澳门已连续两届正式组织全部满 15 岁的在读学生参与 PISA 测试，以便全面检测澳门基础教育的质量。再者，**教青局同样指出 PISA 测试是具有公信力的教育品质测评**，澳门应利用国际比较教育的评量方式，检视澳门学生与国际水平的差距，从中了解澳门基础教育的教学系统健康状况的品质（《澳门日报》2012 年 1 月 14 日）。

当 PISA 摇身一变，成为澳门政府与社会大众心中检测学生学习表现的工具时，如前所述，若讨论到留级对于学生的学习是否有帮助时，其中，判断学生学习成绩的高低，自然而然地即有以 PISA 成绩为指标之倾向性。如中华教育会曾指出根据 PISA 测试成果，显示留级无助学生学习能力的提高，况且其中一部分的留级生基于个别科目不达标的关系而留级，除了后进科目，其他科目重读一年对他们来说无疑是一种消耗和惩罚，显示留级制度的不合理（《澳门日报》2013 年 3 月 23 日）。从前述例子中，其实可以很清楚地看到留级与 PISA 成绩之间关系在澳门社会已被建构与关联。

综之，澳门目前没有一个检测所有学生学习表现之客观化制度，但澳门政府、专家学者乃至于社会大众又想知道澳门学生的学习情形以及留级制度究竟是否有效，遂逐渐仰赖国际性的 PISA 考试成绩，以之判断学生的学习成效，甚或留级制度本身是不是有其效用。依循着此轴线，本研究同样旨在检视澳门留级制度对于学生 PISA 成绩之影响，且希冀透过追踪检视的方式，比较澳门学生两阶段 PISA 成绩（2009 年与 2012 年），俾以审视留级制度对于澳门学生学习成就之影响。

三　研究设计

本文旨在探讨澳门留级制度对学生学习成就之影响，以下即分就资料来源、研究假设、资料分析方式与研究变项说明之。

---

① 有关统一考试其价值判断一直在澳门地区争议巨大，此文非讨论这一主题，并不展开论述，对于统考制度，此文所持的态度是尊重澳门的事实。

（一）资料来源

本文所使用之原始资料为OECD所释出之澳门PISA成绩数据，包括PISA 2009与PISA 2012。在PISA 2009测试中，主轴为阅读素养之检测，并辅以数学素养与科学素养，而参与PISA 2009的澳门学生，共计5952位（OECD, 2009）；在PISA 2012测试中，测验之主轴则为数学素养，同样辅以阅读素养与科学素养，共有5335位澳门学生参加（OECD, 2012）。

（二）研究假设

根据研究目的，本研究提出两个主要研究假设如下：

1. 有无留级经验学生在PISA 2009与PISA 2012之各项成绩（数学、阅读与科学）上有显著差异。

2. 有无留级经验可有效解释与预测学生在PISA 2009与PISA 2012之各项成绩（数学、阅读与科学）表现。

（三）资料分析方式

本文将使用叙述统计、相关系数、变异数分析与回归分析等统计方式，进行资料处理与分析。其中，将会通过叙述统计呈现澳门学生于PISA 2009与PISA 2012之数学、阅读与科学素养成绩表现，以作为初步追踪比较之用；之后，则使用相关系数，探究有无留级经验与PISA 2009/2012成绩之间的关系；然后，则使用变异数分析，检视无留级经验与有留级经验之澳门学生，在PISA 2009/2012各项成绩上是否有显著差异；最后，再使用回归分析，分别探讨留级经验对PISA 2009/2012各项成绩之预测与解释力。

（四）研究变项

有关本文之自变项与依变项，就自变项而言，主要为“留级经验”，在PISA 2009/2012问卷中，皆设有题项询问过去在国小以及初中是否有留级的经验，选项包括“从来没有”、“有，只有1次”、“有，2次或以上”。本研究通过该题项之计分，首先，先将学生区分成“有留级经验者”与“无留级经验者”，以此分析两者之间的差异。之后，则将学生过去从小学到初中之留级次数进行加总，其中，从未留级者计0分，只有1

次者计 1 分，有 2 次以上者计 2 分，而两阶段之加总总分，最高为 4 分、最低 0 分。此加总总分即可作为学生留级次数之代表数值，以供后续统计分析之用。

就依变项而言，在 PISA 2009/2012 中，有关数学、阅读、科学素养之成绩，皆分别提供了五个估计值（plausible value），本研究是以这五个成绩之平均数为主，以之代表学生各项成绩之总分，而 OECD 所有国家 PISA 2009/2012 成绩之平均数设为 500，标准差为 100。

四　研究发现与讨论

（一）澳门学生 PISA 2009/2012 各项成绩之比较

有关澳门学生于 PISA 2009/2012 的各项成绩表现（见表 1 所示），以 PISA 2009 来说，数学平均成绩为 525. 42 分，阅读平均成绩为 486. 78 分，科学平均成绩则为 511. 22 分；就 PISA 2012 而言，数学平均成绩为 538. 31 分，阅读平均成绩为 509. 09 分，科学平均成绩则为 520. 69 分。若比较两个成绩之间的差距（PISA 2012 - PISA 2009），澳门学生于 PISA 2012 的数学素养成绩表现比 PISA 2009 高了 12. 9 分，阅读素养成绩高了 22. 31 分，而科学素养成绩则高了 9. 47 分。因此，整体而言，澳门学生于 PISA 2012 的成绩表现，就数据上而言，比 PISA 2009 的表现要好一些。

表 1　　**澳门学生 PISA 2009/2012 各项成绩之比较**

	PISA 2009	PISA 2012	两者差距（PISA 2012 - PISA 2009）
数学素养成绩	525. 42	538. 31	12. 9
阅读素养成绩	486. 78	509. 09	22. 31
科学素养成绩	511. 22	520. 69	9. 47

（二）留级制度对澳门学生 PISA 2009/2012 各项成绩之影响

于前述内容中，以初步呈现了澳门学生 PISA 2009 以及 PISA 2012 之各项成绩表现，以及两者之间的差距。于此节中，将进一步探究留级次数与 PISA 2009 以及 PISA 2012 各项成绩之间的关系，以从中探讨留级对于澳门学生成绩表现所具有之影响力。为达此目的，首先，探讨澳门学生留级次数与 PISA 各项成绩之间的关联性；其次，则分析有无留级经验者在

PISA 各项成绩表现上是否有差异；再次，为了更仔细地比较有无留级经验者在 PISA 成绩表现上之差异，本研究进一步检视无留级经验者以及有留级经验者在各项成绩之精熟程度上的分布情形；最后，则探究留级经验对于 PISA 成绩的解释力与预测程度。兹说明如下：

1. 留级次数与 PISA 2009/2012 成绩关联性之探讨

根据表 2 所示，就 PISA 2009 而言，留级次数与数学素养成绩表现有显著的负相关（$r=-.507$, $p<.01$），此显示当学生的留级次数越多，其数学素养成绩表现有越低之倾向，此外，留级次数与阅读素养成绩以及科学素养成绩皆同样有显著之负相关存在（$r=-.503$，$p<.01$；$r=-.484$，$p<.01$），同样说明了当澳门学生的留级次数越多，其阅读与科学素养成绩也会越低，因此，在澳门 PISA 2009 中，整体显示了如果学生过去留级的经验越多的时候，其在 PISA 成绩的表现，也有偏低之倾向。

若审视 PISA 2012 之数据，其实也有同样现象。具体言之，留级次数与数学素养成绩表现呈现显著负相关之关系（$r=-.507$，$p<.01$），且与阅读素养成绩亦有显著负相关之关系（$r=-.489$，$p<.01$），而与科学素养成绩也是显著负相关（$r=-.470$，$p<.01$）。由此可见，澳门 PISA 2012 的数据同样说明了当学生的留级次数越多，其 PISA 同样也有比较低之趋势。

表 2　　**留级次数与 PISA2009/2012 成绩之相关系数**

	PISA 2009	PISA 2012
数学素养成绩	-.507**	-.507**
阅读素养成绩	-.503**	-.489**
科学素养成绩	-.484**	-.470**

Note：** $p<.01$。

综之，从澳门 PISA 2009/2012 的数据中，研究发现澳门学生的留级经验与其 PISA 成绩普遍呈现反比的关系，亦即，当学生的留级次数越多，其 PISA 的表现会越低，反之亦然。于此，必须进一步思考之处，在于有留级经验之学生与无留级经验之学生，在 PISA 成绩表现上是否确实有差异，两者的分数差异实际为多少？此即为下节探讨之重点。

2. **“有留级经验学生”与“无留级经验学生”各项成绩之差异**

（1）PISA 2009 之情况分析

如表 3 所示，无留级经验者与有留级经验者在数学素养上有显著不同（$p<.01$），无留级经验者的平均数学成绩为 559.51 分，比有留级经验者的 482.39 分要高 77.12 分；就阅读成绩而言，无留级经验者与有留级经验者之间也有显著差异（$p<.01$），无留级经验者平均为 517.28 分，有留级经验者的平均为 444.51 分，两者相差 72.77 分；至于科学成绩，无留级经验者与有留级经验者同样存有显著差异（$p<.01$），无留级经验者的平均分数为 539.96 分，比有留级经验者的 472.27 分要高 67.69 分。

表 3　**有无留级经验学生于 PISA2009 成绩之差异**

科目	有留级经验者	无留级经验者	差距	T-test	是否有差异
数学	482.39	559.51	77.12	t（36.842，4927），$p<.01$	有
阅读	444.51	517.28	72.77	t（37.729，4927），$p<.01$	有
科学	472.27	539.96	67.69	t（35.802，4927），$p<.01$	有

（2）PISA 2012 情况分析

至于 PISA 2012 的情况，如表 4 所示，无留级经验者与有留级经验者在数学素养上同样有着显著之差异（$p<.01$），具体言之，无留级经验者的平均数学成绩为 576.74 分，比有留级经验者的 485.50 分要高 91.24 分；就阅读成绩而言，无留级经验者与有留级经验者之间亦有显著差异（$p<.01$），无留级经验者平均为 540.11 分，有留级经验者的平均分数为 462.19 分，两者相差 77.92 分；至于科学成绩，无留级经验者与有留级经验者有显著差异（$p<.01$），无留级经验者的平均分数为 548.94 分，比有留级经验者的 478.79 分要高 70.15 分。

表 4　**有无留级经验学生于 PISA 2012 成绩之差异**

科目	有留级经验者	无留级经验者	差距	T-test	是否有差异
数学	485.50	576.74	91.24	t（36.122，4430），$p<.01$	有
阅读	462.19	540.11	77.92	t（34.830，4430），$p<.01$	有
科学	478.79	548.94	70.15	t（32.477，4430），$p<.01$	有

从前述数据中，整体而言，显示了无留级经验的澳门学生，比有留级经验的学生，在 PISA 2009/2012 的成绩表现上，都要来得比较高，且具有统计上的显著差异。此外，若比较两者之间实际的各项成绩差距，PISA 2009 的数学、阅读与科学成绩差距分别为 77.72、72.77、67.69 分，PISA 2012 则分别为 91.24、77.92、70.15 分，不难看出无留级经验者与有留级经验者之间的落差有逐渐加大之趋势，其中又以数学的落差最大。

3. “有留级经验学生”与“无留级经验学生”各项成绩之差异

于前述内容中，发现无留级经验者与有留级经验者之间的 PISA 各项成绩表现，差距有逐渐加大之倾向。为了进一步确认此研究发现，本研究接着检视各素养成绩的精熟水准（Level）。于每次 PISA 检测中，OECD 皆会使用一个以分数为判断标准之精熟水准，以资区别学生能力表现之高低程度。以数学素养而言，如果学生成绩在 669 以上时，精熟水准为 6；在 607 以上，但不高于 669 时，则为 5；在 545 以上，但不高于 607 时，则为 4；在 482 以上，但不高于 545 时，则为 3；在 420 以上，但不高于 482 时，则为 2；在 358 以上，但不高于 420 时，则为 1；若在 358（含）以下，则为 0。以阅读成绩而言，如果学生成绩在 698 以上时，精熟水准为 6；在 626 以上，但不高于 698 时，则为 5；在 553 以上，但不高于 626 时，则为 4；在 480 以上，但不高于 553 时，则为 3；在 407 以上，但不高于 480 时，则为 2；在 335 以上，但不高于 407 时，则为 1；若在 335 以上，但不高于 407 时，则为 1a；若在 262 以上，但不高于 335 时，则为 1b。就科学素养成绩而言，如果学生成绩在 708 以上时，精熟水准为 6；在 633 以上，但不高于 708 时，则为 5；在 559 以上，但不高于 633 时，则为 4；在 484 以上，但不高于 559 时，则为 3；在 409 以上，但不高于 484 时，则为 2；在 335 以上，但不高于 409，则为 1；在 335（含）以下，本研究则设定为 0。

依据表 5 的内容，若审视成绩达于水准 5 或 6 之学生，可以发现在 PISA 2009/2012 数学素养部分，无留级经验学生的次数分别为 640 与 164、753 与 334；PISA 2009/2012 阅读素养部分，无留级经验学生的次数分别为 104 与 1、241 与 11；PISA 2009/2012 科学素养部分，无留级经验学生的次数分别为 172 与 1、248 与 11。可以看出无留级经验学生，在 PISA 2012 的各项成绩表现上，比 PISA 2009 要来得进步许多，即达到精熟水准 5 或 6 的学生人数变多。

不过，若检视有留级经验学生的表现时，其中成绩达于水准 5 或 6 之学生，在 PISA 2009/2012 数学素养部分，有留级经验学生的次数分别为 80 与 4、85 与 9；PISA 2009/2012 阅读素养部分，有留级经验学生的次数分别为 4 与 0、14 与 1；PISA 2009/2012 科学素养部分，有留级经验学生的次数分别为 7 与 0、14 与 0。不难发现，有留级经验的澳门学生，无论在 PISA 2009 或者是 PISA 2012，成绩达于 5 或 6 精熟水准者，人数都很少，且增加的幅度也很少。

表 5　**PISA 2009/2012 各项成绩之 Level 分配情形**

	2009 无留级经验者		2012 无留级经验者		2009 有留级经验者		2012 有留级经验者	
	Level	次数	Level	次数	Level	次数	Level	次数
数学素养	**6**	**164**	**6**	**334**	**6**	**4**	**6**	**9**
	5	**640**	**5**	**753**	**5**	**80**	**5**	**85**
	4	1147	4	988	4	220	4	221
	3	943	3	673	3	507	3	374
	2	369	2	261	2	489	2	375
	1	49	1	59	1	235	1	201
	0	1	0	15	0	81	0	84
阅读素养	**6**	**1**	**6**	**11**	**6**	**0**	**6**	**1**
	5	**104**	**5**	**241**	**5**	**4**	**5**	**14**
	4	859	4	1126	4	80	4	137
	3	1448	3	1171	3	410	3	406
	2	769	2	444	2	655	2	476
	1a	126	1a	77	1a	379	1a	245
	1b	6	1b	13	1b	88	1b	70
科学素养	**6**	**1**	**6**	**11**	**6**	**0**	**6**	**0**
	5	**172**	**5**	**248**	**5**	**7**	**5**	**14**
	4	1097	4	1160	4	156	4	153
	3	1450	3	1178	3	537	3	494
	2	543	2	423	2	633	2	462
	1	49	1	54	1	243	1	199
	0	1	0	9	0	40	0	27

由此可见，澳门学生于 PISA 2012 的表现之所以比 PISA 2009 来得好，

最主要的原因之一，在于无留级经验学生的表现亮眼，即达到精熟水准5或6的人数有明显的增加；但是，必须值得注意之处，在于有留级经验的学生，其成绩表现则仍旧不理想，至少在达到精熟水准的人数上，并没有很明显地增加。这同时意味着，无留级经验的学生与有留级经验的学生，在PISA各项成绩表现上，有越拉越大、趋于两个极端之现象。

4. 留级经验对PISA各科成绩之解释与预测

此节的主要目的在于透过回归分析统计技术，探究留级经验对澳门学生PISA 2009/2012各项成绩表现之影响，此统计数据结果，可用来解释与预测澳门学生的PISA成绩表现。兹分述如下：

（1）留级与PISA 2009各科成绩之回归分析

有关留级经验对澳门学生PISA 2009各项成绩之影响（见表6所示），就数学成绩而言，B值为-49.31（$p<.01$），解释力为25.7%，此代表学生每多一次留级经验，其数学成绩预测值会下降49.31分；就阅读成绩而言，B值为-45.31（$p<.01$），解释力为25.3%，代表着学生每多一次留级经验，其阅读成绩预测值会下降45.31分；就科学成绩而言，B值为-42.23（$p<.01$），解释力为23.4%，显示学生每多一次留级经验，其科学成绩预测值会下降42.23分。

表6　**留级与PISA 2009各科成绩之回归分析**

科目	B值	Sig.	R-square
数学成绩	-49.31	<.01	25.7%
阅读成绩	-45.31	<.01	25.3%
科学成绩	-42.23	<.01	23.4%

（2）留级与PISA 2012各科成绩之回归分析

至于留级经验对澳门学生PISA 2012的影响（见表7所示），就数学成绩而言，B值为-56.60（$p<.01$），解释力为25.7%，此代表学生每多一次留级经验，其数学成绩预测值会下降56.60分；就阅读成绩而言，B值为-48.01（$p<.01$），解释力为24.0%，此代表学生每多一次留级经验，其阅读成绩预测值会下降48.01分；就科学成绩而言，B值为-43.91（$p<.01$），解释力为22.1%，此代表学生每多一次留级经验，其科学成绩预测值会下降43.91分。

表 7　**留级与 PISA 2012 各科成绩之回归分析**

科目	B 值	Sig.	R - square
数学成绩	-56.60	<.01	25.7 %
阅读成绩	-48.01	<.01	24.0 %
科学成绩	-43.91	<.01	22.1 %

从前述回归分析数据看来，可发现澳门学生留级经验对其 PISA 成绩的解释力，始终维持在 20% 以上，以单一变项而言，解释力已经算相当强了，足见**留级经验对澳门学生 PISA 成绩表现有着莫大的影响**。此外，数据同样显示**当学生每多一次留级经验，其各项成绩预测值皆会下降 40 分至 60 分，再次证实了留级经验对 PISA 成绩表现的影响力**。

（三）综合讨论

1. 留级制度未能改善留级学生之学习表现

本研究透过分析澳门学生的 PISA 2009/2012 各项成绩表现，探讨留级经验对澳门学生 PISA 成绩表现的影响及其解释与预测性。依据研究结果，本研究所提出的第一个研究假设“有无留级经验学生在 PISA 2009/2012 之各项成绩（数学、阅读与科学）上有显著差异”获得了证实，因为根据实证资料显示，无论是 PISA 2009 或者是 PISA 2012，无留级经验学生的数学、阅读与科学成绩表现，皆比有留级经验学生的成绩表现来得高，且差距至少都在 60 分。

再者，本研究所提出的第二个研究假设“有无留级经验可有效解释与预测学生在 PISA2009/2012 之各项成绩（数学、阅读与科学）表现”同样获得了证实，亦即，当一个学生留级经验越多时，其未来的 PISA 成绩表现预测数值，也会越低，而且每多一次留级经验，其预测数值或下降 40—60 分。前述两个主要研究发现，皆挑战了“留级制度有助于改善学生学习表现”之立场。

2. “拔尖多、补底少”之教育现象：弥平还是加深“鸿沟”？

如前所述，留级制度并未能有效地帮留级生“补底”，更甚者，通过**比较 PISA 2009 与 PISA 2012 的成绩表现，留级生与无留级生的分数差距，反而有逐渐加大的现象，此种现象，更可从澳门学生 PISA 精熟水准**

人数分布情形获得佐证，具体言之，PISA 2012 无留级经验学生达到精熟水准 5 或 6 的人数，比 PISA 2009 要来得多，可是，有留级经验学生达到精熟水准 5 或 6 的人数，则甚低，且无甚改变，说明了无留级经验学生与有留级经验学生之间的学习表现差距越来越大。

由此可见，当澳门政府与社会大众越来越关注澳门学生的 PISA 成绩表现，通过提升 PISA 成绩来提升澳门整体教育质量，政府近年通过教育发展基金的专项拨款，资助澳门学校进行拔尖和补底工作。但是，实证资料显示，目前的结果，却显示了拔尖工作成效较大，补底工作有待加强的现象，亦即，原本于 PISA 2009 表现就比较好的“无留级经验学生”，在 PISA 2012 表现更为突出，但是，原本于 PISA 2009 表现就不甚理想的“有留级经验学生”，于 PISA 2012 表现一样不好。在这一来一往之际，“无留级经验学生”与“有留级经验学生”之间的鸿沟，似乎显得越来越深了，说明了我们在持续坚持投放资源进行拔尖工作的同时，更必须动员澳门的教育持份者共同努力提高补底的质量，让更多处于较低水平量尺的同学群，能够获得具有针对性的辅助，提高他们的整体水平。

五　结论及建议

根据中华教育会与华东师范大学合作完成的《澳门留级问题研究》（中华教育会及华东师范大学，2004）的研究结论：放眼世界，留级率高低与经济水准、教育发展水准、家庭社经文化地位等因素并无显著相关，唯地区文化、教育传统对留级率影响最为深远。澳门属东亚文化圈，深受儒家文化影响，社会普遍重视学术传统，留级作为相对简单且便于操作的学校内部质量保证机制，不少学校相沿承袭，过去学校把学生素质保证的部分责任和压力，向家长和学生身上进行分摊。

不少学校行政、教师，甚至是家长均认为这是一种对学生施加压力发挥阻吓作用的最为有效方法，能对学生起到警醒作用，提醒学生学习不努力就会面临留级、劝退、转校、失学的困境，甚至可能因此而失学，到社会从事一些报酬不高、相对辛苦的工作，借此来促使学生努力学习，否则就有被淘汰之虞。因此，留级制度一直以来都成为澳门教育保证质量的主要手段。

近年澳门大力发展旅游博彩产业，经济结构和家庭结构发生重大变化，学生家长从事娱乐博彩及其相关行业的比例达 40%，父母轮班的比例达到父亲 33%，母亲 40%，近 30% 家长每周陪伴孩子的时间不足 3 小时，超过 50% 的家长平均每天陪伴孩子的时间不足 1 小时，父母从业性质会影响家长对子女的教育投入，如关注、时间和精力等。调研显示，母亲要轮班、亲子互动时间对孩子留级情况有显著影响。母亲要轮班的孩子留级的发生几率更大，亲子互动时间越短，孩子留级的发生几率越大。

如果结合本研究来看，在 PISA 2009 及 PISA 2012 曾经有留级经验，且其精练水平量尺处于较低水平的一群学生，一般的“补底”措施未必能有效协助他们提升成绩，毕竟这一群相对弱势的学生，其成绩之低下，未必完全是因为其智能水平和学习能力，反而更多是因为其家庭因素和社会因素，主要体现在双职家庭和轮班家庭直接导致家长长期缺乏时间陪伴孩子，家庭亲子活动时间不足等方面。因此，我们必须要对症下药，才能有效补底，提升这些同学的成绩，使之达到基本的学术水平，拉近与优秀学生之间的距离。

基于此，我们谨建议：

（一）给予成绩不良同学更多特殊的关注，以增加其学习的信心

对学业不良学生的管理中避免采取以罚代管或留级代管等行为方式，而应以学生的全面发展为原则。学业不良的外部重要原因之一来自家庭，特别是弱势家庭。对此，学校要与学业不良学生家长保持紧密联系，说服家长和指导家长科学地教育子女。学业不良的学生往往选择与自己有着相同价值观和背景的学生交往，教师宜善于引导学业不良学生的同伴交往。

（二）重视教学过程的改进与评价方式的多样，减轻学生学习负担

适当运用教育资讯技术和实践体验的形式进行教学设计，改变课堂上填鸭式的教学方式。教师要善于发现学业不良学生的优点和闪光点，帮助他们获得学习成功的体验，激发良好的自我效能感。教师在日常教学中应有意识地指导学生如何记忆，如何思考，如何配合教师的教学课前预习、课后复习和总结归纳。与此同时，适当向学生灌输勤奋上进的思想和拼搏奋斗的精神。

（三）建立广泛交流的校际互动网络，促进教师团队的专业成长

通过澳门各校之间以及与两岸三地间教师的交流、互动、研讨与培训，转变教育、教学与评价观念，逐渐形成以尊重学生个性和兴趣发展为前提，营造让每个人都能够幸福成长的学校环境和氛围，引导学生由强制被动学习转向自发地主动学习。邀请其他国家和地区富有丰富教育经验的一线老师或教育专家，在澳门任教或指导。将优质的教育方式、教学经验、教学计划等引入澳门，让教育同侪相互学习和携手共进。重点加强教师教学方法的培训，尤其注重提升授课的效率，教师入室必须上好每一堂课。不让教师单打独斗，共同协力面对留级问题，寻求治本良方。

（四）反思留级政策及其作用，逐渐利用其他替代方案

学校与教师应逐渐淡化留级的阻吓功能，对学业不良学生采取课堂时间相机辅导和课余时间个别补习策略，对不同程度的学生要求作业完成的情况也可以适当地有所不同。在教育当局保障资源的前提下，引进卓有成效的补救教育课程，组织专家团队和一线教学人员组成课题组，共同研究后进生学习困难的根本性原因，针对其薄弱环节，给予课后的因材施教。

（五）建立广泛的社会扶助机制，改进学业不良学生生活与学习环境

构建学习型社区，丰富社区学习资源，尤其是要重点支持图书馆、社区中心、家长学校等文化设施建设，为学习困难学生提供校外学习场所。发挥社工的作用，营造良好的社区环境和文化价值氛围，通过运用倾听、心理辅导、课业辅助等措施与学业不良学生及其家长建立密切联系，并对其学业失败进行归因引导，树立学习自信心，使其在学业成绩、人际关系和情感态度等方面得到发展。社工局、教青局及本澳一些社团可以提供一定的家庭援助，改善家庭亲子关系，提升家长对家庭教育的重视程度。社会必须营造良好的家庭氛围和环境，创造亲子互动的条件，扶助相对薄弱的家庭。

参考文献

石伟：《关于澳门中小学留级率之我见》，《澳门日报》2014 年 10 月

13 日 D9。

金玉枚：《留级并非都是学生错——提议取消留级制度》2012 年 12 月 2 日。

《大众报》。

陈志峰：《澳门回归十年非高等教育范畴大事记（1999. 12—2009. 12)》，澳门中华教育会，2011 年。

袁金淑：《澳门留级制度的再反思》，《澳门教育》2013 年第 2 期。

澳门中华教育会教育科学研究组：《澳门基础教育留级问题（教师视角)》，《澳门教育》2013 年第 1 期。

教育会：《推评核制改善留级》，《澳门日报》2013 年 3 月 23 日。

林发钦：《留级率再讨论，求共识》，《澳门日报》2014 年 9 月 1 日。

《取消留班制，校长意见不一》，《澳门日报》2014 年 9 月 26 日。

《取消留级须完善教育改革》，《澳门日报》2014 年 9 月 26 日。

《PISA 测试的意义》，《澳门日报》2014 年 10 月 13 日。

《对于“留级之城”的看法》，《华侨报》2013 年 6 月 14 日。

刘羡冰：《再给学生一个机会》，《澳门日报》2011 年 12 月 4 日。

阎光才等：《澳门留级问题研究总报告》，澳门中华教育会，2014 年。

Brophy, J. *Grade Repetition*. OECD Publishing, 2006.

OECD. *PISA 2009 Results*: *What Students Know and Can Do*: *Student Performance in Reading*, *Mathematics and Science* (Volume I). OECD Publishing, 2010.

OECD. *PISA 2012 Results*: *What Students Know and Can Do*: *Student Performance in Reading*, *Mathematics and Science* (Volume I). OECD Publishing, 2013.

（作者简介：中华教育会教育科学研究组，澳门中华教育会辖下的教育研究小组）

澳门基础教育留级问题研究（家长视角）

郑英杰　陈志峰

一　前言

留级问题一直困扰澳门，从20世纪80年代，龚水桑·阿尔芙斯·斌多教授（1987）调研两所官立学校，其留级率竟然超过30%。其后中华教育会刘羡冰校长在20世纪90年代，通过追踪私立学校的升留级情况，发现虽然澳门拥有较高的升大率，但留级率却十分惊人，每年留级率都超过10%，而每名学生平均留级0.95次（刘羡冰，2011）。但在葡萄牙管治澳门时代，由于政府无能、教育经费不足、办学条件较差、师资素质参差、学额不足等因素，留级问题一直没有受到关注，更遑论反思和改善。

澳门回归以后，随着经济的发展，社会始有诉求关注教育，特区政府每年的教育投入渐增，而社会也有意检讨澳门的教育制度。在2007/2008学年，澳门在充裕的博彩税收的支持下，全面实施了十五年免费教育，对澳门来说可谓有划时代的意义。在普及教育的推行下，留级问题始受关注。

及至2009年PISA结果公布，全球十五周岁学生曾经留级的比率以澳门最高，澳门一跃成为世界之最，传媒讥讽澳门是“冧班之都”，社会舆论哗然。澳门市民不禁怀疑，澳门不是华人地区最先施行十五年免费教育的城市吗？教育经费投入每年都在增加，为何澳门会成为全球“冧班之都”？更令人疑惑的是，同属东亚文化圈的国家和地区，如中国香港、台湾、上海和日本、韩国、新加坡，它们都在PISA测试中取得比澳门更优秀的成绩，但这些国家和地区早已取消留级制度，留级在这些国家或地区早已不是一个教育的议题，为什么澳门社会仍然相信留级制度是一个学习质量保证的机制？为什么我们仍然相信，没有留级制度学生就会失去学习的动力？如果我们重视学术的传统跟大中华地区，以至整个东亚文化圈一脉相承，为什么邻近国家和地区早就改革了留级制度，却在 PISA 测试中又能比澳门更优秀？

基于此，长期关注留级议题的中华教育会决定进行相关的研究，率先在 2013 年初发表了《澳门基础教育留级问题研究（教师视角）》，尝试从教师角度去剖析这个问题。接着在 2013 年年中，中华教育会联袂华东师范大学，携手共研澳门留级制度的优化方案政策报告，从国际比较、双城比较（上海和澳门）、澳门量性和质性调研等不同的角度，尝试去归因澳门留级问题，并探讨出优化改革的方向及路径。然后在 2013 年 11 月，中华教育会举办了有关留级制度的研讨会，邀请海峡两岸、香港和本澳专家学者，共同研讨相关议题。以上种种，均为研究留级问题重要的学术参考。

可是，有关留级问题和家庭之间的关系，在上述文献和资料中都较为薄弱，毕竟澳门随着经济发展，就业结构产生了较大的变化，家庭结构亦有所改变，双职家庭、轮班家庭、单亲家庭等，对于下一代的学习均产生不同程度的影响。家长的话语权不彰，因此，我们认为有必要就留级议题补强家长部分，尝试从家长的视角，剖析对留级问题的看法。令有关留级的文献和资料，变得更加立体，使不同的教育持份者都思考和反思这个议题。

二　文献分析

（一）澳门留级情形概况

近年来，在澳门社会中，对于留级制度实施是否适宜、是否有用、是否废除，等等，已获得社会大众越来越多的讨论与关注。究其原因，或许来自教育的实践，与国家的强盛与社会的富裕有关，其中，留级制度的实施，实与澳门学生的素质，乃至于未来人才培育，有密不可分之关联。因此，留级制度也不单单是教育议题，而往往被拉抬成为社会议题，更有甚者，成为社会问题。一直以来，澳门留级率仍偏高，张浩贤与陈志峰（2013）归纳教育暨青年局的统计数据指出，澳门 2012 学年的小学留级率为 3.6%，初中留级率为 11.1%，高中留级率为 4.6%，换算成具体数字，即在该学年本澳 56152 名中小学生中，有近 3450 人留级重读。同年高中和初中的巩固率（不包括留级生的巩固率）为76.4%和64.3%，中学的巩固率为44.1%，意味着不足一半的澳门初一年级的学生能顺利升上高三而过程中没有留级。在2012学年高中、初中和中学的教育完成率分别为87.0%、78.4%和74.2%。由此可知，澳门只有四分之三的中学生能够顺利完成整个中学阶段，也就是有四分之一的澳门学生无法在澳门完成中学阶段。

然而澳门留级制度为何存在？此必须要追溯至早期澳葡政府对澳门学校教育采取“放任自流”的态度与政策，在此前提下，澳门私立学校享有高度行政和教学自主的权力，可完全按照学校的宗旨办学（刘羡冰，2007），其中，有关学生的升级与留级，也在学校权责范围之内，虽然各学校所订定的标准不一，但是，留级的现象仍是盛行不衰。再加上为数不少的基层教师多半相信留级可确保学生的学习品质与能力（澳门中华教育会教育科学研究组，2013），也因而强化了留级制度的实施，更增强了澳门社会大众对留级制度存有正向价值之想法。

如黄绮妮与郑锦波（2013）指出现时澳门教育界有两套主流解释留级存在意义的说法。一者，留级可以为不合标准的学生打好基础，提升其学习效能，从而能保持澳门的整体学术水平；二者，留级可令学生保持学习动机。因此，留级对学校的存亡来说是“必要之恶”，不少澳门教师奉留级为圭臬，认为留级功能强大，因为始终是为了学生“好”才将他们留级。

由此可见，澳门留级制度的实施有其社会文化历史脉络，具有历史意义，在此深层文化价值观的牵引下，澳门社会大众（包括学校教师）大多认同留级制度有存在之必要性。只不过，随着时代的变迁，以及邻近国家和地区（如中国香港、台湾、大陆）纷纷取消留级制度，使得澳门社会中，有另一股质疑与检讨的声浪出现。一者，如开始重新思索留级制度是否真有效用；二者，则是从学生、教师与家长三方面，分析留级议题，而本研究主要聚焦于家长方面。是以，于下文中，即整理过去文献，分别说明澳门留级制度的有效性与分析家庭因素对澳门学生留级的影响。

（二）澳门留级制度对学生成绩的实际影响

留级制度是否有助于提升学生成绩？此问题在澳门始终未有一个公认的答案，而且多限于常识性与经验性的讨论，较少有实证性的研究佐证。

在现有的文献中，郑英杰、赖文辉、何锡标、苏敏森与黄金花（2013）曾以2009年澳门学生PISA阅读素养成绩为例，通过统计分析方式，探讨留级制度对学生阅读素养成绩之影响，该研究发现留级制度对阅读素养有负面的影响，具体而言，学生留级经验越多，阅读素养成绩有越低的趋势，就算学生就读同一个年级，有留级经验学生的阅读素养成绩还是低于无留级经验学生，基本上，在控制其他变项之后，每多一次留级经验，阅读素养成绩约下降40分，说明了留级制度并未能有效帮助留级生追上其他升级生。一般而言，澳门实施留级制度最重要的原因，主要基于"留级制度能确保学生品质"的逻辑，因此，澳门各级学校不免致力于订定各式各样的留级制度，只是，该研究发现留级制度似乎并不如澳门社会大众与教育工作者预期中的有效。

黄绮妮与郑锦波（2014）以圣公会"新动力"校园适应服务计划所开展之"澳门失学青少年学习动机"调查为例，探讨留级制度对学生学习成就与学习动机的影响，发现受访者全为失学人士，其中85%的受访者曾留级，有的更留级三次或以上，从中可初步了解到，反复让学生留级，可能无助他们改善学习情况。而"澳门教育暨青年局"所进行的"澳门失学青少年学习动机"调查更发现受访者的家人若为他们提供更多的情感支援，他们的读书意愿便有所提升。

因此，从上述实证研究中，可以看出澳门留级制度对于学生的影响，目前看来多以负面的研究结论居多，有关留级制度实际提升学生学习成就表现之实证研究，仍付之阙如。当然，因受限于文献不足，仍未能精准地判定留级对学生学习表现之影响，故此非最终结论，但至少根据前述的研究，或多或少对"留级制度有助于提升学生学习成就"之假定，提供些许反思。

（三）家庭因素在澳门留级问题研究中所呈现出来之影响

影响学生留级的因素其实很多，包括学生本身、家庭、教师、社会环境，等等，本研究主要将焦点置于家庭因素上。有关学生的家庭背景与留级之间的关联性，郑英杰等人（2013）以PISA 2009阅读素养成绩为例，发现当学生的经济社会文化指数（Economic, social and cultural status, ESCS）指数愈高，其阅读素养成绩也有越高的趋势，确实显示了家庭社经地位的教育作用力。为更进一步了解家庭背景如何产生作用，该研究使用 P. Bourdieu 的“文化资本”概念，探究学生所拥有的文化资本总量是否会影响其留级经验，研究发现当文化资本越高，留级次数会越少，因此，出身背景比较好的学生，其拥有的文化资本量比较高，进而使得留级的几率与次数下降，而低社经背景的学生则相反。

黄绮妮与郑锦波（2013）同样以澳门 PISA 2009 数据为例，发现家庭背景是影响留级的一个重要因素，因当学生家庭背景的社经地位越低，留级率越高；来自低社经地位家庭（或基层家庭）的学生，每两个学生便有一个留级。这一数据正正指出学生可能并非学习能力出了问题而被留级，而是可能因为家庭出现问题。学生出现家庭问题，往往亦表现在其学习成绩上，但多被误认为学习能力出现问题。换句话说，现时澳门要求学生重读该学年为主的留级方式并非必然是让学生学习成功的最好途径。如留级是因为家境问题，重读一年学生只是重复过往的学习失误，留级并不能解决他们的问题，而只让他们反复感到挫败。

阎光才、李琳琳、陈志峰、许江雄、杨珮欣、刘霖与邓姣婧（2014）的研究指出，就家庭因素而言，真正影响学生成绩的因素是家庭环境是否和谐良好。和谐的家庭能够投入更多的时间和精力来关注孩子，更关心子女的成绩和生活，并于课后帮助学生辅导功课，随时与孩子及老师沟通交流，掌握孩子的学习动态，并给予鼓励、支持与高度期望。在此基础上，家长的受教育程度（学历）和职业对学生的学习也有一定影响。受教育程度高的家长更懂得如何教育和帮助自己的子女，而教育程度低的家长，即使想教育孩子，但由于自己的知识有限，也没有能力辅导。

此外，家庭环境复杂的家庭，如单亲家庭，也会对孩子心理造成巨大影响，导致孩子对自己的认同感非常低，学习很散漫，主动性很差。父母分居两地的家庭，往往忙于工作而没有时间关注孩子的成长。再如父母在赌场轮班制的工作时间与孩子见面的时间正好错开，根本没有时间照顾孩子，于是孩子的惰性逐渐养成。若家长不配合学校和老师的工作，不能较好地引导教育子女，学生的成绩必定会受到影响。还有一些学生的家长，根本不重视学生的教育和成绩，没有担起应担的责任。

除此之外，家长为子女选择学校也会影响到学生留级与否。澳门有 70 多所学校，以私立学校为主，名校有三四所。据一般家长的认知，这几所学校招生严格，只接收其他学校优秀的学生；而这几所名校要求苛刻，课业繁重，所以留级率也很高。正因如此，家长在选择学校的时候也常处于两难的矛盾状态中，即既希望子女能上名校，在将来更具竞争力，又希望子女能顺利升级。但多数家长最终还是偏向选择超出子女自身能力范围的名校，使得子女因不堪学业压力而留级。家长一般都认为，子女倘若真的念不上名校，转到其他学校继续学业就好，这导致容易忽略了留级对子女造成的心理打击，也忽略了留级生和转校生的“标签作用”，“失败者”的“标签作用”恐怕是孩子难以承受的痛。

高胜文（2013）的研究亦发现学校教育资源对学生学习成效之影响很小，只有家庭因素的影响较为显著。具体言之，教师的教学创新、教学合作、教学付出、教师学历及任教经历，都对学生学业成就没有显著影响，仅学校优良校风有正影响，老师的研习次数反而有不利的影响。不过，这两者的影响都很小，学校层次变项中影响力最强的还是学区的好坏（家长的平均教育程度与平均家庭收入），以及学生教育期望与学习态度之高低。学生层次的分析中，家庭社经地位有重要的影响，而在理论与实证上都很重要的家庭资源（文化资本、负面文化资本、社会资本与财务资本）、学生学习态度也都对学生学业成就有很重要的影响。

整体而言，从过去文献看来，澳门留级制度的形成与实施，确有其历史背景，只不过，留级似乎并不是保证与提升学生学习表现的万灵丹，甚至有负面的影响，此外，不同家庭背景的学生，在留级率上也有所差异，使得留级现象背后所潜藏的教育公平问题浮现了出来。既然家庭背景对学生的留级有着如此重大的影响，家长自身如何看待留级制度，就显得耐人寻味。不过，揆诸澳门过去文献，此部分的讨论甚少，是以，本研究主要目的即在于补足此家长的视野。依循着此观点，以下说明本研究之研究设计与实施。

三 研究设计与实施

（一）研究方法

为进一步了解澳门家长对留级所抱持的态度与想法，本研究采用质性研究取径为之。具体而言，本研究使用半结构式访谈方法，访谈家长是否清楚其子女所就读学校的留级制度规定、留级对学生的影响，是否有其他替代方案，乃至于对于澳门留级制度的整体想法与评析，实际访谈大纲，如表 1 所示。

表 1　访谈大纲

访谈大纲
基本资讯，包括其职业状况、家庭社经背景、子女就读的学习阶段、子女是否曾经留级等问题。
您很清楚子女就读的学校有关留级的制度吗？那您认为留级制度对孩子有什么影响？正面的还是负面的？
根据您的经验，或您耳闻目见的情况，学生留级后通常表现怎样？
根据您的经验，或您耳闻目见的情况，子女留级会对家长造成什么样的影响？
您认为留级制度是否真的能有效帮助学生打好基础，最后能够让学生学习成功，并顺利考上大学吗？
您认为学生留级后是否会对他起到积极的作用，比如给他一个警戒，使学生惧怕，从而认真学习？抑或您认为学生留级后会打击他的自信，给学生贴了负面的标签，对学生来说是一种伤害？
根据国际性的学能评估（PISA），澳门十五岁学生曾经留级至少一次的比例远高于一般水平，位于世界“前列”，您认为这样的情况正常吗？代表澳门教育水平高还是低？您如何理解上述的情况？
您认为除了留级外，有没有其他替代方法去帮助学生打好基础？如果有，您认为是什么替代方法？
您认为作为家长应该如何帮助子女避免留级，并促进他们学习成功？您又认为政府、学校和老师可以怎样去帮助留级的同学？
您认为澳门应否取消留级制度？应否改革留级制度？应否保留级制度？请提供您的意见。

（二）研究对象与研究流程

本研究在考量人力与物力资源下，主要选定三所学校进行访谈，A 校访谈于 2014 年 3 月 22 日进行，共计访谈了 15 位家长；B 校访谈于 2014 年 3 月 29 日上午进行，一样访谈了 15 位家长；C 校访谈于 2014 年 3 月 29 日下午进行，共访谈了 14 位家长（一位家长缺席），因此，总共访谈了澳门 44 位家长。

有关受访家长的背景与其子女的留级情形，如表 2 所示。由表 2 看来，男家长共有 8 位，女家长则有 36 位；在受访的 44 位家长中，子女有留级经验者，共有 12 人，无留级经验者则有 32 人。

表2 受访者基本资讯

受访者编号	受访者性别	父亲职业	母亲职业	父亲教育程度	母亲教育程度	子女儿级经验（子女数目）	留级次数（全部子女合计）
AP1	女	庄荷	会计	—	—	没有（3）	0
AP2	女	公务员	保险	大学	大专	有（1）	1
AP3	女	搬运	托儿保姆	小学	初中	有（3）	3
AP4	女	厨师	家庭主妇	中学	中学	没有（2）	0
AP5	男	自由工作者	美容东主	中学	中学	没有（2）	0
AJ1	女	公务员	公务员	—	—	有（2）	2
AJ2	男	退休	博彩从业员	中学	中学	没有（1）	0
AJ3	女	运输业	文员	中学	大专	没有（3）	0
AJ4	男	地产东主	地产东主	初中	初中	有（3）	2
AJ5	男	酒店服务	庄荷	小学	初中	没有（2）	0
AS1	女	工程师	家庭主妇	大学	中学	有（2）	5
AS2	女	建筑工人	家庭主妇	小学	小学	有（2）	2
AS3	男	文员	家庭主妇	中学	中学	有（2）	1
AS4	女	技术员	文员	初中	初中	没有（2）	0
AS5	女	工程	家庭主妇	高中	初中	有（1）	1
BP1	女	公务员	家庭主妇	博士	博士	没有（1）	0
BP2	女	博彩从业员	家庭主妇	中学	大专	没有（2）	0
BP3	女	经理	文员	中学	大学	没有（3）	0
BP4	女	公务员	家庭主妇	中学	初中	没有（1）	0
BP5	女	公务员	公务员	大学	大学	没有（2）	0
BJ1	女	文员	会计	大学	大学	没有（2）	0
BJ2	女	—	庄荷	—	中学	没有（1）	0
BJ3	女	木工	家庭主妇	中学	小学	没有（1）	0
BJ4	女	公务员	家庭主妇	大学	大学	没有（2）	0
BJ5	女	—	会计	—	大学	没有（1）	0
BS1	男	送货	学校工友	初中	中学	没有（2）	0

续表

受访者编号	受访者性别	父亲职业	母亲职业	父亲教育程度	母亲教育程度	子女儿级经验（子女数目）	留级次数（全部子女合计）
BS2	女	技工	家庭主妇	小学	小学	没有（2）	0
BS3	女	资讯科技	文员	大专	大专	没有（2）	0
BS4	女	餐饮	售货员	小学	初中	没有（1）	0
BS5	女	—	文员	—	大学	没有（1）	0
CP1	女	博彩从业员	家庭主妇	小学	中学	没有（3）	0
CP2	女	技工	家庭主妇	小学	中学	有（2）	1
CP3	女	商人	家庭主妇	中学	初中	没有（3）	0
CP4	女	—	自雇人士	—	中学	没有（2）	0
CP5	女	文员	庄荷	初中	中学	没有（2）	0
CJ1	缺席						
CJ2	女	—	销售业务	—	中学	有（1）	1
CJ3	男	厨师	教师	初中	中学	没有（3）	0
CJ4	女	技术员	文员	小学	大学	没有（1）	0
CJ5	女	公务员	教师	大学	中学	没有（3）	0
CS1	男	自由工作者	售货员	中学	初中	有（2）	1
CS2	女	装修	文员	中学	大专	没有（1）	0
CS3	女	商人	教师	大学	硕士	没有（2）	0
CS4	女	公务员	教师	硕士	硕士	没有（2）	0
CS5	女	厨师	文员	中学	小学	有（1）	3

四　研究发现

以下从三个部分来呈现本研究之研究发现。首先，说明澳门家长认为留级制度对子女以及家长本身之影响；其次，说明家长认为导致子女留级的原因；最后，则深入说明不同家庭背景家长对于留级制度的态度。

（一）留级制度对子女与家长的影响

1. 留级制度对子女的影响

根据研究发现，澳门家长认为留级制度对孩子的影响，主要包括“正面影响”、“反面影响”以及“正面或负面影响端赖学生心态而定”三大类，以下分别说明之。

（1）正面影响

部分澳门家长认为留级对孩子产生了正面影响，因此，认为留级制度确实有其存在的必要性。具体而言，主要是包括以下几种正面影响：

①多次学习机会让学生打稳基础

持此种想法之家长，多认为通过留级制度，学生可以多一次机会学习，因为不同学生的发育阶段可能有别，学习进度也不一样，因此，通过留级，可以让学生按照自己的学习能力与速度进行学习，方可打稳基础，不然勉强升级，对于日后的学习反而是有害的，如AP1家长（女/会计/未知）[①] 即认为：

> 因为小朋友都未达到水平，每个学生的学习能力及进度都不同，就例如小朋友比较迟才学习走路，又或者比较迟才长牙，这些就是发育阶段不一。
>
> 所以如果每个人的学习进度不一样的话，那么留级未必是因为学生某一方面有问题，可能只是他在学习上是比较慢，其他聪明的同学可能已经吸收了知识，他要慢一步才可以吸收到，那么为什么不给他多一点点机会、时间去建立好自己的基础才继续升学呢？不然他继续升学，有一些问题积累下来，还是会不明白上课的内容。尽管他有留心上课，但基础不好，他不明白上课内容，测验还是会不合格，成绩亦不会优秀。

当学生留级后，学生必须要重读同样的教材。部分家长认为此种需重读同样教材之方式，同样是有助于帮助学生打稳基础，因为有些教材学生都已经学过了，所以可以将那些时间花在比较弱的科目上，而有助于打稳

① 分别为性别/职业/教育程度。

其他科的基础，两者并行不悖，如 BS2（女/家庭主妇/小学）认为：

因为其他的科目你都已经读过了，那相对来说你会有更多的时间来专注在你较弱的科目上……如果他的其他科目都是达标的只有英文不达标，那么在重读的时候可以放多点时间在英文上，而以前读过的科目可以不用放那么多时间来读。

②对学生产生警戒作用

有的家长认为留级制度的存在，可以对学生产生一种警戒的作用，让学生知道自己如果不努力于学业时，是有可能被留级的，因此，学生为了避免留级，将会更努力于学业上。CS3（女/教师/硕士）指出：

我认同（留级）是有警戒作用的，任何游戏都有属于他的规则。留级并不是一种惩戒，只是令同学知道将来当他踏进社会后，明白有些底线是不能触及的。

通过留级制度，另一方面是让学生/家长早点知道自己/小孩学习的情况，而产生警惕作用，尤其澳门并无统考，留级制度的实施，不失为是一种对学生各阶段的学习之检核方式。AJ5（男/酒店服务/小学）即认为：

至少要有留级制度，才能令学生比较积极。香港也有中三，过了评核考才能继续升读，但澳门没有，难道要让那些学生到了中学毕业才淘汰他们吗？这样他们不就很可怜吗？

③培养学生的责任心

此外，家长认为留级制度有助于培养学生的责任感，因为学生必须要知道得付出努力才会有收获，此可以 AS2（女/家庭主妇/小学）为例：

我觉得是一件好事来的，起码你有责任，（知道）自己付出了多少努力才有收获的啊，如果你不付出努力，何来有收获？……让他有个责任（心），不要说我随便不用努力，不用付出某些东西就有回报。我觉得这样就是不好。

④对其他升班的同学比较公平

部分家长从公平性的观点来检视留级制度，其所持之观点，在于认为当学生学习未达标而遭到留级，此对于其他达标的同学而言，为一种公平性的展现，因为如果无论成绩高低与否，所有学生都可以顺利升级，此对于努力用功而达标的学生，在某种程度上，是一种不公平，还可能让努力读书而升级的学生不满，AP3（女/保姆/初中）即指出：

> 我觉得这样是对的，你勉强他们继续升班的话，他们还是不理解课堂内容，同时亦对达到升班标准的同学来说是不公平的。如果无论如何我都可以升班，那么我为什么要费工夫去读书呢？对不对？我合格和你不合格都可以一齐升班，那么我为何要费劲读书？如果没有留级制度的话，就会有这个坏处。

BJ1（女/会计/大学）也持类似的想法，认为如果无论成绩高低，学生都可以顺利升级，会让原本成绩好的同学变得懒散：

> 如果小孩的分数太低却让他继续升班的话，对于成绩好或者成绩普通的同学，会令他们知道原来可以不用那么努力，成绩比较差也是可以升班，反而是给这些同学一种鼓励，让他们变得懒散。

（2）负面影响

①自尊心受挫

留级对学生所产生的第一个负面影响，实为伤害学生的自尊心。因为当学生面临留级的命运时，意味着过去的学习遭到了否定，连带着自己的价值观也会受到否定，学生即可能产生自卑感，以及有“比不上其他同学”的想法出现，进而伤害其自尊心。如AP2（女/保险/大专）述及自己的女儿留级时，指出留级对自己的女儿伤害很大，因为学校都只顾及学校的形象，而较少关注留级学生的辅导：

> 我认为一个小朋友如果EQ不太高，留级制度会对小朋友造成不少打击。因为留级后小朋友会失去自信心，小朋友会质问自己为什么会留级……我认为连累比帮助大，若我可以选择的话，我认为我小朋

友失去的比得到的多……她留级后情绪波动很大，我从来都没有看见过她这样子的。我认为如果学校真的是在意学生，一些心理辅导是不可少的，例如会鼓励留级的学生。但如我刚刚所说，我长女那所学校的做法是比较残忍的，我觉得他们不太注重学生的感受，只顾及学校的形象。

留级学生自尊心受到打击，可能导致学生放弃学校课业，如放弃升大学，而转而投入职场，尤其有的家长认为在澳门只要高中毕业，就可以找到工作，也因为如此，才使得学生有不继续升学也无妨的心态。此种观点，可从 CP4（女/自雇人士/中学）的说法中获得证实：

很多留级的同学之中百分之九十会放弃上大学，也有一些勉强初中毕业直接就去找工作了，特别是澳门这个比较容易找到工作的地方。也有一些挨到高中毕业，总之就一定不会去读大学。所以我觉得留级制度对他就一定没有帮助，而且残忍地抹杀了小朋友的自尊心、自信力，甚至于对家庭来说也是一个很严重的心理打击。

②人际关系断裂与受到歧视

当学生必须要重读某个教育阶段，意味着必须要跟原本的同班同学分开，而且可能会受到原来班级同学的歧视，此种因为制度上所导致的人际关系断裂，是留级生心理必须要面对的重大冲击之一；再者，当留级生来到新的班级时，也可能产生适应不良的情况，此可以 AP3（女/保姆/初中）的说法为例：

我会跟他说……现在又要浪费一年的时间去重读，又没有了平时和你一起的小朋友，因为他之前没有留过级，所以他的同学都认识了七年，有一个同学跟他由幼稚园一起读到四年级，因为大家要分开所以哭了几个小时……因为初到一个新环境，老师和同学一个都不认识，就会不习惯，有点抗拒。

可能原来在那里读的学生会排挤他，说他是新来的，认为他是留级后转来的，不是升班后转过来的，所以初期都不太习惯……他整天一下课就跑去原来的那个班级。我就叫他不用过去，因为他留过级别人会笑他的。他告诉我他原本的同学都会闹他："你为什么过来？留级的人！"那些同学都不太懂事，他也没有哭，但我自己听到觉得有点不太舒服。

学生面临留级时，除了必须跟原本的同学分开之外，也会觉得很难面对周遭的亲戚朋友，觉得不知所措，在某种程度上，也使得留级生的校外人际互动中断，如 AJ1（女/公务员/未知）就观察到了此种现象：

那在留级的过程他和他的同学就有一种舍离，那他就觉得不值得，其他同学都升班了。到第二个班级时他在当前那一刻其实并没有感觉他被别人标签，可能他自己不知道，因为他年纪小，他那时才中学一年级。他就知道在他正正式式踏入复读的那一年，他就有反应了，他对我说他很不开心。别人会有一个反应是你坐在后面吧，因为你是复读生。那么在那一年他并没有参与任何家庭或者朋友的聚会，他觉得他留了级，他很难面对父母的朋友，很难面对祖父祖母等，很不知所措，完全没有了人际关系。

③重复阅读相同的教材而不耐

当学生留级时，往往必须要阅读与去年相同的教材。因为教材都是已经学过的，所以学生可能会产生不耐，进而影响到学习动机。BS1（男/送货/初中）明确指出：

那留级当然是不好的了，他读书的心态会被影响，留级后也会影响他日后再升学的表现。因为这些知识他们已经学过，再重新学一次的话他们会表现出很不耐烦的样子。因为前一年读过，这一年再重读同样的内容，他们就不耐烦了。

当学生因为阅读同样的教材而产生不耐，进而降低了学习动机后，将可能连带地使原本达标的科目，反而变得不合格了，因此，留级可能吊诡地拖累了学生其他科目的学习，如 AP5（男/自由工作者/中学）指出：

假如，中英数合格但地理不合格而需要重读一年的学生，可能出现重读那一年的地理合格但中英数不合格的情况，这种情况是不是很搞笑？……留级令学生不想学习。现在的教学已给予学生很大压力，一大堆书本……

④浪费时间与资源

留级代表要重读一年，有的家长认为这无疑是一种时间、金钱与资源上的浪费，对于小朋友、家长、学校与社会，都不是一件好事，如 CJ3（男/厨师/初中）与 BJ5（女/会计/大学）分别指出：

留级制度对时间方面有影响，浪费了时间，还有资源方面的浪费……多读一年对家长来说当然是金钱的问题……当然希望不用留级，留级对他们有很大影响……如果留班，当然对小朋友及家长来说是不好的。都是那些问题，浪费了时间和金钱。家长当然希望子女不用留级，但学校就是有这个规矩——两次留级就会被开除。

（留级）都有影响的，因为时间问题，正常都是 18 岁高中毕业，就成年，就可以工作，就因为留级，可能有时不止留一年，留两三年，就是 20 多岁才能完成那个课程，就是心理方面和时间方面……就会浪费了更多的时间……

（3）正面或负面影响端赖“学生心态”而定

除了正面与负面的影响外，有的家长也特别指出留级所造成的影响，其实要视学生的情况而定，因此有关留级具有正面影响或者是负面影响，是很难定义的一件事。其中，又以学生的“学习心态”最重要，如 AJ5（男/酒店服务/小学）指出：

很难去定义影响什么的，这个制度有影响的方面也有没有影响的方面……或许有些本来就没有用功学习，现在留级了会认为是被老师遗弃，变得变本加厉……我一个朋友的小孩留级了，他现在变得还不错。还有别的朋友的小孩留级了，转到别的学校又继续留级了，因此现在放弃了，变成在厨房当学徒。所以我说影响的定义是很难的。如果学生本来是懂事的，他会自己痛定思痛地去努力。但有些放弃了的，或突然间放弃了，就会继续变本加厉，就算让他勉强升班，也是徒劳无功。如果他肯用心去学习的话，他留不留级也会用心的，所以我说很难去界定。

BP2（女/家庭主妇/大专）也认为说留级的作用，实系于学生的心态，如果学生本身无心向学，那留多少次级，都是没用的，而且家长与学校对于留级学生的辅导也相当重要，唯有传递正确的价值观与心态给留级学生，才有办法帮助留级生不放弃自己：

如果他基础真的打得不好，那么留级可以帮得到他。但是如果他真的无心向学的，我相信无论留几年都是没用的……如果一个学生真的想学习的话，当他真的留级的时候就会激发他的斗志，使他认真去学习，都应该会有改进的……我见过有的人留级留了两年，学校就已经叫他们找其他学校。他们就会和家里人说我真的不想读书。那他们放弃了自己的学业，出去做事。可能几年后他们回想起来，原来知识真的很重要。我也都见过有些人后期再去进修。其实家长也要多和他们沟通，让他们可以重返校园……其实培养一个小朋友，需要家长和学校灌输一些正面的知识给他们。

因此，当学生本身是懂事的，是知道要努力用功的，若遭到留级，学生可能会痛定思痛地努力；但如果学生本身就不懂事，不知道用功，留级与否，其实都不会造成影响；此外，学生面对留级时的心态，也将影响学生的学习动机，若家长与学校教师辅导不当时，即可能让学生放弃课业。总的来说，留级的影响力，其实与学生的心态有关，而学生心态又与家长以及学校教师的辅导有密切相关。

2. 留级对家长的影响及其因应方式

从家长的访谈内容中，发现留级对于家长的影响多半是负面的，如当自己的小孩成绩不达标而遭到留级，身为父母也会觉得很没有面子，因而不愿意参加学校的活动，此可在AS1（女/家庭主妇/中学）与BS3（女/文员/大专）的说法中看出端倪：

其实之前我儿子成绩差，他们邀请我参加我自己也有些自卑感，觉得自己的儿子成绩差，来到很没有面子。但是之后我的儿子成绩变好，我也慢慢很积极去参加这些活动。

因为我有听过一些其他的家长说“留就留吧，没关系啊”。就是他们根本认识不到留级是什么意思，里面的含义是什么，他心里面只是觉得很没有面子，有一种抗拒。

当自己的小孩留级之后，家长会做出相对应的因应方式来协助自己的小孩。首先，有的家长认为应该要从鼓励的角度出发，而不宜谴责自己的小孩，如 BS4（女/售货员/初中）就提到此种想法：

家长方面一定要多与孩子沟通，多鼓励他。小朋友的话可能还没想到那么多层面，大孩子的话，现在很多家长都会有些担心。比如我的孩子有时候某一科考得不好，回来跟我说，我也会鼓励她说：下次努力点。我首先就会问她说能否拉到合格分，她就会说：你不用担心，我能拉到合格分。那我就会说：你自己下次分配好时间，看如何温习好那一科。我不要求你每一科都非常高分像 90 多分那样，下次再用心努力点。我完全不骂她的，就算不合格我也不会骂她，因为现在社会不同了，不同于我们那个年代的教育。

其次，有的家长也认为以后必须要花更多的时间来关心自己小孩的学校课业，并辅导小孩从正向的态度去看待留级这件事，且要跟小孩一起面对，不让小朋友独自承担，如 BP5（女/公务员/大学）指出：

现在我会觉得跟以前的学习环境不一样，很多事情要家长一起去面对，跟以前不一样就是说，只是靠自己。现在家长要辅导多些，而且现在很多时候，家长忽略了小朋友……家长都要跟小朋友多聊些天，进行正面解释，告诉他们为什么要留级。所以我觉得留级这件事大家一起面对，如果真的要留级的话。

除此之外，有的家长会将自己的小孩送到补习班，寻求补习老师的协助，针对留级的科目进行补强，如 CJ3（男/厨师/初中）提到自己会采取此种补救方式来帮助小孩：

> 真是出现留级的情况，那就去找人帮他补习。做家长就是这样，希望子女可以升班，但如果自己尽力了但还是要留级的话，就要找补习老师或补习班让他可以不用留级。

另外，有的家长会让自己的小孩转到别间学校去，帮助小孩找到适合的学校就读，如 BP3（女/文员/大学）指出如果自己的小孩留级的话，就会让他转校，因为每间学校的风气不同，转校的话对小孩可能会好一点：

> 我觉得每间学校都有不同的进度、形式，如果这样的话，让他换一间学校可能会好点。因为我曾经听过一个家长说他的孩子在这间学校读得很差，转了另一个环境就可以跟上进度。

（二）导致学生留级的原因

于前述内容中，已说明了留级对于学生以及家长的影响。此节旨在从家长的观点出发，说明在家长眼中，导致学生留级的原因为何。研究发现澳门家长认为导致学生留级的因素，大抵分成学生、教师、家长、学校与社会环境五种因素①。

1. 学生本身

有家长认为当学生必须留级时，多半是因为自己不认真读书所致，因为如果自己控制不了自己，那学校老师其实也没有办法，AJ3（女/文员/大专）就认为：

> 最大的问题是小朋友自己本身，因为他自己本身不认真去学习，以前的时候我也是不识字的，那谁来教你呢？没有人可以帮助你，只好靠你自己了……如果他自己本身不认同（指读书），心思放在别的

---

① 必须说明的是，这些因素并非可截然清楚划分的，因为不乏有家长认为导致留级的原因，其实是上述几种因素，而非仅是某单一因素使然。故于此处做此种区分，目的是帮助读者厘清与掌握导致留级的可能因素为何，特此说明。

事情上，那老师其实也管不着，因为老师控制不了这种情况，只能由他自己控制自己。

2. 同侪

除了学生本身之外，同侪之间的互动方式与影响，也可能会导致学生留级，如AJ2（男/退休/中学）举了一个例子，显示当学生可能与成绩不好或是行为有偏差的学生在一起时，即可能无心于课业而遭到留级：

现今社会太多形形色色的诱惑，家长也不可能24小时跟着小朋友。他受同学（的影响）最大，因为同学是每天上学都会见面的。曾经有位家长告诉我，他的女儿学习成绩是很不错的，而老师为了帮助一个学习成绩不好的学生，就编排两人的座位在一起……因为那位成绩差的学生有在校外帮别人带毒品，那当我朋友的女儿和他一起玩之后，连她的成绩也变差了……所以其实成绩差的学生的影响力是很大的。有时成绩差的那个学生带她到周围去玩，因为他有钱。那就有很多物质引诱，吃喝玩乐，把同学带到球场去而不回家。

3. 家庭

有些家长认为子女留级是自己管教不当、照顾不周所致，尤其当夫妻都必须要轮班时，很容易疏于照顾自己的小孩，平时只能给小孩零用钱，很少跟孩子见到面，当然就更管不了自己小孩的课业，如AJ5（男/酒店服务/小学）就是这种典型的家长：

现在的家长很多都没有办法，很多家长都是三班制，日夜编更，就像我们一样，夫妻俩都需要工作，我妻子从去年开始工作，需要工作就很难兼顾孩子，所以能做的就是给孩子零用钱。现在的家长有时与孩子很少见面，例如需通宵上班的家长，怎么可能有办法照料孩子，也管不了孩子放学回家是否做作业。

此外，有些家长认为是因为自己在澳门是新移民身份，所以导致自己的小孩在学校会有适应不良的情形出现，进而导致留级，CJ2（女/销售业务/中学）的小孩即遇到此种情形：

就像我孩子一样的学生，是新移民到澳门，对环境等各方面都不适应。而我们是单亲家庭，这对我孩子的思想性格方面都有影响，会比较固执有偏见，比较不开朗。这是很真实的一个写照。

4. 教师

有的家长认为老师是影响学生留级的最大因素，毕竟传授知识的还是老师，当学生无法适应老师的教法时，就有可能导致学生留级，如 AJ1（女/公务员/未知）即认为：

其实老师的影响是最大的。因为老师直接教授学生，因此老师在学生心中第一印象很重要，如果印象不佳，她已经是没有办法接收到老师的资讯。所以老师所教授的内容，即使说这个老师已经是最好的老师，但可能他沟通的方式学生完全接受不了。

5. 学校

就学校而言，有些家长认为澳门各校订定留级的标准不一，所以往往是某些学校定的标准太高，使得该校学生留级的机会也变得很高。倘若换到其他学校，就可能不会留级。如 AP2（女/保险/大专）即以自己女儿为例，认为她女儿就读的学校定的留级标准很高：

首先因为澳门有公校和私校，所以学习的标准都不一，每一间学校的标准都不一样……现在就是认为留级的标准不要定得太高，让学生很容易就会留级……我都是基于我女儿的学校的情况而说，我知道其他学校的留级标准也很高，但可能就没有我女儿的学校的标准高。

6. 社会环境

除此之外，有家长认为留级是因为澳门外在社会诱因太多，如社会上的各种游戏机与网络游戏太多，学生往往过于沉溺而耽误了学校课业，CJ3（男/厨师/初中）即举了一个他看到的例子：

他留级的原因就是因为他不用心读书，他妈妈是我的同事，整天都说他儿子每天都在玩游戏机，又懒，只顾着玩，所以导致成绩不好而留级。留级了两次，今年被学校开除了，转去另一间学校读书。

从上述分析看来，其实可以发现学生之所以留级，原因主要来自学生、家庭、教师、学校与社会环境五个层面，此五个因素彼此之间往往又是多维盘错、相互牵引。此现象除了显示在留级议题的讨论上，若仅仅局限于一隅，恐会有“见树不见林”之虞外，也透露若要进行留级制度的优化与改革，所涉及之层面甚广，乃是一项巨大的工程。

（三）不同家庭背景家长对留级制度之态度

从过去的文献看来，学生留级与否，实与其原生家庭背景有关，不过，过去研究多集中于讨论留级率与家庭社经背景之间的关联性，对于不同家庭背景家长对于留级制度的想法，则较少触及，此即为本研究中一个欲补足之处。据此，本节先说明不同家庭背景家长对留级制度之态度，后则将二者进行比较，兹分述如下。

1. 家庭背景较高之家庭

根据研究发现，家庭背景较高之家庭，多认为不宜取消留级制度，要不然学生会无心向学，且会认为重点应该是要改善与优化留级制度，如调整学校的留级标准，或者是让学生有补考的机会，等等，如 BS5（女/文员/大学）与 AP2（女/保险/大专）都有类似的想法：

不设定这个制度的话，学生就不知道一定要读书的，一定要过某个分数线是才能继续升班上去读书的，没有的话可能就不想读书，需要一些制度来管教一下他们……因为需要一个制度去评核他们的水平达到了什么程度，如果取消了制度，就不知道学生现在的水平达到了什么程度，有这个制度会比较好……但每间学校有不同的留级标准，可能你的学校到不了这个分数就留级，其他学校可能不一致……要改动的主要就是那个标准不是一致的。

从两个方面去看这件事，我认为如果立即完全取消留级制度，学生就不会害怕，就可能会比较散漫。反而我觉得留级标准不需要定得太高，例如学生只是一科不合格，就不应该要学生留级，连补考资格都没有……不可以立即完全取消。首先因为澳门有公校和私校，所以学习的标准都不一，每一间学校的标准都不一样，很难立即要所有学校统一这个留级制度……我现在不能立即说出什么建议，现在就是认为留级的标准不要定得太高，让学生很容易就会留级。起码要该学生有补考的机会或者平时从补习方面帮助学生。

此外，亦有家长认为留级制度可以存在，但必须要更改考核方式，而不应该仅是侧重于纸笔考试而已，如 CJ4（女/文员/大学）认为：

我认为留级制度不应该定得太严谨，例如学生到了很严重的地步（才留级），我想是可以保留留级制度，例如一些真正没有能力去升班的人才需要留班，而不是因为分数去让学生留级。如何去评核学生的能力，就要从多方面去着手，不单单只是看测验卷或者考试卷的分数。

2. 家庭背景较低之劳动阶级家庭

对于家庭背景较低之劳动阶级家庭，同样也认为不宜贸然取消留级制度，要不然学生会不读书，会失去了警惕的作用。此外，也应该优化留级制度，如当学生的成绩与及格标准相差不太远时，应该要适时地让学生升级，或者应该要改革评核制度，不应该只是一味地重视测验考试，如 CS1（男/自由工作者/中学）与 CP2（女/家庭主妇/中学）即认为：

若是第三个建议（指“取消留级制度”——引者注），我认为这是自欺欺人的做法，学生根本未到达相应的程度，你便给予该程度的资格。他未有中学毕业的能力便予以他中学毕业，但到了大学是讲求实力的，若取消了留级的制度，便不能给予学生警示的作用。我认为应保留留级，但应予以优化，即在学生有留级迹象时，给予他警示的作用。留级是出于学生成绩方面而非品德方面的原因，应给予学生奖励，使他一步一步地进步。

反正别总是强调测验考试，就只有测验考试。需要评估这个小朋友有没有进步的空间，成绩58分，只差一点是不是真的要留级呢？如果小朋友真的很乖，很听话，能给他多些辅导，老师、家长能帮得了他，能不能给他多些同情分，让他更上一级呢？我觉得一科半科差很少分数，也是可以让他升班的，不要总给他挫败感，总要他面对“我不行的啦！我又留级啦！”这样的循环会造成压力，对心理都有一定影响，老师可以酌情处理吧……58分真的只差一点，你留他一年，我觉得挺可惜的！留一年时间，对家长和小朋友来说都不是易事……一年时间对学校或许没影响……但对小朋友的心理有很大影响。

从上述的内容中，可以看出，现今澳门不同家庭背景的家长对于留级制度的态度，其实颇为相似，即多抱持着“保留但须优化”的态度。换言之，首先，不同家庭背景的家长多认为留级制度不应立即取消，因为留级制度的存在，某种程度上，仍能有效地警示学生必须要用功念书。不过，不同家庭背景的家长亦认为留级制度的实施，实有相当程度的改善空间，一者，学校必须要调整留级标准并保持弹性，方能考量学生的能力，斟酌予以升级，不应该只差几分或者是一两科不及格就留级一年；二者，必须要给予补考的机会，或者在平常就应该给予额外补强之补救教学；三者，各校之间必须要有统一的留级制度，才能让家长与学生有所适从；四者，判定学生留不留级，不应该仅以纸笔测验成绩为主，此种单一的评量方式，实无法看出学生的能力，而应该要改用多元检核方式。

五　结论

根据是次研究结果，我们可以得出以下结论：

（一）传统观念仍然主导家长思维

从众多访谈得悉，无论其家庭背景如何，对于留级制度的存废，普遍深受儒家文化重视学术的传统观念影响，有家庭仍然认为学生留级是让其多获一次重读的机会，打好其学业的基础，例如AP1和BS2家长，他们均认同留级制度有其存在的原因，主要体现在孩子学习有快有慢，对于学习较慢的孩子，就必须通过留级制度让他们打好基础，倘若没有留级制度，让基础不稳固的学生直升，到头来发觉中学毕业时知识贫乏，那岂不是对孩子更加残忍？毕竟孩子必须要有足够的知识，才能升读大学，才能具备资格到社会谋生，成绩欠佳令孩子没有足够的竞争力。因此，留级制度就是孩子学习质量的保证，达标就升班，否则就留级。

除此以外，留级制度对学生发挥了警戒的作用，正如 CS3 家长所言，留级制度让学生知道如果自身不努力学习，留级就是不努力学习的惩罚。其实，这个观念还有其深远的潜台词，就是倘若学生没有认真学习，达不到升级标准，便要面对留级的惩罚。如果留级以后再不努力，那么就要给予劝退或开除，到时候，学生只能到其他办校水平较差的学校继续学业，甚至在学校都不收的情况下，学生只好投身社会，从事比较辛苦、收入微薄的工作，甚至会给人看不起。这背后的逻辑，成为成人对于成绩欠佳的学生的软性施压，不断重复再不努力就留级这个警戒成为促使学生认真学习的有效手段，这与社会重视学术的传统关系深远。

还有，家长普遍认同留级制度是一个比较公平的制度，成绩达标便可升班，成绩不达标便应留级，正如 AP3 家长表示，如果让成绩不达标的学生都能够升班，那么对于成绩达标的孩子便不公平，如果取消留级制度，那么成绩优秀或成绩达标的学生为什么要费劲念书，所以反对撤销留级制度是不让学生无心向学，赞同这个意见的还有 BJ1 的家长，她认为取消留级制度会令学生变得懒散。这种把留级制度看成具有威吓、警戒作用的制度，对优秀和薄弱的学生都起到督促的作用。

毕竟传统儒家文化重视学术的习俗，汰弱留强的心态仍然是社会的主流。这一辈家长是从这个制度中走过来，当今社会仍未发生教育思潮的重大反思，西方以学生为本，以孩童为中心的教育哲学观仍未在澳门社会中产生较大的作用，与传统的重学观念没有形成对冲的力量，家长的主流价值观仍然是根深蒂固的汰弱留强观念，留级制度正好体现这种价值取向，这便成为这一辈的家长仍然深信留级制度是行之有效的最关键原因。

（二）社会的急速变化困扰家庭教育

一些家长反映，近年澳门社会发生较大的变化，经济起飞，导致人力资源紧张，通胀高企，不少父母都忙于工作，赚取报酬，改善生活条件。这样的社会环境，导致澳门家庭结构起了变化，研究指出，家庭中父亲需要轮班的比例超过三成，母亲需要轮班的比例约占四成；近三成受访家庭每周只能陪伴孩子0—3小时（阎光才，2004）。家长对于无法抽出时间陪伴孩子，辅导他们课业表示非常无奈，像AJ5家长表示，很多家长都没有办法，从事博彩相关行业一般都是三班制，如果夫妇同时轮班，则更难以照顾孩子，一般而言，无法抽空照料孩子只能给孩子零用钱做补偿，尤其晚上上班的家长，连孩子放学回家是否完成作业都无法掌握，更遑论辅导孩子课业。

这次家长访谈的结论，可以与教师访谈的结论（澳门中华教育会教育科学研究组，2013）对读，相互印证。在教师访谈中，有教师指出家长因为澳门经济转型，不少家庭的父母都选择工作，以赚取更多金钱改善生活。有受访老师指出，由于学生的家长没有时间去教育子女，只顾忙于工作，学生成绩不及格，想通知家长进行沟通，却遇到家长因为工作繁忙或轮班的关系，无法到校，甚至连电话都无法接听，往往只能差派帮佣或动员祖父母辈代为与老师沟通，因此导致家校合作缺位，无法形成合力辅导孩子课业。

因此，澳门经济转型引发家庭结构改变，无疑令家长照顾孩子的时间减少，可想而知，辅导孩子课业的时间同样减少，对孩子的成绩无疑产生一定的影响。从家长和教师的两个不同角度，都可以看出这个问题，政府和社会必须加以正视。阎光才教授指出，最受留级问题困扰的一群正好是“学习成绩差，有一次甚至多次留级经历，父母需要轮班和父母很少陪伴”的学生群体（阎光才，2004），因此，我们非常认同阎教授的结论，社工局、教青局和本澳一些社团可以提供一些家庭援助，改善家庭亲子关系，提升家长对家庭教育的重视程度。再者，政府可以加大教育资源的投入，向学校投入额外的经费，在正规课程以外，开办如韩国的“放学后学校”和“课学后保育”，由校方利用政府拨予的额外资源，委托校外非营利组织或社团负责，聘请义务教师和社区志愿者担任。借此弥补弱势家庭在照顾子女方面的客观局限，以扶助这一类型的学生学习成功。

（三）家长普遍认同循序渐进的改革

就留级问题的存与废，受访的家长，无论其社经背景的高与低，都是较倾向于保留这个制度，但必须调整学校的留级标准，使之更为合理，也必须要为后进生提供足够的辅导和补考机会。

有家长认为保留留级制度能够给予学生一定的责任，不过对于个别学校过于严苛的制度持有保留意见，认为动辄让孩子留级并非良方妙法，他们期望有关当局能够凝聚各校的共识，尽管私校制度各异但不应在留级制度上千差万别。例如，一些学校行之有效的补考制度和带科升班制度可以广为推广，从制度上进行优化，避免学生因为个别科目不及格而导致留级，打击其学习自信。

亦有家长认为，留级制度不宜以一刀切的模式加以废除，从治本的角度去思考，可以考虑改革学生的评核制度，毕竟如今的考核，都是偏向纸笔测试为主，未来可以考虑改革评核方式，把学生的学习态度、动手能力等不同的元素都纳入评分标准。

家长就解决留级问题的建议与教育界的建议不谋而合，普遍都反对以一刀切的方式取消留级制度，倾向通过制度改革和扶助机制促使学生学习成功。家长们的态度非常明确，循序渐进的改革普遍得到接受和支持，刚性的取消和废除并非家长所赞同。

参考文献

高胜文：《浅谈澳门留级问题——解决留级问题的治本良方》，澳门中华教育会主办“澳门留级制度存废研讨会”，2013 年。

张浩贤、陈志峰：《试论澳门教师面对留级问题的困境》，澳门中华教育会主办“澳门留级制度存废研讨会”，2013 年。

黄绮妮、郑锦波：《澳门的留级制度：如何理解澳门的留级率?》，澳门中华教育会主办“澳门留级制度存废研讨会”，2013 年。

刘羡冰：《澳门教育史》，澳门出版协会，2007 年。

郑英杰、赖文辉、何锡标、苏敏森、黄金花：《留级制度对学生学业成就表现之影响：以澳门 PISA 2009 为例》，澳门中华教育会主办“澳门留级制度存废研讨会”，2013 年。

澳门中华教育会教育科学研究组：《澳门基础教育留级问题（教师视角）》，《澳门教育》2013 年第 1 期。

阎光才、李琳琳、刘霖、邓姣婧：《澳门留级制度存废可行性方案论证与研究专案报告书》，华东师范大学，2014 年。

（作者简介：郑英杰，助理教授，台湾体育大学师资培育中心；陈志峰，副教授，澳门理工学院）

澳门的留级制度：如何理解澳门的留级率？

黄绮妮　郑锦波

一　绪论

在澳门，留级是学校制度不可或缺的一部分，当学生不能达到学校认可的水准，便被留级。毋庸置疑，这正是以往促成澳门留级率高企的其中一个原因。留级原因大多归咎于“个别”留级学生身上，认为是他们懒惰或学习能力不足所致。由于澳门大部分学校为办学自主的私校，各校留级标准不一，留级生往往又是少数学生，这一层又一层的分隔，区隔了本来就因为不同标准而被留级的学生，以致澳门的“留级生群体”很少有机会整体地被检视或联合发声，致使在绝大部分情况下，留级合理地被视为学生的“个人问题”。

若我们以“个人问题”作为一种进路去解释或研究一种制度，这种进路并不能检视制度结构性的利弊。除非留级生是极少出现，否则我们便不能以特例去解释其成因。然而，在澳门留级生正正不是特例，甚至不是少数。相反，澳门的留级率在国际机构“经济合作与发展组织”（简称OECD）的地区中数一数二。但澳门教育界却以学生的“个人问题”作为学生留级的解释。由此看来，不就说明了澳门人大多认为为数不少的学生不能符合澳门学校的基本要求吗？

本文尝试为澳门学生留级提供一些制度性的解释。我们将首先检视澳门教育方面官方或非官方之有关数据，以勾勒出澳门留级的整体状况。然后，我们会参照本文第一作者在澳所进行的有关教育研究，引用当中某些中学生、夜校生或教师于深入访谈或焦点访谈所提及的经历或看法，以及我们对澳门教育界的一些观察，以透视留级制度如何在现今澳门学校运作模式中产生和维持。本文第一作者在澳所进行的教育研究并非为了探讨留级问题而设，而且研究设计集中个案分析；所搜集的资料未必具统计学上的代表性。尽管如此，研究的问题却涉及了留级制度的核心，而某些受访者的经历亦具体地阐述了有关澳门留级的情况；尽管我们的观察备受我们的背景和价值观影响，但我们会将学生或教师的访问内容如实报道，并对照现今澳门学校的实际情况，从而了解留级制度的运作，以求指出在澳门学生留级除了是“个人问题”外，还有其他制度性的结构因素。

二　澳门的留级数据

参考 OECD（2010）发表《教育公平和质量：支持弱势学生和学校》的报告，2009 年澳门 15 岁学生的累积留级率（即学生曾留级的比率）高达 43.7%。而澳门教育暨青年局（简称“教青局”）的官方数据显示，2011/2012 学年的留级率为：小学 3.6%、初中 11.1%、高中 4.6%（澳门教育暨青年局网站）。以此比例推算，仅约 40% 的学生能从小学一直升至读高三而顺利毕业。上述的数据只包括了澳门在学学生，并未计算已离开正规教育或辍学的学生数目。更严重的是，已离开正规教育或辍学的学生群体并不是少数。从 2007—2013 年的毛入学率可见，初中阶段的学生人数在该年龄层的比例往往高于 100%，但到高中阶段比例只有大约 80%（陈志峰，2011）。以 2007 年为例，当年的初中生毛入学率为该年龄层的 104.1%；到了 2010 年，这些学生大概应升上高中，但 2010 年高中生毛入学率只有 81.7%。即是约 20% 的学生在初中转到高中期间离开了正规教育。当中即使部分学生可能留级，但 2010 年的初中人数仍然维持在平均值；可见，在初中转至高中的阶段，我们不单要正视留级问题，更要面对青少年提早离开正规教育的状况。

现时澳门教育界有两套主流解释留级存在意义的说法。一是留级可以为不合标准的学生打好基础，提升其学习效能，从而能保持澳门的整体学术水准；二是留级可令学生保持学习动机。有教师于焦点访谈中表示，当留级达致上述两个目标时，便能保障学校营运，使学校能避免在澳门私校林立的竞争中被淘汰。这些教师甚至认为留级对学校的存亡来说是“必要之恶”。这些说法虽然未经验证，但不少澳门教师奉之为圭臬，认为留级功能强大；况且始终也是为了学生“好”才将他们留级。可是，此等教育界主流说法根本解释不了澳门高企的留级率，以及为什么学生要达到学校所定的所谓“基本标准”而不被留级是那么艰难。

要解释澳门高企的留级率，便要理解留级的运作。但是，除了要理解留级的运作外，另一个亦亟须探讨的是，学生究竟面对何种学习环境因而留级呢？以下澳门 PISA 2009 数据或可让我们了解其中一二。数据分析让我们发现家庭背景是影响留级的一个重要因素：如表 1 所示，学生家庭背景的社会经济地位越低，留级率越高；来自低社会经济地位家庭（或基层家庭）的学生，每两个学生中便有一个留级。看到基层学生如此高企的留级率，我们要反思的是：不同阶层的学生在学校是否能得到公平的培养呢？又，如果家境是学业失败的主因，那么我们有理由挑战上述认为留级是有效提升学生学习效能的说法。这一数据正正指出学生可能并非学习能力出了问题而被留级，而是可能因为家庭出现问题。学生出现家庭问题，往往亦表现在其学习成绩上，但多被误认为学习能力出现问题。换句话说，现时澳门以要求学生重读该学年为主的留级方式并非必然是让学生学习成功的最好途径。如留级是因为家境问题，重读一年学生只是重复过往的学习失误；留级并不能解决他们的问题，而只让他们反复感到挫败。

表 1　　PISA 2009 研究中澳门 15 岁学生背景资料

背景资料	留级经验（%）	
	从未留级	曾经留级
性别		
女	62.6% ***	37.4%
男	50.3%	49.6%
家庭背景		
低社经地位家庭	50.8%	49.2%
中社经地位家庭	55.8% ***	44.2%
高社经地位家庭	62.8% ***	37.2%

注：*** $p < 0.001$。

留级能否真的提升学生学习效能需待更进一步的学术研究。不过，如表 2 所示，澳门 PISA 2009 研究发现留级生的分数远低于从未留级的学生。学生留级次数越多，学生分数越低：留级一次，学生分数低超过 50

分；留级两次，学生分数更低约 100 分。另外，在圣公会“新动力”校园适应服务计划（2010）开展的“澳门失学青少年学习动机”调查中发现，受访者全为失学人士，其中 85% 的受访者曾留级，有的更留级三次或以上。澳门暂未有可了解澳门留级制度的整体效果的研究，但起码我们可以了解到，反复让学生留级，可能无助于改善他们的学习情况。而“教青局”所进行的“澳门失学青少年学习动机”调查更发现受访者的家人若为他们提供更多的情感支援，他们的读书意愿便会有所提升（澳门教育暨青年局网站）。

表 2　**PISA 研究中澳门留级生与非留级生得分情况**

留级情况	学科		
	阅读	数学	科学
从来没有留过级	516.66***	558.75***	539.43***
	(1.28)	(1.31)	(1.25)
曾留级至少一次	-52.28***	-58.39***	-50.03***
	(2.11)	(2.37)	(2.31)
曾留级至少两次	-95.16***	-106.57***	-88.65***
	(2.84)	(3.20)	(2.91)
曾留级至少三次	-122.76***	-133.90***	-117.14***
	(7.48)	(8.33)	(7.22)
N	5936	5936	5936

注：括弧内数值为标准误差。

*** $p < 0.001$

总的来说，教育数据显示了留级现象在澳的普遍性，但并没有显示留级能提升学习效能。另外，值得留意的是有关留级生性别差异的数据。由表 1 所见，15 岁澳门学生中，男生曾留级的比例高于女生。而这观察亦可从澳门“教青局”的官方数据中得到验证。2004—2012 年，18 岁以上学生的男女生比例男生每年平均人数比女生高出 800—1100 人，而中学的其他年龄层的比例大约都与澳门人口比例相当。同样情况亦可见于小学。假设 12 岁为小六毕业年龄，但 12 岁以上的男女生比例中男生人数比女生高出三成之多！在小学及中学阶段，男生平均在学年龄皆远超女生。其中一个可能的解释是：男生具有某些特质，令他们的留级率远高于女生。期望将来有更多研究探讨此种现象。看过了有关留级的宏观数据后，以下让我们透视留级在澳门学校内运作如何。

三 澳门学校的运作模式

从“教青局”的资料所见，现时澳门约有78所非高等教育的学校，当中只有9所为公立学校，其他全为民办私校；学校中又以文法学校为主，职业学校或办有职业课程的学校只有10所，而其中3所是以音乐、舞蹈艺术课程为主的院校。

鉴于历史原因，在澳门为华人子弟提供基础教育的是民办私校。直至澳门回归前数年，民办私校一直自负盈亏，缺乏澳葡政府的资助。为了维持营运，财政收入是私校的重要考量。私校之间竞争激烈：为了招收足够数目的学生，学校便得营造校誉名声；它们大多会制定苛刻的评核标准、严格的学校规则，以祈莘莘学子会慕名而来。自从2002年赌权开放后，澳门经济情况得以改善，澳门特区政府对私校的资助亦日渐增加。可是，特区政府的资助却以学生人数作考量，故此学校仍有竞争学生之需要。另外，《基本法》保障了学校的办学自主，私校一般不受教育当局监察。换言之，即便财务收入有所改善，仍无法改变澳门私校一直以来以竞争学生为主的办学风气。

这种以财务收入、校誉名声考量为主的办学风气，使得大部分学校皆采取类似方式淘汰学生：绝大部分的学生必须达至学校各自订立的标准，否则便会被留级，严重不达标的更会被劝退。这种运作模式可以说是很有效率：教师一人教导数个班级的课程，主要任务是将教学内容“教”出来，而无需理会每个学生的学习能力和学习情况，最后学校以考试判定学生是否达标升级。但这种划一的淘汰方式令澳门学生实际上所受的培养并非如教育界所设想的那么多：学校教育重点是筛选有能力达至学校所设标准的学生，而非培育学生的个人能力。换言之，学校并非要教育无法达标的学生。无法达标的学生会先被留级，再留级继而会被劝退；这是很多学校对待学生的常用伎俩。正因为学校拥有操纵学生留级的生杀大权，通过操纵留级率便可满足提高学校名声的考量。

虽然不少学校企图以各种督课班、课后辅导去改善学生留级的情况，但是这种督课班和课后辅导是否了解不同学生的学习问题呢？从上述留级数据看来，这种补救方式成效甚微。更为重要的是，每间学校的淘汰标准不一，社会无从判断留级合理与否。更有趣的是，除了学习成绩，有些学校的留级标准亦视乎学生的操行。以下我们将从校规、一线教师处理学生方式、学校行政处理学生方式、教学系统以及师范培训等方面，去检视澳门学校运作的模式如何从中制造留级的漏洞。

（一）校规

澳门现时有 10 所学校，当学生操行低于 B⁻时，会被处以留级。操行成为留级的原因，到底学生操行是以什么准则来评鉴的呢？学生有没有机会为自己的操行评分提出异议呢？再进一步说，留级以后，学校如何改善学生的操行呢？以校规为主题的学生焦点访谈中，不少学生表示校规的演绎往往取决于教师的主观看法，甚至校规的执行，亦未必得到教师们的共识。此两点见以下焦点访谈节录：

教师对校规的主观演绎：

> 我地波鞋要求系白色架麻……有同学波鞋系网状咁样……跟住佢（教师）话网状污糟左㖞，咁白色都唔系白色啦，变左灰色啦……个同学问：即系点呀？（教师）即系你对波鞋污糟左，已经唔系白色啦，去买啰。（节录自 2013 年 6 月 8 日的一组学生焦点访谈）

> 有时你知道成日洗头、吹头，都会伤啦头发……头发都会丢色、变金……学校就系阳光低下，去检查……佢（教师）同你讲：“你染左发㖞！”就记你一个缺点㖞，我觉得好有争议性啰。（节录自 2013 年 6 月 22 日的一组学生焦点访谈）

教师对执行校规并没有全体共识：

> 比如有老师要我地打招呼。但系我地一打招呼既时候呢，老师就话你做咩要打招呼啰。（节录自 2013 年 6 月 22 日的一组学生焦点访谈）

> 我地学校系规定唔可以拎开左既野饮入课室慨，但系老师都会拎

住开左既野饮入课室，跟住系同学面前饮。（节录自 2013 年 6 月 22 日的一组学生焦点访谈）

其实我地学校校规好少，但系所有好多系副校长俾我地慨，佢自己校规慨规条系非常之多既。（节录自 2013 年 6 月 22 日的一组学生焦点访谈）

上述访谈内容可见教师对校规的主观演绎。主观性除了表现在决定学生是否触犯校规外，亦表现在教师个人是否了解校规，乃至全校教师对校规演绎是否有共识。这种乱状的根源在于校规是由学校领导层订立，但是学校、教师、学生对校规的理解不一。焦点访谈中所谈及教师的态度和做法，清晰地展示了澳门学校订立校规的自由度，以及此种自由度衍生的随意性。领导层所订立的校规，是否合乎教育原则呢？教师、学生有否参与其制定过程呢？教师又应如何执行校规以达到公平公正呢？缺乏对校规演绎的客观标准和严谨的校规订立程式，会令学生无所适从；与其说校规是塑造一个规范的学生，不如说是培养学生见人说人话、见鬼说鬼话的投机技巧吧。

更重要的是，上述缺乏客观准则去演绎的校规，直接影响学生的学习表现。澳门现时有 10 所学校以操行评量学生的升留级，操行不合格需留级。即便学校不是以操行作评量，学生在焦点访谈中谈及被记缺点时，大多带有负面情绪，表现受到无理对待的无奈；学生被记缺点，累积到一定程度时，亦可能会被视为坏学生，尽管可能只是他们的发型不合标准或仪容不整而已。请见以下访谈节录：

我觉得有咁既必要咩，三次迟到记一个小过，咁如果有啲学校，咁你迟到九次你咪一个大过，咁你斋迟到都可以踢出校果喎。（节录自 2013 手 6 月 8 日的一组学生焦点访谈）

操行分计一科，姐系譬如你已经有四科主科唔合格，但系如果你加埋科操行分啲话就直接无得补考啰……同埋我地高三呢就话全科合格，跟住操行分唔合格都系话要留班架。（节录自 2013 手 6 月 8 日的一组学生焦点访谈）

咁有一年就系我有一位同学佢呢就系操行分，因为佢仪容一向都比人捉得好严啲，咁仪容就唔合格啦，跟住因为我地联课呢如果请左两次假啲话呢，或者你，唔系，姐系无返两堂，就算你系请假都好，都系计你无返既，如果你两堂无返无联课果个分就会唔合格啰，佢系有年因为嚟两科呀定还是加埋佢啲其他科啲成绩，补考左都系要留啰，姐系我觉得咁样，你读书系为左你系有知识之麻，但系其实联课同操行嚟两样野系其次啰，我觉得。（节录自 2013 手 6 月 8 日的一组学生焦点访谈）

这些访谈内容似乎阐释了在主观演绎校规的规管下，学生的操行如何被评价，从而有可能导致学生留级。操行评价可直接令学生留级，或影响他们往后的学习表现。值得注意的是，焦点访谈中的学生皆认为，当澳门的教师或学校认为学生可能或疑似触犯校规时，往往马上断定是学生触犯校规；而当学生提出异议时，则会被视为挑战老师或对老师不敬。换言之，当教师决定惩罚学生，即使学生要求老师出示合理证据，亦无法改变老师的决定。请见以下访谈节录：

学生疑似犯校规：

我地学校返学要嘟卡啦，即系要准时呀麻……咁机器模式、机器都会有差错，都会显示你唔嘟卡，咁你嘟卡都要扣操行分咁样……有个同学佢嘟左架啦，不过就系统显示佢无嘟，跟住佢就同班主任讲，班主任就同主任讲……主任同班主任学一句："个同学讲你就信架啦?"跟住我地想同学校翻查闭路电视，学校系拒绝左啰。（节录自 2013 年 6 月 22 日的一组学生焦点访谈）

我以前读某一班慨时候，我地班有个男同学，佢一条头发过左眼眉，就被人扣左分啰。（节录自 2013 年 6 月 22 日的一组学生焦点访谈）

校方随意执行校规：

我把头发照落黎好啡既，以我既理解个条校规就系话：你唔俾染发啫，但系就唔系话无染都搞好把头发既，果时同主任讲左一轮，虽然到最后都系剪晒，有少少唔系咁清楚同埋有少少无理啰。（节录自2013年6月8日的一组学生焦点访谈）

头发伤左，会变金……咁学生真系无染，又话佢染，跟住就记左佢缺点，跟住就学生去理论，佢就话学生对佢不敬喎，又记多一个缺点喎。（节录自2013年6月22日的一组学生焦点访谈）

学生提出异议之后果：

有佢（教师）讲，无人（学生）讲。点样有佢讲无人讲法？即系你无得为自己申诉……（第二位同学）点都系错……（第三位同学）佢讲完啲野，你只可以讲系啰。（节录自2013年6月8日的一组学生焦点访谈）

如果你争取，你知道你之后系学校慨日子，生存会越黎越困难啰。一定系咁样既咩？（数位同学）一定系咁样，无可能唔系。（节录自2013年6月8日的一组学生焦点访谈）

咁系大部分老师可以讨论，定系大部分老师唔可以讨论？（第一位同学）大部分教师都可以讨论……咁讨论后会唔会再执行罚则？（第二位同学）佢都会用啲理由搏返你……（另一位同学）佢会有杀手锏：你不尊重老师，赢晒啦。（第三位同学）一系见主任啰，佢同你讲，你再系咁慨话，带你去间主任架啦。（第二位同学）跟住就会叫主任黎，扣几你几分，睇你接唔接受。（节录自2013年6月22日的一组学生焦点访谈）

会去抱怨一下啰……即系被人罚左只会抱怨一下？系呀……咁会唔会去同当事的教师去讨论？会呀，会去搏一搏，争取一下慨。咁争取之后通常会点呢？通常会用大道理去压制你，或者有啲会发脾气啰……个老师发脾气。（另一位同学）：有，或者流眼泪啰，佢（教

师）直接流眼泪啦，咁我（学生）已经输左啦，我又唔流得眼泪。（节录自2013年6月22日的一组学生焦点访谈）

教师提出异议之后果：

> 染头发果次呢，果个老师有被人罚工资架……我净系知佢（教师），因为佢知道我地班几个女仔呢，系无染头发既，咁我地就当然向班主任抱打不平（抱怨）啦，我地都知道无染既，咁班主任去同个主任理论啦，咁个主任呢，竟然会出口话个老师无脑啰，话佢："有咩可能无染呀！"话佢："有咁既班主任当然会有咁既学生啰。"会系其他级到讲啰，即系会去唱衰个老师呀。（节录自2013年6月22日的一组学生焦点访谈）

从上述访谈内容可见，在学生疑似犯校规时，即使学生有合理要求，例如重播闭路电视，亦遭学校拒绝；学校未经审查就惩罚学生或苛刻对待学生，三千烦恼丝有一条过眼眉，学生就被扣分。我们相信类似学生有一条头发过眼眉就受罚的案例应该属少数极端情况，反映个别教师/主任的判断而非校方一贯立场；但是，这案例亦同时指出以下普遍发生于澳门学校的情况：教师无需向学校作任何报告便可惩罚学生，而且当中并无审核过程；执行校规者和审判者同是一人。当学生疑似犯规，除部分重大犯规会有校方介入外，通常情况是会马上断定是学生犯规，令不少学生百口莫辩。

在校方随意执行校规的节录中，可见胡乱执行校规的情况严重。即使学生没有染发触犯校规，老师仍然以该条校规强迫学生剪发；更甚的是，如学生与教师理论，竟然被多记一个缺点。这亦可在学生提出异议之后果的节录中见到学生毫无表达个人意见的机会。即便有时学生语气较差，难道教师/校方就不能设身处地，顾及年轻人无理被罚的感受吗？这亦反映了校方对校规的执行简直毫无法度。即便教师真的要惩罚学生，校方对其记缺点的情况便无需再作深入了解吗？如前述情况，校方很多时候并不会调查事件、搜集证据，而是会单方面采纳教师的说法；学生仅仅因提出异议就再次被惩罚，教师简直与独裁者毫无分别。至此，校规的目的已不是为了规范学生，而是要阻挠学生理性思考；那不是说明，校规的存在是让学生必须学会向强权低头，学会屈服和接受屈辱吗？

故此，当学生提出异议后，很难相信校方会重新审视该判决。就算学生仍有勇气要继续与教师理论，亦可预期学生会受到更高级的主任的无理对待。有些受访者更认为这样据理力争会被秋后算账，影响老师未来对自己学习表现的评核。这种对待学生的方式实在与独裁政府欺压人民的手段十分相似。若学生胆敢不遵守校规，挑战校规，或对犯规后的处罚提出异议，他们绝对没有好下场。他们所要面对的，不单是无理的惩罚，还有未来的报复。报复不一定直接反映在教师针对学生或其学习表现，而是在高压的校园气氛下，与校方理论的学生，不会被视为有思想的智者或敢言的勇者，反而会被贴上麻烦制造者的标签。

最后，在教师提出异议之后果的节录中看到，即使有教师会尝试着了解学生原委，与校方理论，他们亦同样地遭受无理对待，甚至被侮辱，更可能被言论打击其专业形象。可见，学生在面对校规时，是处于被动、被惩罚的一方，而且有冤亦申诉无门。

以校规为主题的多个焦点访谈中，学生谈及校规的建立、校规如何影响学生升留级，以及校规在校内的执行情况。我们看到由于整个系统缺乏监察，学校主导了整个校规的构成，过程欠缺教育界的共识。校规的主观建立，没有体现建立校规过程所需的客观性和严谨性，难令执行校规的人（管理层/教员）意识到执行校规应当客观和谨慎，更制造出老师滥权的空间。在学校绝对的权威下，校方和教师互相包庇，教师在大部分情况下同时拥有校规的执行权和审判权，强化对校规演绎和执行的主观性和随意性。学生提出异议便被视为不敬。学生若因不平而感到愤怒不满，他们可以避免坏学生的污名或标签吗？我们不禁要问，被污名或被贴上标签的学生能轻易摆脱校方/教师对他们的既定印象吗？在此种环境下，如留级与校规挂钩，便有可能造成高企的留级率。

（二）澳门教师处理学生的手法

在澳门担任教职，教师需要负责设计和安排功课、测验卷和考试卷。一般来说，澳门教师对其任教的课程享有高度自由。除了校长、课程主任、科主任一年的几次观课评核，以及部分学校会进行同年级教师共同备课外，教学权几乎全部掌握在教师手上，除非有严重问题，校方很少过问教师的教学情况。

这一安排亦可能与澳门学校所流行的“适应论”去解释学生的学习表现有关。即是说，学生对某教师的教学方法需要时间去适应，否则，将不能达到理想的学习效果。这种“适应论”是源于澳门教师的教学风格有极大差异，抑或我们根本不了解教师应具备何种专业水准呢？尽管教师的教学风格不尽相同，但是如果教师具专业性，为什么“适应论”会在澳门这般流行呢？当学生学习表现不佳时，校方/学生会便推出“适应论”，认为这是导致学习不佳的因素。然而，我们要反思的是：为什么我们要这么强调学生不能适应每位教师的教学方法，而不会想到要求教师回应学生的个别学习需要呢？显而易见，在21世纪的澳门，教学仍然是以老师而非学生为中心。

教学的课程设计由教师一人包办，大部分学校只要求教师在学期初时提交课程大纲；对于整年课程的架构，基本上毫无监督。教师自行定下每年、每学期、每课、每单元的课程目标，自行设计当中所需时间、功课设置、考评方式。然而，我们从何得知教师的做法是符合教育原则且具专业水准的呢？即使有观课安排，但碍于澳门教师握有不受监管的权力去评核学生，造成权力不平等之师生关系；令人怀疑学生会否在观课时表现真我。况且，一年数次的观课能真正反映教师的教学水准吗？能提高教师的教学水准吗？

另外，教师对学生的评核以及评核方式基本上也是不受学校监督的。教师通常参考过往试卷而自行设计测验和考试卷。于是，教师只需因应学生程度去改变试卷内容，便可令大部分学生达到合格水准；亦有教师喜欢在测验、考试前“提点”学生，暗示考核内容，好让学生容易合格，而教师亦可避免被学校追究学生学习表现的责任。当然，也有不少名校教师以难倒学生为荣，但其操纵合格率背后的道理与上述情况大致相同。只是由于名校以严苛为标准，故教师会尽可能令学生不合格而已，务求得到校方认同。简言之，让学生合格的标准只有教师自己知道。

总的来说，学校的课程设计和评核方式，大部分都由该科目教师一手包办，鲜有学校会设立独立的监察组织，负责监察和评核教师的教学情况。由于学校缺乏对教师教学的监察，在教师的操纵下，每班往往只有少数学生不合格，故问题亦自然归咎于学生身上。加上，不少学校更自行订下留级率，间接为教师的权力过大情况提供空间，而无助于解决教学的问题。学校让教师自教自评，外界根本无法得知其日常教学是否出现问题。

在这样的情况下，我们根本无从得知大部分学生学到什么知识和达到了什么学术水准。于是，学生留级是因为学生的学习问题，或是教师的教学问题，也无从稽考。

（三）澳门学校处理学生的行政模式

学校的办学理念于操作层面也可体现在学校处理学生的行政模式。学校一年的业绩，即全体学生的成绩，在学期结束后尘埃落定。在澳门，这决定了学生能否进入下一学年。然而，我们要问的是，学校决定学生升留级的行政流程，最终目的是让学生能接受更好的教育，还是让学校能更有效率地运作下去呢?

澳门学校的行政程式与学生最有密切关系的应是教师收集学生的成绩。学生的功课、测验、考试和操行，经评核后由教师呈交学校，学校将学生各方面的成绩统合在一起，然后发还学生，告诉他们下学年是升还是留。某些学校发现学生成绩有问题后，可能会要求老师作跟进。但是，老师如何跟进呢？跟进后学生是否在要改善的方面有所提升呢？不少学校似乎认为这些问题跟它们没有多大关系。更别说学校要求教师实行一些行政措施，例如成立小组了解有学习问题的学生，再作个别跟进，务求改善这些学生学习情况。可是，近年甚至连老师进行家访了解学生家庭状况也并非主流做法。

学校行政措施缺乏辅助学生的方向，体现在学校，并不是通过了解学生的学习能力去检视其学习情况是否有所改善，而是通过学生的测验、考试成绩等学习结果来了解他们。这种行政方向也影响了教师的教学态度。“教青局”为解决留级率高企的问题，曾提议多元评鉴，希望澳门教师对学生的评鉴方式，能加入分数以外的考量。但是，对于“教青局”这个提议，不少教师提出的问题是：多元评鉴要不要计分呢？要怎样计分？若不计分又应怎么办呢？从教师提出的问题可见，分数是教师评核学生的最主要手段，纵使不少教师可能并不知道分数背后代表的是什么意思。换言之，学校行政的首要考虑是学生的学习结果，即分数，而非学生的学习过程、教育质量。这方面的考量亦反映在处理测验和考试的评分上，很多学校在行政上都要求教师在测验或考试后数日内呈交学生分数以作统计。而事后若学生发现教师改错卷，亦不能改变分数，尤其是考试的分数。但是，学生很可能在考试后数天才得知分数，而行政方面早已开始制作成绩表，因而拒绝为学生更正分数。这做法不但对学生十分不公平，而且亦鼓励了部分教师以权力压榨学生，不容许学生于测验考试后改分，部分受访者的经验亦反映了此种不公平的情况。

有鉴于学校大多没有设独立监察组织去了解教师教学的情况，学生最后的测验和考试分数很可能只是教师所操纵的结果。在现行的行政模式底下，我们质疑的是：对只有部分科目不合格的学生来说，要求他们整年重读，是基于为学生好，还是为方便行政？我们相信是后者居多；而行政处理的一刀切式划分，正是有利学校财务运作的做法。要一个有数科不合格的学生留级于下学年度随新一年级的学生就读的做法，比起要学校为小部分学习进度稍微落后的学生开设各种辅助班的安排，前者只需作出小量行政开支就可以多赚一个学生的学费/资助金。当然，在教育资源匮乏的情况下，上述行政手段仍勉强说得过去。遗憾的是，在近年澳门学校所得资助有所增长的情况下，学校的行政模式亦未有改变，不少学校连教师删减节数的要求，也是由“教青局”以法律形式制定后才肯作出调整。简言之，学校行政重点放在学生的评核结果，主要原因是澳门学校所考虑的并不在于学生教育质量的提升，而是学生人数所带来的财务收入。财务收入至今仍是学校行政的核心考量，致使澳门的留级情况一直未见改善。

（四）澳门学校的课程、教学法与评鉴

澳门学校的教学设计是为回应不同大专院校入学考试而设的，当中包括澳门、香港、大陆、台湾，乃至欧美的大学。现时的中学教育模式，教育界主流意见认为凸显了澳门教育多元化的特式。从结果来看，澳门学生的升大率达到所谓80%以上，此套以应考为主导的教育模式仍被视为行之有效。但其实澳门只有60%—70%的学生能成功中学毕业，当中又只有约80%的学生能成功考入大学。升大学率达到所谓80%，其实只是层层筛选后的结果。而教育界主流意见又认为现时学生普遍厌学、难教；双职家庭的家长没时间教好子女；社会就业出路多使学生无意升学。但教育界却没有反思为何30%—40%的学生被筛走，考虑他们是否因不能适应澳门现时以考试为主导的教育模式而离开教育制度。以下将探讨课程、教学法与评鉴方式，检视澳门学生所面对的学习情况。

1. 课程

澳门学校的科目设置是由校方规定的。虽然学生于初三或高一时有机

会选择文、理、商组，决定高中的科目方向，但是所有科目仍由学校规定，学生一旦选了其中一组，便没有机会选读另外组别的科目。学生不但无权选择自己喜爱的科目，而且不少学生到了高三需要考虑选择大学科系时，才发现自己的组别没有心仪大学入学试所要求的科目而只能自修。所以，澳门学生并不是在高三时才决定大学选科方向，而是早在初三；如果学生在高中时改变科目方向，将要付出很大代价，不但要应付学业，更要自修满足心仪大学的入学要求。除了高中生受科目设置的困扰外，初中生也面对同时修读文理组别多个科目的压力。整个初中科目繁多，学生是否胜任各科的学习，科目的教授是否有足够的深度和广度，仍有待研究；但初中作为留级的“重灾区”，相信与“全包宴”学习模式有关。初中学生文理双修的原因，主要是让学生在选择不同的组别时，均已有一定基础。若这是主要原因，那不就是等于宣告部分初中科目在学生选择组别后，几乎毫无作用吗？制式化的科目设置，使学生需要进行“全包宴”式的学习，而非以适合学生个人取向或学习能力为中心，使学生浪费不少时间学习一些他们毫无兴趣，甚至将来无法运用的科目；更重要的是，如果这些科目是学生没兴趣或没天分的科目，修读这些科目可能会使他们留级。学生无法因应个人兴趣或能力选择学习科目，可能是他们厌学的其中一个重要原因，亦同时将他们由主动学习者异化成为被动的吸收者。

因应应试教育，澳门学校的课程设计以教材主导。这是由于考取不同地方的大专院校需以该地教材为教学内容。以中学为例，中文、英文、数学大多采用同一系列的中学教材，只有少数学校有自编教材。因应试教育所强调的是学生的辨认能力和记忆力，学生背诵的内容越多越有利，故教师以教材为教学中心便能满足应试需求，无需浪费时间讨论一些难以评量又不会考核的内容。

以教材为中心的课程设计，使得教学内容层次未能提升，学校忙于或满足于教导学生大量内容；形成强调可评量学习内容的风气，学生所有方面的表现都被评分，连个人操行也有分可评，这种风气令澳门学校以分数为先，不重视一些难以评量的项目，低估了某些评量范围本身具备的难度。最常见被低估的评量范围是操行。更重要的问题是课程设计以教材为主，学生的学习来源单一，缺乏其他管道。生活、时事、情感、生命的教学未被纳入正规教育，这些教育实行与否完全取决于教师的个人取向。或以活动形式，或随兴而发，学生在课堂上学习到的，绝大部分是考试范围，而非与个人生活经历有关。例如地理科教导的是香港或台湾地理、历史部分只有极少数学校教授澳门历史，大部分学校所提的较接近生活、时事、情感、生命等题材的科目如宗教、通识，亦只被视为“闲科”。总之，学生的学习内容并非以自身经验为主，学习层次缺乏系统性的提升。他们在这种疏离的学习环境下，难以自行掌控/争取学习自主权。

2. **教学法**

在这样的课程设计模式下，澳门学校的教学法，大多以讲授法为主：主要是教师讲，学生听。在以讲授法为基础的教育中，教师一人教导三十乃至五十多名学生，他们就算重视学生的学习进度、学习方式，也没有时间在课堂上了解每个学生的需要。而且，临近考试，不少教师为了教毕预定考试范围，不断追赶教学进度，无视学生的学习情况，只为把教材教毕而上课；把那些匆忙教过的内容加入考试范围，然后便向学生说：“我教过了。”学生甚少有机会发表自己的意见，更遑论讨论整个思考、学习过程，学习质量难以提升。讲授法亦导致教师容易忽视每个学生的学习差异，难以认识到改善学生学习方法的重要性。对未能适应讲授法的学生来说，他们很容易被视为差生，同时得不到学习上的支援。

换言之，教师的教学目标是要在学年内把教材教授完毕，学生的接收情况并非首要考量。学生是否有效地吸收所有教材内容呢？是否有更好的教学安排呢？这些问题我们全部不得而知。唯一知道的是，学生应当把该年度的教材学了一遍，学不好便要参加督课班、补习班；如果参加了，学习也没有改善，就唯有留级。学生在学校难以根据自身的学习能力编排学习进度，若测验考试成绩不能如班级上大部分合格的同学，便被视为学习能力有问题。

关于澳门学生的学习方式，有一种称为“开窍”的说法。即学生经历学习问题，在某个神秘的时刻，便会突然明白，取得进步。学生在某些科目努力学习而仍力有不逮，只能怪他不“开窍”。以本文第二作者的学习经验来看，“开窍”只是学生长时间反复检讨学习过程和探索自己的学习方式，从而适应了主流的教育模式。问题是教师是否了解学生如何“开窍”呢？有否指导学生学习来帮助他们“开窍”呢？“开窍”的说法，亦是将学习责任完全放在学生身上。当前教育界已踏入提倡教授学生学习方法以致他们能终生自身学习的年代，但澳门教育界却仍以一种神秘的角度来看待学生学习发展的过程，令人费解，实在有点匪夷所思！

3. **评鉴**

澳门学校的评鉴方式以测验、考试为主导。由于课程以教材为中心，评鉴也同样以书本知识为重点。然而，在教学层次和学习质量被忽视的情况下，评鉴往往以背诵书本知识为主，评鉴方式单一，未能反映学生的学习能力，在某些学校的测验中，题目可能是百多页教材中的一个注解。评鉴方式的单一，使教师无所不用其极，以为刁难学生便是高层次的评鉴方式。教师的教学层次问题，同样出现在评鉴中。现行的评鉴手段，绝大部分是总结性评量，学生在测验、考试中得到的分数，代表了当下的学习程度。考核后的反馈和改善方向，却未得到同样的重视，这与先前部分所讨论的课程和教学法的侧重点有关。由于总结性评量为评鉴的主要方式，教师在大部分教学时间是负责评分及判断学生各种作为，而非帮助学生学习。这种情况已从校规的执行上可见一斑。如是，学生即使面对评鉴后，仍难以得知如何改善自身的学习方式。简言之，澳门学校的评鉴缺乏其他评量手段以辅助学生了解和改善学习进度。

4. **小结**

在上述课程、教学法和评鉴的讨论中，我们认为学校至少要回应以下三个问题：课程的设计是否有助于学生的心理和生理成长？教学法是否以提高和改善学生的学习能力为目标？评鉴方式是否有效地反映学生的学习能力，以及指引学生改善学习的方法？现时澳门学校缺乏以学生角度，甚至是缺乏以教育角度来考虑学生学习的情况。当学生未能满足主流教育的要求，便被留级。如此种种都说明了，学生留级反映出并非单单学生的个人问题，而是澳门教育制度上的种种缺陷。若学生无法在留级期间自行寻求改善学习方式，重读一年除了为他们提供一年时间和留级生的标签外，并无助于他们改善学习方式；留级一年后，他们也许要再次面对留级的命运。

（五）澳门的师范培训及教师专业性

考试主导及讲授法的盛行反映澳门教育的两种可能情况：教师对教育专业理解的匮乏，以及教师难以在学校发挥其专业性，开拓教育空间。前者关系到师范培训的素质。澳门大学教育学院为本地正规教学人员的培训基地，但以本文第二作者于澳大教育学院的学习经验来看，澳门的师范培训内容缺乏教育理论层面的知识。澳大教育学院中学课程的课程中，教育的必修科目很少，四年共四十多个科目中，只需习得六科教育相关课程便可毕业；分别是五科必修科：教育概论、教育心理学、教育社会学、两学期的教育法，和一科选修科：教师伦理及专业发展/教育评鉴/教育行政/特殊教育。过去数十年注重讲授法的教学模式仍广泛地被澳门大学教育学院的教授应用；教授内容主要是主流教育界认可的教育法，而并没有提出新的教育模式。最多只能因应新的教学潮流加入一些“活动教学”、“生本教学”的概念。对于学生学习方式和学习动机的探讨欠奉。更重要的是，学习过程中，大部分教育学科的教学缺乏引导学生作学术讨论和探讨现时教育界面对的问题。对学生的阅读和讨论问题的能力要求不足，只有部分教育科目要求学生阅读学术论文和相关教材。简单说，澳门大学教育学院的师范培训的侧重点并不是令大学生对教育有系统性的认识和理解，从而思考教育理念建立自己一套对教育的看法，而是注重在操作层面指导学生教学技巧。但是，缺乏理论层面的认识和理解，澳大学生难以了解教育技巧背后的理论根据，更难以对过往的教学模式作出批判性反思。

另外，在澳门 2012 年推行《非高等教育私立学校教学人员制度框架》等一系列法律以前，任职教师不须具备大专院校的教育专业学历。澳门教师的专业性一直为人所诟病。在澳门，一直以来只要校长和校董会愿意聘用，任何人都可担任教师。实际上，澳门学校校长大多偏好各科的本科生，而非具教育专业的毕业生，来担任科目教师；尽管本科生之后须再进修以获得教育文凭。这偏好某程度上可理解为学校或许对澳门师范培训素质有所保留；但这偏好也可能反映出学校认为，教师专业与否，教师是否具教育知识，或教师本身的教育理念，对教导学生并不重要。在此种氛围下，加上学校常以办学自主之名而拒被教育当局监督，即使教师群体确实具备专业知识，亦未必能抗衡一些无理或荒谬的学校政策，包括一些违反教育原则的政策。个别专业教师纵有宏图大志，亦有志难伸。普遍来说，在这种情况下，前线教师只有两个选择：要么跟随教育界主流，要么离开教育界。更重要的是，在大部分教师没有接受过师训的情况下，以及在澳门大学教育学院侧重操作层面的培训下，为数不少的教师只视自己为教学执行者，而非教育专业人士。澳门师范培训素质成疑和整体教师团队不够专业的问题，使教师难以理解自身可能是学生留级问题的根源，遑论要求他们探讨留级背后教育原则的争议。

四 结论

澳门教育界主流意见认为留级是对学生好的制度，可替他们打好基础，提升学习效能，从而保持澳门学术水准。然而，他们所忽略的是，留级对于学生来说是一种挫败，是失败的标签。不但学生自觉失败，尽管曾经留级的学生接近30%—40%，不少教师仍认定留级生必然是比较差的群体。留级生容易被污名化，这可能由于澳门的教育数据流通不广，教师们只见到眼前数个留级生，没有意识到澳门留级的广泛性。另外，因为学校缺乏有效手段处理这些不适应主流学习方式的学生，所以便强逼学生努力地适应学校；为了令学校单一的教育方法免受质疑，唯有污名化这些留级生。

教育界主流意见也认为留级有助于学生保持学习动机。但在上文分析中，首先，我们看到学生留级未必是单单因为学习问题，可能是因为家境贫困或被教师针对，故此，有时留级根本不能解决学生所面对的问题。其次，因污名化留级可能造成老师对留级生产生刻板印象，这不但没有帮助学生保持学习动机，甚至可令他们被视为差等生，受尽不公平的对待，影响教师对他们的预期，形成教师自我应验的情况。留级所造成的失败标签并没有随着时间而消逝，最终对学生的学习造成负面影响。

现时澳门学校办学以财务作为核心考量，以考试作为教育模式的中心。基于教育模式的单一，因材施教在澳门可说是几乎不存在。不过，若把学生分成高水准班和低水准班也算作因材施教则另当别论。澳门学生是因应个人能力而到某学校求学：不是因为某学校能培养该学生的学习能力，而是因为该学生能适应某学校在操行和成绩方面的要求。而教师在教育过程中，重点是评核学生，不断为他们打分数，指导每个学生学习则属次要。故此，留级最终并非为学生提供接受不同教育模式或个人教育辅导的机会。简言之，在留级的过程中，他们很少有机会得到学习方式的重新指导，学习效能未必能得到提升，学习动机亦未必能得以保持。

澳门学生的学习经历是一个不断被筛选的过程，而在筛选的过程中，留级生若适应不了学校的特定要求，经历了两次留级后，很多时候需要转校。而被筛走的学生往往只能被分配到所谓较差的学校。即便如此，他们亦难以改善学习能力的问题，因为较差的学生只是被教授简单的教材，学校并不会就学生的个人需要而进行个别教习。可是，澳门却没有其他教育模式的学校可供选择，当在较差的学校也生存不了时，学生便唯有被引导到回归教育或完全脱离正规教育。故此，经历多次留级或转校后，留级生大多会离开正规教育。总的来说，留级制度在现时澳门学校运作模式下所发挥的作用，可理解为教育制度不断筛掉每间学校中不能适应的学生，从而不断筛掉不能适应主流教学模式的学生。最终导致只有 60%—70% 的学生能毕业的状况。换言之，30%—40% 在学年龄的人因无法适应单一的教育模式而被排斥于主流教育之外，提前进入回归教育甚或投身工作。

通过检视澳门主流学校的运作模式，我们尝试从学生角度或教育角度来了解留级在这种运作模式下如何被产生和维持。整个学校运作模式欠缺监督，高压的学习环境主导了学生的学习经历，导致学生从学习中被异化。或许在此次的检视中，我们能看到教育界主流意见所认为学生的厌学、动机不足，导致留级现象之所谓学生个人问题背后，其实有其制度性的原因。简言之，在澳门，留级并非单单纯粹是个别学生的个人问题，而是可被视为澳门教育制度的结构性问题。上述的讨论并非要否定澳门学校对教育所作出的贡献或所获得的成果，毕竟始终约 70% 的学生能完成中学。不过，我们要探究的是如何能改变现存教育模式以令它更能切合每个学生的需要。相信这也是澳门学校向前迈进所应思考的方向。

参考文献

OECD：*PISA* 2009 *Results*. Volumes 1 -5，2010.

圣公会“新动力”校园适应服务计划：《“澳门失学青少年学习动机”调查》，2010 年，http：//www. skhssco. org. mo/index. php? option = com_ content&view = article&id = 175% 3A2010 - 10 - 11 - 02 - 36 - 34& catid =57% 3A2009 -07 -16 -09 -36 -38&Itemid =132&lang =zh。撷取于 2013 年 3 月 13 日。

陈志峰主编：《澳门回归十年非高等教育范畴大事记（1999. 12—2009. 12)》，澳门中华教育会，2011 年。

官方数据

澳门教育暨青年局网站

（1）2011/2012 留级率。

（2）2011/2012 不包括留级生的巩固率。

（3）澳门非高等教育简介——职业技术教育。

（4）澳门学校资料查询。

（5）“澳门失学青少年学习动机”调查。

（作者简介：黄绮妮，助理教授，香港中文大学；郑锦波，学士，澳门大学）

浅谈澳门留级制度问题：解决留级问题的治本良方

高胜文

一　澳门留级率的现状

近年，澳门经济发展迅速，人平均收入居世界前列，另一方面，澳门的留级率多年来也是居世界前列，最近，澳门的留级率更为世界之冠。

根据经济合作与发展组织编制的《教育公平和质量：支持弱势学生和学校》研究报告，有关学生在15岁时至少有一次留班记录的百分比中，本澳的留级率最高达43.7%，而经济合作与发展组织国家的报告指出世界各地留级率的平均数为13%，相比之下澳门留级率高出逾两倍。

国家/地区	留级率
中国澳门	43.7%
巴西	40.1%
法国	36.8%
葡萄牙	35%
墨西哥	21.6%
中国香港	15.6%
世界平均值	13%

注：《教育公平和质量：支持弱势学生和学校》研究报告中显示本澳留级率达43.7%。

二　澳门高留级率的原因

本澳留级率高企成因，教育界及社会各界均认为导致学生留级的原因多种多样，显然，一个学生留级，人们可以认为是他个人不够努力，但当有大量学生留级时，那就不应当单纯视为个人的不努力，而可能是反映了澳门的教育，包括教育制度、教学方法等存在一些问题，值得深入探讨。本文试从学生个人、家庭、学校、教育制度（政府层面）、社会环境等多方面分析澳门高留级率的原因。

（一）学生个人

从学生个人层面来分析留级问题，可分为先天性导致学生留级和后天性导致学生留级两种。

1. 先天性导致学生留级

某些学生，因先天性存在学习障碍而导致留级，如临界智力、读写困难、阅读障碍、特殊语言障碍、发展性协调障碍、特殊数学运算障碍、视觉空间感知障碍等（《学习障碍》）。

2. 后天性导致学生留级

学生后天缺乏学习动机、升学时学生不能适应新的学习生活、受到同侪不良的诱惑、青少年的反叛期、青春期等心理因素都是导致留级的原因。

（二）家庭

因父母工作而缺乏照顾、单亲家庭越来越普遍、家长没有足够的能力帮助学生多元发展、免费教育导致家长忽视学生教育等都有影响。

因应学生缺乏照顾等问题，澳门现时有两间寄宿学校，其中八成学生出现成绩欠佳的情况，30%学生曾经留级。

另外，也有研究证明，家庭因素对学生学业影响非常大：

1. 家庭因素对学生学业成就影响力大于学校因素

研究结果显示，家庭因素的影响力约为八成，学校的影响力则为二成左右。

不过进一步发现，学校的影响力中又有近八成是被学区家庭社经地位及学生的学习状况等因素所解释，因此，学生学业表现真正归属于学校教学与资源投入的影响变异其实很小（远低于二成），而得到“家庭因素对学生学业成就的影响力高于学校因素”的结果。

2. 影响学生学业成就的重要因素还是以家庭因素为主，学校教育资源的影响不大。

学校教育资源对学生学习成效之影响很小，只有家庭因素的影响较为显著。本研究显示，教师的教学创新、教学合作、教学付出、教师学历及任教经历，都对学生学业成就没有显著影响，仅学校优良校风有正影响，老师的研习次数则反而有不利的影响。不过，这两者的影响都很小，学校层次变项中影响力最强的还是学区的好坏（家长的平均教育程度与平均家庭收入），以及学生教育期望与学习态度之高低。

学生层次的分析中，家庭社经地位有重要的影响，而在理论与实证上都很重要的家庭资源（文化资本、负面文化资本、社会资本与财务资本）、学生学习态度也都对学生学业成就有很重要的影响（林俊莹、吴裕益，2007）。

由于家庭问题而留级占了留级率很大的比重，家庭问题是澳门高留级率的主要构成原因之一，也是最容易被教育工作者忽略的，所以，大家应重视及利用家庭的影响力来降低留级率，能解决家庭问题，也就能解决绝大部分的留级问题。

（三）学校

某些学科多年来难以摆脱以“填鸭式”教育，令学生对学习失去兴趣。某些学校采取精英制强化学生，学生稍一不慎，就成为留级生。另外，本澳有不少的学校会特别在毕业班设置较严格的留级标准，加上单一评核等因素，也是导致留级率提高的主要原因。

（四）教育制度（政府层面）

由于历史遗留下来的问题，以及教育部门对留级问题重视不足及不深入探究，未能建立教科书审定制度，没有订明教学及测考大纲、升留级标准等指引，也是间接导致高留级率的原因。

世界各地的教科书制度，大致可分为：统编制、审定制、认可制、自由选用制。

显然，澳门是属于自由选用制的，现时没有规范的教科书制度，大部分学校的教科书来自中国内地、香港、台湾，有些学校也自行编写教材，例如，有些学校教材偏向简单，有些学校教材已达大学预科程度，这都让升学或转校的学生不适应，易造成留级。

教科书的不统一，也造成教学及测考大纲不统一、升留级标准不统一等问题。例如，有些学校的期末考试，只考最后一学期内容，有些学校的期末考试，则测考全年内容；有些学校不把品行作为升留级标准，有些学校则把品行优劣作为升留级标准参考。

另外，高留级率一部分是由历史遗留下来的问题，早在回归以前，为了让华人子女可以受到教育，所以不少社团及民间组织兴办私校，澳门公立及私立学校没有统一留级标准，就算同一间学校，其幼、小、中的升留级标准也有不同，令学生无所适从。

（五）社会环境

澳门以博彩业为主，产业过于单一，导致社会大众价值观扭曲，人们崇尚物质主义，学生即使低学历也较易获得高薪酬工作，这让学生产生错误观念，对学习松懈。

三 留级制度之利弊

（一）留级制度之利

留级是为了给成绩未如理想的学生重新学习的机会，让学生学业基础更扎实。如果留级能够普遍帮助学生提高学习能力、提升个人素养，那么不失为一种可取的教育手段。另外，留级制度也给学生一定的警示，让学生保持应有的学习态度。

（二）留级制度之弊

不可否认，留级制度也存在弊处。

首先，从直接成本分析，高留级率意味着社会须为此付出高昂的教育成本。澳门政府须额外支付留级学生重读的庞大金额。

其次，从间接成本分析，学生也须为留级而付出额外的时间及金钱成本。心理上，学生可能因为留级而产生大量情绪问题，严重时，更可能导致自残自杀，增大社会成本。

四 澳门降低留级率的前提条件

（一）政府增大投放教育资源

澳门政府财政储备充足，回归后逐年增大对教育的资源投放，例如在正规教育中实施15年免费教育，逐年调升免费教育津贴、学费津贴和回归教育津贴等。特区政府于2011年推出“持续进修发展计划”，向年满15岁的居民提供为期3年，上限为5000元的进修资助，鼓励市民持续进修，为构建“学习型社会”创设条件。

（二）《私立学校教学人员制度框架》的实施有助降低留级率

《私立学校教学人员制度框架》（下称《私框》），的实施将进一步提升教学人员的专业发展和职业保障，从而建立一支高质素的教学人员队伍。尤其体现在几个方面，一是设置教学人员的任职要求，确立其职业的专业性；二是建立教学人员的职程制度，并设置各职级的晋升条件，从而促进教学人员的专业发展；三是减少教学人员授课时数，让其有更充足的时间照顾学生的不同需要，从而提升师生教与学的效能；四是引导学校合理运用公帑，保障教学人员获得合理的薪酬待遇，以进一步稳定教学人员队伍；五是加强教学人员的退休福利，让其退休生活可得到应有的保障（《私框》）。《私框》的落实，既有利于教师，也有利于学生。

（三）澳门学生是有能力的

根据2006年“学生能力国际评估计划”（PISA）评估结果，数学得分排名第八，在科学素养方面，澳门15岁学生科学得分位列第15—20，排名第17，在统计上高于经济合作与发展组织成员国和地区的平均分数。在阅读素养方面，澳门15岁学生阅读量尺得分位列第18—22，排名第21，在统计上与经济合作与发展组织成员国的平均数未有显著分别（《学生能力评估澳生表现理想》）。

2009年“学生能力国际评估计划”（PISA）评估结果，澳生数学、科学素养发挥稳定，在统计上显著地高于测试地区的平均水平（《提升阅读素养 营造阅读氛围》）。

PISA评估结果，说明澳门学生是有能力的，能通过自身努力提高学习成绩。

五 澳门降低留级率的机遇及挑战

（一）澳门降低留级率的机遇

1. 近年，澳门大部分学校有意推行教育改革，如编写本土教材、优化师资等。

2. 未来五年，政府有意推行小班化教学，较早前政府表示已完成讨论《修改免费教育津贴制度》的行政法规草案，在2012—2013年度首先适用于初中教育第一年，随后逐年延伸上一个学级，到2017—2018年度覆盖所有高中。

（二）澳门降低留级率的挑战

1. 父母因工作或不完整家庭等因素，均导致家长忽视学生教育。

2. 澳门以博彩业为主，导致人们崇尚物质主义，部分学生易受物质诱惑，对学习不感兴趣。

3. 因历史原因，澳门学校没有统一留级标准，令学生难以适应。

4. 学生人口增加和教育资源不足。

六 留级制度的存在与低留级率对社会发展的作用

留级制度是一把双刃剑，有效发挥留级制度的优势，缓解其负面影响，在政府增大投放教育资源及《私立学校教学人员制度框架》的前提条件下，抓住机遇，面对挑战，针对澳门高留级率的原因，制定一系列可行的解决办法，从而降低留级率，必定对社会发展带来长远的积极效应！

七 部分国家或地区留级制度的启示

（一）欧美国家降低留级率的方法

欧美国家早已推行小班制，这个大趋势一直蔓延至亚洲不少国家和地区，包括日本、韩国、中国内地等。

美国曾经进行过一项有关小班教学的研究，对象为幼儿班至小学三年级的学生，研究发现在小学低年级实行小班教学，效果极其理想。在研究期间，就读小班的学生成绩明显比大班的学生优异，而且学生都能表现出正面积极的态度。小班教学对学生所产生的深远影响，估计是与在人数减少的情况下，学生可获得较多照顾有关，师生关系因而变得和谐，学生上课时精神也会较为集中。课堂学习变得互动，学生有更多参与发问和回应的机会。以上所提及的，对于学生早期的学习经验，都十分重要（张晓阳家长黄若兰《小班不再是梦想》）。

（二）法国降低留级率的方法

法国政府已付诸行动，因为高留级率耗费庞大而且效率很低。教育部长已经对学校下达了限制留级人数的指令（法国教育政策：减少留级没日）。

（三）中国台湾降低留级率的方法

台湾部分学校，学生可自由选择学习较强的科目代替学习较弱的科目，降低留级率。

（四）中国香港降低留级率的方法

香港曾以15%作为留级率上限。

香港教育法规上规定，学校不应以学习成绩来决定能否升级。所以，只在特殊情况下，经评估学生若留级重读会因为基础的弥补而有进步，才会额外地让其留级重读。

八　解决澳门高留级率的对策

综观澳门教育史，应试教育一直主导着本澳的教育路向。追求卓越是学校、家长、学生共同的意愿，在追求的过程中，社会发展迅速，个别原因及问题没有得到重视或跟不上社会的发展，使部分学生成为教育事业的牺牲品。

本文试从以下几方面，制定一系列可行的解决办法，望能有效降低留级率。

（一）学生个人

如学生因先天性原因导致学习滞后，个人或监护人应主动向教育部门提出，及时接受评估及辅助，现时，澳门多所中、小、幼学校均有接收需要融合教育的学生，通过融合教育，克服学习障碍，降低留级率。

如学生因后天性原因导致学习滞后，学生应正视面对其问题，积极找出主因，寻求适当辅助，计划好学习及做好生涯规划。

（二）家庭

澳门大部分家长从事博彩业或服务业，工作大多是轮班制，他们照顾子女甚为困难，亲子关系疏离是一个重要问题，家长应每天抽空辅助学生课业，关心子女成长。家庭教育始终是子女的第一所“学校”，每天关心子女的学习是必须的，也是无可替代及至关重要的。

家长如有需要，可积极寻求相应部门的帮助，如社工局、教青局及本澳一些社团都能提供一定的家庭援助。

（三）学校

1. 提倡多元评核而非单一评核

根据《非高等教育纲要法》的第二十五条第二款规定“对学生学习的评核以促进学生的学习成功为主要目的，并通过多元评核实施”；第三款认为评核的类型应该包括“形成性评核、总结性评核、特别评核和检定评核”。然而，本澳大部分学校的评核大多以纸笔测试的总结性评核为主，其他评核方法更是难觅踪影。建议学校能多元评核学生成绩，而非单靠纸笔测试进行评核。

2. 学校应有意识投放资源予需要辅助的学生

学校可组织学生学习小组，让学生互相学习，互补长短；也可组织教师辅导小组，全力支援协助，辅助后进学生，好让他们能从后赶上。增进“师与生”和“生与生”的互动，也可多举办学习讲座及工作坊，在校园内形成良好的学习气氛。

3. 实行选修及学分制

学校可尝试实行选修及学分制，让学生可根据其优势选择学科，更大程度地激发其学习兴趣，同时，当学生修读完足够学分，便可升班。

4. **加强教师的相关培训**

现时，澳门教育暨青年局规定：教师培训每年不少于30小时。但是，现时澳门教育暨青局开设的教师培训，较少针对留级问题，期望澳门教育暨青局尽快开设相关培训，通过系统的培训，让教师更有能力、更有信心去进行针对性的教学工作。

5. **改进教学模式**

某些科目仍沿用旧有的教学模式，令学生失去学习的兴趣，缺少了学习的主动性。

建议教师可把活动式教学或户外式教学加插到传统的板书教学当中，引起学生学习兴趣。另外，有研究表明：电脑辅助教学对学生学习动机影响显著，有一半的学生喜欢老师在上课时使用电脑辅助教学（郑建国，2006）。

所以，我们应从多方面入手，积极改进旧有的教学模式，提高学生学习的兴趣。

6. **加强家校合作**

加强家校合作，有助于学校、家长、学生三方面沟通了解，有利于改善学生学习情况，从而降低留级率。

学校可通过定期召开家长会、邀请家长参加学校活动、家校通讯簿等直接或间接沟通方式来加强家校合作（何少金，2006）。

（四）教育制度（政府层面）

1. **教育部门应为学校配给学习辅导专职人员，加强辅导有需要的学生**

现时，澳门教育暨青年局每年均投放资源给学校聘请辅助教学人员，包括：阅读推广专职人员、图书馆管理专职人员、余暇活动专职人员、实验室管理专职人员、校医及社工，这些辅助教学人员在一定程度上能给予教师及学生一定的支援，建议日后能增设学习辅导专职人员一职，加强有辅导需要的学生，全面照顾学生。

2. **教育部门应大力协助学校推行小班化教学**

小班化教学，当中涉及班级人数、师资、学习环境、课程与教材、小班化教学法与评量、个别差异及家长等问题，教育部门应大力协助学校推行小班化教学，通过推行小班化教学，提升教学质素。

3. 教育部门应建立教科书审定制度，订明教学及测考大纲、升留级标准等指引

短期内，要强制每间学校统一教材是不可能的事，建议教育部门应建立教科书审定制度，只要选用的教材符合教科书审定制度的规定，便可使用。

教育部门应根据教科书审定制度的规定，订明教学及测考大纲、升留级标准等指引，建议学校统一跟随。

（五）社会环境

1. 政府应努力改善单一产业的社会形态，鼓励产业多元化，从而增加学历的“重要性”，使学生重视学习。

2. 社会应大力度整顿和严格控制对青少年容易造成不良影响的投注站、网吧、游戏机中心、卡拉 OK 场所等（何少金，2006），为降低留级率创造良好的社会环境。

3. 政府也应从多方面入手，创建“学习型”社会，大力提倡终身学习，以发挥潜移默化的境教功能，形成良好的社会学习氛围。

4. 政府应预计未来学生人口增加数量，规划教育资源，长远解决教育资源不足的情况，从硬件设备上协助解决高留级率问题。

九　总结

澳门存在已久的高留级率问题，是多方面原因造成的，有关方面必须多方联手根治，上述提及的一系列解决办法，还需要教育工作者及社会各界深入探讨及优化，毕竟，“降低留级率，提升教育质素”才是根本目标，共勉之！

参考文献

《〈非高等教育私立学校教学人员制度框架〉获立法会通过》，http：//www. gcs. gov. mo/showNews. php？PageLang = C&DataUcn = 59569 &Member =0。

《教育研究集刊》第 53 辑第 4 期，2007 年 12 月，第 107—144 页。

何少金：《社会发展与学校德育》，《镜平学校教育科研论文集（2004. 8—2006. 8）》，澳门：镜平学校，2006 年。

林俊莹、吴裕益：《家庭因素、学校因素对学生学业成就的影响——阶层线性模式的法国教育政策：减少留级》，http：//www. zk5u. com/lunwen/zuowenShow. asp？ ArticleID = 10228。

张晓阳家长黄若兰：《小班不再是梦想》，http：//www. giftedcouncil. edu. hk/PDF_ files/Parent – winnie. pdf。

《提升阅读素养　营造阅读氛围》，http：//siokamho. blogspot. tw/2011/05/20101215_ 20. html。

郑建国：《CAI 对中学生学习动机的影响研究》，《镜平学校教育科研论文集（2004. 8 – 2006. 8）》，澳门：镜平学校，2006 年。

《学生能力评估澳生表现理想》，http：//www. louhau. edu. mo/www/lhnews/467/pisa2007a. htm。

《学习障碍》，http：//zh. wikipedia. org/zh – tw/% E5% AD% B8% E7% BF% 92% E9% 9A% 9C% E7% A4% 99，2006。

（作者简介：高胜文，会长，澳门音乐教育协会）

台湾中学留级观念与做法的变革

单文经、郑英杰、张建成、廖远光

一　前言

我国老早就有针对学生学习进行考查的记载。《礼记·学记》有云："古之教者，家有塾，党有庠，术有序，国有学。比年入学，中年考校。"当时，国"学"还订了考校的标准："一年视离经辨志，三年视敬业乐群，五年视博习亲师，七年视论学取友，谓之小成；九年知类通达，强立而不反，谓之大成。"

由这段记载可知，似乎家"塾"、党"庠"及术"序"并未分级。到了国"学"，才有"升级"的规定，每两年考校一次，凡是通过的，就可以继续再接受下一个两年的考校；到了第七年，通过的就是"小成"，可以再接受一个两年的考校，若是又通过就是"大成"。不过，我们似乎看不出来，要怎么处理通不过的人。大概，那个时候，还没有"留级"的概念吧。

留"级"，应该是近代分年别"级"之后，才有的事。我国过去民间的私塾，乃至清末新式教育兴起的初期或是美国早期，学校常常都是独室学校（one-room school），亦即一间教室就成为一间学堂或是一所学校。这种情况，都是混龄就学，既无级可升，当然也就无级可留。

就本文作者所掌握之文献来看，在中文世界当中讨论留级这个问题的，较早出现在20世纪三四十年代，曾经扮演详实记载20世纪10—40年代教育史实及引进西方新式教育角色之上海商务印书馆，其发行之《教育杂志》[①] 之中，有三篇译自美国学者的文章（毛彦文，1936；胡祖

① 该杂志创刊于宣统元年（1909）正月，停刊于民国三十七年（1948）十二月，其间曾因战火断刊两次，全文共三十三卷（周愚文，2006）。

荫，1935；陈选善，1941），前两篇以小学生的学业、第三篇以中学生人格为主题；前两篇指出，留级对小学生的学业进步无所裨益，第三篇则指出，留级对中学生人格的影响未有显著差异。唯三篇作者皆建议应审慎处理此一问题。

1949 年国民党撤退台湾之后，随着教育政策与制度的更迭，以及民众关心教育议题的情况，台湾教育界对于中学留级问题的观念与做法，也随着时间的不同，而有所演变。大致说来，经过多年的调整，台湾的民众已普遍接受“以学习品质提升的角度看待学生升留级的观念”，当局亦致力于推动“以适性教育与辅导的制度取代留级的做法”。本文即就台湾教育之递嬗，以 1949 年后积极推动六年义务教育的 1949 年、实施九年国民教育的 1968 年、实施高级中学学年学分制的 2000 年等为分界线，针对留级观念与做法的演进与发展择要叙述，并在结语一节中先行总结本文所论，再据以说此一问题已经转化为包含适性辅导在内的“学习支援”系统的建立，以迎接 2014 年实施的十二年国民基本教育。

二 第一阶段：1949—1968 年

1943 年，日本殖民政府正式实施研议多年的六年义务教育（“国家教育研究院”，2012）。1945 年国民政府接收台湾，在原有的基础上推动各项教育措施。1949 年后，更依据 1947 年公布的宪法，积极推动六年的义务教育。

国民政府接收台湾初期，国民学校（即小学）的就学率即已经达到八成左右（“国家教育研究院”，2012）。但是，就现在能找到之最早的教育统计资料，也就是 1949 年的各级学校在学人数推算，当年小学就学率即仍维持八成左右，但初级中学的就学率即恐怕不到四成，高级中学的就学率恐怕不到一成（“教育部”，无日期）。依笔者揣测，当时由小学升入中学的学生，可能个人及家庭条件都比较好。而且，或许当时社会大众都还忙于基本的温饱，尚无余力关注教育问题，所以，留级的问题，特别是中学留级的问题，还未受到注意。

随着时序的推移，台湾的生活条件改善，社会大众的教育期望提升，中学的留级问题就开始受到注意。莫安夏（1954）《论本省中学生留级问题》一文即指出，日据时代的中学校和国民学校学生甚少留级，国民政府接收台湾以后，国民学校学生仍旧极少留级，而若干中学却有相当多的留级学生，人数可能占全校学生总数的十分之一以上，甚或达到五分之一。他还特别指出：

> 很多家长也许不大探究子女留级的原因，可是对于子女的留级，认为是一件很失面子的事情，初则直接间接请求学校，继则经由家长会建议学校，最后则由县市及省议会建议政府，放宽留级标准。同时，女学生因留级将来难以出嫁，某学生因留级离家出走多日未归，甚或某学生因留级而萌短见企图自杀等传说，我们也间有所闻。于是，中学学生的留级，似乎成为一个很严重的问题。

聂钟杉（1958）在《留级问题的研究》文中也指出，当时中等学校的学生，尤其是初中，留级人数有逐年增加的趋势。这种趋势若让它继续发展下去，将成为教育上的一个严重问题，甚而演变成一个社会问题①。

由于台湾的民众对于子女的教育普遍有“不能输在起跑点”的心理，为了避免子女跟不上其他同学的学习进度，更为了让子女能顺利通过初级中学的入学考试，纷纷主动地要求，或是被动地配合小学教师在课后给予额外的“补习”。久而久之，形成了一种“要升级、要升学，就要补习”的“恶性补习”的歪风。当局虽然三令五申，也以各种方案如“发展初级中等教育方案”（1955）、“国民学校毕业生免试升学初级中等学校实施方案”（1956）、“国民学校毕业生志愿就学方案”（1965）等试着改善，却都未果（瞿立鹤，1985）。此一问题之严重，甚至劳动到蒋介石于1967年6月27日在国父纪念周时，对此问题有所指示：“加速推行九年义务教育计划……根本消除恶性补习的痼疾病根。”（许水德，1997）

三　第二阶段：1968—2000年

台湾在1968年实施九年国民教育，小学毕业生进入中学不再需要参

① 聂钟杉为求对此一问题有较深入的了解，曾经对61名留级生，做了三年的追踪研究。他发现留级原因有：学生某几种科目的基础较差、缺乏适当的指导与督促、学习不得其法、小学与中学的管教方法不同、恶性补习的贻害、心理的松懈、通学的影响、家庭清寒无暇自习。补救的办法则有：调整科目、重编教材、设立春季班、利用假期补习、避免远道通学、加强个别辅导等；此外，如能采用分组制、公约制及文纳特卡制等特种教学法则更佳。

加入学考试，缓解了一部分的压力。然而，社会大众不少仍有“中等教育应严格淘汰”的观念（瞿立鹤，1985），以致中等学校的留级现象，处处可见，论者亦纷纷表示意见。邓秀莲（1970）《中学生的留级问题》一文，可为70年代关心此一问题的论著代表。

依邓秀莲（1970）的报道，当时，“教育部”颁布的中学规程规定，凡一学期内有三科或主要学科两科不及格者，或一学期内操行或体育不及格者，皆须于下一学期留入原级，如春季始业之班级，可发给转学证书，令其转学；倘连续两次留级者，须令其退学。她认为，这样的做法，一方面是“整齐程度，整饬校风，选择淘汰”的必要手段，但从另一方面来看，则是攸关“教学的成败，时间金钱的浪费与教育的悲剧”。她说，教师应该先求教学的改进，效率之增高，尽心竭力辅导以后，再加上精密的、客观的与严格的考查，若学生仍无法及格，甚至留级，才可以问心无愧，并非不教而诛，这样才是真正的教育。

邓秀莲指出，曾有台北某报报道：某中学学生因功课不及格而留级，受家长训斥并因此与其姊不和，因家长爱其姊而轻视他。有一晚因细故与其姊口角，又被家长训斥一顿，并又提起他留级之耻辱，该生羞愤交加竟背人服下大量农药而自杀。至于因考试成绩太差不敢回家悄悄出走的，更时有所闻。学生本来是学习如何生活，然因环境制度种种的不善，居然置其于死地，真是可惜。说不定这些青年有几种潜在能力，如有良好的环境和良好的教育，可以发展为社会、国家之用，今因留级之故，造成心理上的痛苦，竟致自杀。这岂止是家庭与学校的损失，社会与国家的损失说不定更大。所以她做了“少数人会因留级的刺激而努力上进，然而对于大多数人终是利少害多①”的结论（邓秀莲，1970）。

或许是因为“留级”带来的负面影响受到关注，也或许是因为“国民教育法”第二条明文规定“凡六岁至十五岁之国民应受国民教育”，因此强迫学生留级，使学生受教年限超过十五岁即属违法，加以让学生留级

---

① 邓秀莲（1970）仔细分析了利少害多的理由：其一，因而造成心理上的羞辱感与自卑感，妨碍心理上的健康，此种创伤，终身不泯，以致永远不能恢复自尊心、创造力、前进的信心与勇气。其二，因为留级而转至更差的学校，风纪弛窳，习惯不良，交友不慎，养成懒惰、投机、欺诈等恶习，虽然也混到毕业，也拿到一张空头支票式的毕业证书，但升学就业，两无所成。其三，或因而遭受退学，从此离开学校，剥夺了受教育的权利，容身于不能发展的环境，从此腐化而堕落。其四，有时虽仍在原校肄业，但因留了级，一切科目，概须重修，因兴趣减少，及格的科目复读第二遍，提不起劲；不及格的科目，因教材相同，教法一样，仍少进步。

会增加教育经费的负担①等原因，我们看到九年国民教育实施的十六年之后，也就是1984年12月26日，"教育部"修订颁布了"国民中小学学生成绩考查办法"。其中，第二十二条规定：考查学生之能否毕业，依列各款办理：

> （一）学生毕业成绩有三育以上且五育总平均列丙等以上者，准予毕业，但三育中必须包含德育在内。（二）不合前款规定者，由学校发给修业证明书。

换言之，任何学生进入中学，无论其学习成就的情况如何，三年期满，都可以毕业或者取得修业证明书，安然离开中学。所以，自此以后，中学就没有"留级"的问题了。

显然，此一"'中学留级'的问题……几已成了历史名词"（黄炳煌，1986）的现象，引起了包括教育界在内的各界人士之关注。这可从当时台湾教育实务界相当受到重视的期刊《师友月刊》在1986年5月就"中学生应不应该留级?"为"中心话题"出刊专辑看出。该专辑除由黄炳煌撰成《国中实施留级制度的再探讨》专论之外（黄炳煌，1986），并专访多位学者专家、官员、中学校长、教师以及家长等（林照真，1986；尚华，1986；王万清，1986；陈惠玲，1986；许细妹、许显宗、林凤朝、田春枝，1986）。

由这些专访的记载中，我们看到了对于"中学生应不应该留级?"正反两种意见并存的情况。但是，无论赞成或是反对，都不同意过去对于"留级"的不当观念与做法（黄炳煌，1986）：

其一，把"留级"当作"愚笨"、"顽劣"、"羞辱"等恶名之复合语，一旦学生留级，就被贴上这些标签。

其二，一般而言，人若生病，就要对症下药；若是缺少哪种营养，即应补充这种营养。但过去的留级制度，不但要留级生补修不及格的科目，即使是已经学会的东西，或已及格的科目，还是要再学一遍，结果造成重复与浪费，也提不起学习动机。

---

① "国民教育法"第五条明文规定小学及中学学生免纳学费。是以，凡因留级而超过15岁的学生之学费负担，皆为政府额外的经费支出。

其三，过去对于留级的学生，除了降级随班附读的做法外，并未对其学习或行为困扰提供积极必要的辅导或协助。

又，无论赞成或是反对，都同意：要在“优质教育”的大原则下，改弦易辙，采取合宜的观念与做法，才是上策（黄炳煌，1986）：

其一，学校方面先要认清“延长修业年限”之主要目的，在于协助与辅导，而不在惩罚、警戒、威吓或淘汰学生。师生是教育历程中“对应”的双方，而绝不应变成“对立”或“对抗”的两造。

其二，学生学习表现不佳可能有许多原因，且学生亦有许多不同类型：有“有能力而不努力者”，有“无能力但却很努力者”，亦有“既无能力，又不努力者”。对不同类型的学生，应该订定不同的评量标准。

其三，若一定要让学生留级或降级随班附读，则应取消“留级”这个名称，而另创一个带有正面或积极价值的名词，譬如用“进益班”、“励学班”等名称。

其四，应安排最优秀、最热心的老师针对这些学生给予协助与辅导，而教育当局和学校主管对辅导学生卓有成效的老师，应给予加薪、晋级等实质上的奖励。

其五，可以试着将“留读”的做法，由“一学年制”，改为“一学期制”，借以节省学生的时间和政府的公帑。唯为配合此种弹性的留读制，学校之毕业和升学考试亦应改采“春夏两季制”。

其六，各校或各县市教育局应成立类似“成绩评审委员会”之类的工作单位，对某班或某校所发生之“大量留级”或“放水”现象，主动进行调查，或接受学生家长之请求而进行复审的工作，以减少流弊。

其七，最节省经费，且最简单易行的办法，便是在不延长修业年限的情况下，利用寒、暑假，对于成绩和品行较差的学生实施强迫式的特别辅导。

另外，我们也看到一些值得注意的说法，兹摘述之如下：

其一，李大伟郑重强调“国民有权利接受国民教育”的真正含义。李教授说：“国民教育只保证国民有‘进来’均等的机会，但并不保证‘出去’的机会均等。”（林照真，1986）因此我们应该正面强化国民教育的内容，而不只是让每一个人平安离开校园就够了，毕竟，很多人毕业并不保证教育成功啊！

其二，林邦杰认为，留级制度只对有能力读书，也懂得改进读书方法的人有用，而对那些智能差的学生来说，你即使让他留级一百次，也一样不能毕业。因此若以留级为手段来督促学生学习，也许能发挥的功能只是一小部分而已，并没有一般人想象的大（林照真，1986）。

其三，吴武典认为，从辅导的观点来看，要提高中学教育的品质，并不只是留级或不留级的问题。目前对中学科学资优学生有缩短修业年限办法，对舞蹈、体育、美术资优学生有资优班，对智能不足学生、学习障碍学生有启智班、资源教室，可是对中材和下材之间，无法适应现行课程的中学生却任其自力更生，接受压力和挫折。因此我们应该考虑的是，如何为他们找一条路，能配合他们的志趣、能力及社会的需要。而对于因病、因事休学再复学的学生，或有心向上却不得其法，只要给予有效的辅导，即可突飞猛进者，若给予重读、留级的机会，对他个人当然会有益处，也不会导致不良的标记作用。倘若是由于能力不够而留级，再让他读一次有何效果？因此，在考虑留级与不留级之初，应该先考虑中学生的适性教育问题如何解决，才能在适性教育的基础上建立适切的制度（王万清，1986）。

其四，王万清同意吴武典的看法，深深觉得要解决中学生的教育品质问题，不能在二元化的留级不留级上打转，而忘掉最基本的问题——何谓中学教育的品质？所以王万清建议：（1）为不同程度的学生发展不同的教材。（2）加强“观察辅导期”的功能，强化生涯辅导工作。（3）加强方法的学习，避免零碎知识的记忆。（4）发展多元性的评量工具，确定学生的能力水准；要决定中学生是否留级，单靠学校的成绩绝对不可靠（王万清，1986）。

其五，台北县江翠中学邱亿明校长认为，中学教育的精神，在于着重五育均衡发展，不应该特别强调智育，而应以德育为最首要。中学要培养人才，是品德良好的健全通才，而不是只会读书的专才。留级的措施，对学生只会产生惩罚作用，造成学生自卑心态，反而增加德育上的问题。实施留级制度，也会使中学教育走回以往初中教育专重智育的模式，造成许多弊端（陈惠玲，1986）。

其六，许天威从特殊教育者的立场提出两点呼吁：第一，中学生个别程度，学习能力都不一样，留级标准应在分数上有相当弹性，避免永远成为失败的人。第二，中学生学习能力偏低，宜加强个化教学，按学生程度、符合能力标准考核。强调不留级的预防，俾能往目标前进（许细妹、许显宗、林凤朝、田春枝，1986）。

1996年，也就是九年国民教育实施28年之后，1984年“教育部”修订颁布“国民中小学学生成绩考查办法”第22条让“留级”一词在国民教育阶段走入历史的12年后，对于国民中学教育品质表示忧虑，而思以“延长修业年限”① 或是“学生自动重读”取代的做法，将“留级”的问题讨论再度浮现于舆论中，这可以由1997年3月，“全国教育会”下辖的《师说》双月刊，出刊了《“留级”再见、再见“留级”——国中恢复“留级”制度面面观》的专题企划（张汉杰等，1997）看出。该专题企划是以座谈及采访的方式，搜集了各方的意见。兹简述其大要如下。

张汉杰的《尤清、吴敦义冲撞制度，吴京如如不动!》一文，报道了当时尤清担任县长的台北县于1996年3月公布《台北县试行延长国民中学学生修业年限实施要点》（台北县政府教育局，1997），吴敦义担任市长的高雄市则公布了《高雄市试行国民中学学生自动重读实施要点》（张汉杰，1997），但是，“教育部长”吴京则表现“如如不动”。诚如“教育部”官员所说：“此时此刻依法规定，国民义务教育，仍然不能够实施留级制度。”（张汉杰，1997）

郑淑玲《国中恢复“留级”制度面面观——座谈篇》记录了与会者针对国中留级制度的缘由与始末、实施条件、可能影响与冲击，以及配合措施等问题座谈的情况（郑淑玲，1997）。社长盖浙生指出“家长应担负管教的关心与责任”（郑淑玲，1997），秘书长张德聪指出应“加强辅导避免恶性循环”，吴清俭校长指出“留级学生增加学校负担”，尤育士校长认为留级是“对教育资源投资报酬的负成长”，家长会杨两传会长则认为留级“的确发挥了警惕作用”，曹常岚主任则指出，应该“避免造成各方过大冲击”，陈慧英主任指出留级“造成学生岁月虚掷”。

路平的《我是留级生，我有话要说!》一文，专访了三位中学的留级

① 依据“台北县试行延长国民中学学生修业年限实施要点”第三条规定，其实施对象为：凡未逾17岁，而国一、国二学生行为偏差者（如记满三“大过”、参加不良帮派屡诫不悛、集体械斗或杀伤他人情节重大、窃盗行为情节重大、反抗师长情节重大、单一事件记“大过”而家长或监护人不能配合学校管教等），国三学生未能取得毕业证书者，同一学年旷课达三分之一者，以及学业低成就者。第六条规定，其安置方式为：延长修业年限者，重读原年级一年，编入普通班；利用高关怀弹性分组教学或资源班之教学模式，由各校实际状况拟定适性教学课程。其他规定：须依标准收费，须家长同意，延长修业以二年为限；又，适用此要点学生应配合施以“认辅制度”，优先列为认辅对象。

生，叙说其心路历程，他们有人认为“弥平伤痕要好大的工夫”（路平，1997），有人则认为留级也没有什么了不起，“最看不惯的是校园的病态文化，把‘留级’当作手段，把学生当作刀俎，任凭宰割”（路平，1997）。

慧化采访若干学者而写成的《留级生，是社会问题的“因”？还是“果”?》指出“升学竞争带来身心巨大压力”（慧化，1997），使得“偏差行为问题根源在学校”，如果“把留级学生视为青少年事件的幕后元凶”不公平也不公道，所以应该正本清源，彻底改善中学校园的学习环境。这样的说法，与海舟针对校园反应所作的观察而写成的《偏差行为与留级何干》所提及的“年轻人，总有些小问题!”（海舟，1997）“父母、教师都有责任”可说异曲同工。

吴祈报道了若干家长意见，家长们认为中学恢复“留级”制度一事应“三思，三思，再三思”，他们表示反对“中学不恢复留级，就无法落实照顾适应不良学生的目的”的说法（吴祈，1997）。杨百涛则报道了若干教师意见，教师认为中学恢复“留级”制度一事，乃是“下策，师说：不可行”，因为“效果不大，不如改进教学”（杨百涛，1997）。康桥所报道的若干教育界人士看法，认为“‘留级’，解一时之痛”，唯有“爱的教育能奏功”（康桥，1997）。

徐怡婷采访若干台北县的教育官员、教师及家长，他们认为台北县所实施的延长修业年限的做法，并不是“‘不听话’，就给你‘当’”，而是要让“行为偏差的学生……警惕……不要有恃无恐……要配合辅导方法”（徐怡婷，1997）。吴影所撰的《压力总在留级后开始!》总结了留级是“学生心中永远的痛”，因而不能把“‘留级’当作解决中学青少年问题的‘杀手锏’”（吴影，1997），必须落实教学与辅导做法，彻底解决问题。

四　第三阶段：2000 年中学实施学年学分制后

台湾于 90 年代，开始有学者倡议及研究后期中等教育学年学分制实施之相关课题①。相关单位在 1992 年开始陆续在高级中学及职业学校②试

① 请见参考文献中以黄政杰领衔的《高级中学采行学年学分制之研究》三种，以及《高级职业学校采行学年学分制之研究》五种。

② 依 2013 年 7 月 10 日公布的“高级中等教育法”第 5 条的规定，高级中等学校分为普通高中、技术高中、综合高中、单科高中四种。原职业学校改称技术高中。

办学年学分制。经过若干年的试办，“教育部”1999 年 12 月修正发布“高级中学学生成绩考查办法”，2000 年 1 月修正公布“职业学校学生成绩考查办法”。此后，高级中学及职业学校皆由传统学时制改为学年学分制，学期成绩不及格科目改以补考或重修代替留级。

以下分为学年学分制的意义与做法、预期效应、困难与课题三小节简述之（陈伟泓，2005；单文经、江书良，2007）。

（一）意义与做法

过去，台湾的中学，不分高中或是初中，都是采取学年学时制，简称学时制。学时制是教育行政主管机关统一的教学计划，规定各年级必须修习科目和节/时数的一种修习制度。换言之，学时制以学年内总开设科目为依据，订定学生成绩及格科目时数升留级之门槛，升级之学生其原不及格科目可置之不理，而判定留级之学生则需留在原年级重读所有科目。

相对于传统学时制的学分制，不以学时，而以学分为计算单位。学分制可依其有无修业年限的规定，而分为两类：一为无学年限制的学分制，一为学年学分制。目前台湾的大专院校及高级中学，皆采用学年学分制。

具体而言，学年学分制是一种规定学生在一定修业年限内，除修习必修科目和学分外，学生依规定可自由修选自己需要的科目和学分，修习及格达到规定毕业学分即可毕业，此种课程修习制度称为学年学分制。而其中的“学年”是指修业年限，“学分”是指学习分量的计算单位（目前以每周授课一小时，满一学期或总授课时数达 18 小时，为一学分）。换句话说，学年学分制系以学期内开设基本的必修、选修科目学分，每学期结算学生所修习的学分，如有不及格科目即需重修；而每学年累计不及格科目学分数达规定的标准，则留在原年级重读不及格的科目。如此一来，学生虽然延长修业年限，但只重修不及格科目，而不须以“重行修习全部科目”的“留级”方式处理。

（二）预期效应

自 2000 年 9 月起，台湾的高级中学全面废弃原有实施多年的学年学时制，改行学年学分制的缘由，可自消极与积极两个方面加以分析。就消极方面而言，当然是希望借着学年学分制的实施，免除学年学时制动辄造成学生“留级”而浪费就学时间，影响学生心理的正常发展等负面效应。

就积极层面而言，则主要是因为在学年学分制下，学校必须开设较多的选课，应有机会为学生学习、教师教学及学校办学带来较多的正面效应，兹简述之如下：

其一，就学生的学习而言，学年学分制下，让学生有较多选修功课的机会，可让学生能“学会选择、主动学习、卓越发展”（冯超俊，2007）。若具体细分，则举凡尊重个性、包容差异、因材施教、有教无类、适性发展、学生为重、兴趣为先、多元学习等教育的理念，皆有更大落实的可能，学生的身心素质与自我精进、系统思考与解决问题、规划执行与创新应变、符号运用与沟通表达、科技资讯与媒体素养、艺术涵养与生活美感、道德实践与公民意识、人际关系与团队合作，以及多元文化与国际理解等核心素养，亦较有机会均衡且完整地发展。

其二，就教师的教学而言，学年学分制下，因学生有选择课程的权利，所以，教师需以教学方式及教学内容来吸引学生，因而需改变教学观念与方法来适应学生多元的需求，以协助学生适性发展。这样的要求让教师有较多依其专长与兴趣开设选修功课的压力，亦有较多试行革新的课程与教学的可能。台湾的高级中学有不少具有研究发展兴趣与能力的教师，可通过开设专题研究（研究型学习）、科技制作、社会实践等选修科目，落实与学生共同研究与发展的想法，既增长了学生的研究与发展的能力，亦充实了自己的研究与发展的成果。另外，在选修课当中，可以落实政府所鼓励的探究式教学、多元的合作学习、开发情境式学习与体验式学习，以及差异化教学等教学策略。

其三，就学校的办学而言，学年学分制下，让学校有较多校本课程发展的自主权，学校可以依校务发展目标与学生特质订定校本课程，因而有机会为学校发挥创意实现国家课程、因地制宜开发学校课程，乃至学生自主选择课程提供优质的保障。以此一自主的校本课程发展机制为依托，应有机会营造一个能够成就每位学生的“课程协作文化”的校园环境，并以重视学生为本、专业责任、增能赋权、多元民主以及参与协作为原则，落实赋予校长更具体的课程领导权能、教师更积极的专业责任、家长更热心的参与课程协作，进而引导学校善用社区资源。最后，有机会通过公私协力达到互助成事与扩大课程资源，让学校办学与课程发展理念落实于每一间课堂，让每一个学生都能享受学习的成功经验，并燃起学习的渴望与自信。

（三）困难与课题

台湾的高级中学自2000年正式实施学年学分制，至今已历经13年，若加上自1992年试办，已经超过20年，经不断试验、检讨与修正，已相当符合当初设定之目标，亦即较能适应学生的个别差异，并且减少学时制所造成的留级之负面影响。然而，在实施的过程中，亦发现一些困难与问题，因而构成未来必须面对的课题（陈伟泓，2005；单文经、江书良，2007）。

首先，督促学生自主学习，消除学生不当学习心态，以提升学习效果。学年学分制实施后，毕业与升级条件宽松，造成若干学生的学习态度不佳。有一些学生计算升级或毕业所需学分足够时，即会策略性放弃某些科目，或是在学习遇到挫折时，选择以逃避方式解决问题。是以，如何确实督促学生改变心态，乃成为首要的课题。

其次，加强选修课的管理，减轻教师教学与行政负担，以增进教学品质。学年学分制实施后，为满足学生补考和重修的需求，学校必须提供足够的补考机会与重修班次，除加重教师命题和与考试相关的工作量外，在寒暑假开课，更加重教师或行政人员的压力。又，少数不认真的学生，在选修、重修、弃修，以及补考等决定上反复无常，以致到上课前一天仍不能完全确定开课与否，给学校造成很大困扰。因此，如何加强选修课的管理，让无谓浪费的时间精力，回归到教学品质的改善，成为另一项重要的课题。

在本节结束之前，笔者必须指出，这两项课题，给目前全面实施学年学分制的台湾高级中学带来很大的挑战。特别是事涉学生学习品质的第一项课题，引起各界人士特别的关注。2004年3月8日，《台湾立报》的刘淑婷即以《高中留级卷土重来》为题作了专题报道。刘淑婷在该报道中指出："制度实施4年来，换来的却是老师们对恢复留级制度的声浪四起"（刘淑婷，2004）。

她指出，这种希望恢复"留级"制度的声音与当时正在修订而预计于2004年8月8日公布实施的"高级中学成绩考查办法"第十条规定"学生学年成绩不及格科目学分数，逾当年学分数二分之一，应重读"可能有关。于是，"留级"的问题又引起一番讨论。不过，"教育部"的官员则一再澄清"重读"与"留级"不可混为一谈。还好，大家的讨论最后还是归结在"恢不恢复留级制度不是重点，关键在于如何帮助学生提升学习能量”（刘淑婷，2004）。

五 结语

本文自历史演进与发展的角度，以1949年推动六年义务教育、1968年实施九年国民教育、2000年实施高级中学学年学分制为分界线，简述中学留级的观念与做法在这三个阶段当中递变的情况。由这些探讨，我们可以确认本文在前言所提出的说法：“台湾的民众已普遍接受‘以学习品质提升的角度看待学生升留级的观念’，当局亦致力推动‘以适性教育与辅导的制度取代留级的做法’。”

我们看到，这三个阶段当中，台湾的民众无论赞成或不赞成“留级”制度，大家都关心学生学习品质的良窳。赞成“留级”制度者，或希望借此警示学习心态不佳者能专心向学，或以“留级”的方式让学业落后者迎头赶上；不赞成“留级”制度者，则希望袪除“留级”污名化的负面影响，并借重修、补考、辅导等做法，协助学习成效滞后与生活适应不佳的学生，改善其学习与适应情况。

而台湾当局则始终如一，着眼于学生的学习品质，通过学生成绩考查办法，以及有关规定的逐步修正，或以调整“及格”与“毕业”的要求，或以“延长修业年限”，或以“认辅制度”协助学行较差的学生，或将一体修习的学年学时制调整为可自主选修的学年学分制，并以“重修”与“补考”等做法，将受到污名化的“留级”制度，逐步转化为适性教育的制度。

当然，我们还是看到各界人士不时“以恢复留级制度”作为提高学生学习品质的手段，甚至以为“留级”制度一旦恢复，学生就会认真学习，成效就会提高，品质就会有所保障。不过，随着观念的逐渐改变，制度的逐渐调整，此种声音虽未完全消失，但是，却已经减弱许多。这是一个注意教育机会均等、重视民主与个人权利的台湾社会所乐见者。

台湾目前正积极进行各种准备工作，以便能于2014年9月顺利实施十二年国民教育，其中与本文主题有关的一项工作，即是在各级教育主管部门及各级学校建立包含适性辅导在内的“学习支援”的系统，希望以科学的诊断与补救教学及适性辅导的做法，能够把每个学生都带上来。如此，则本文所探讨的“留级”的问题，将转换成为“学习支援”系统的建立与实施的问题。如果能确实建立此一系统，并且确实推行，则学习落后的问题将逐渐消弭，也就不再有“留级”的问题了。然而，此一理想之达成，还有赖各方面的大力配合。

此学习支援系统见图 1 和表 1。

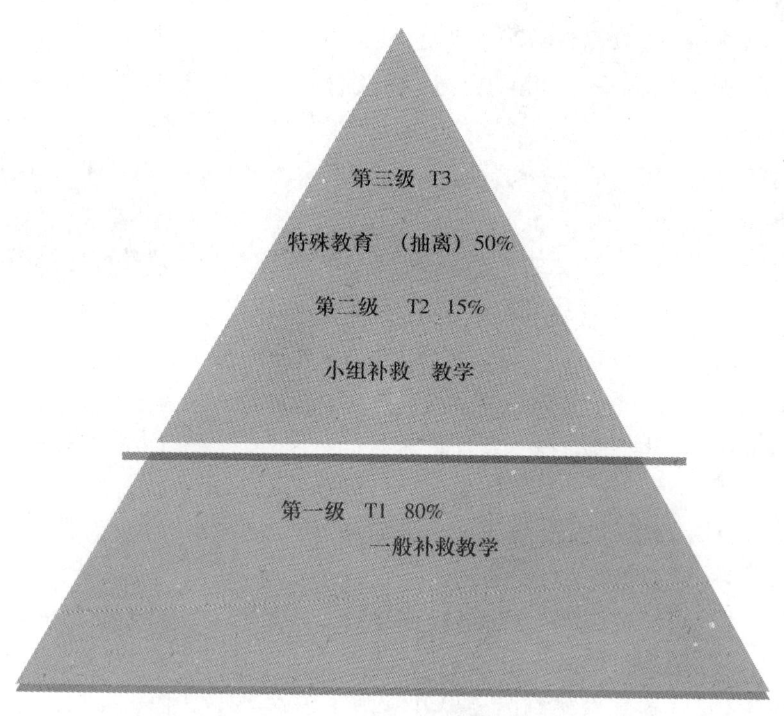

图 1 三级学习支援系统（取自洪俪瑜，2012）

表 1 **三级学习支援系统的做法**

目标		比例	补救教学方式与密度
三级	预防低成就学生之学习失败	5%	每天，更密集小组或个别
次级	提升低成就学生之成就，减少低成就学生之比例	15% 以下	每天一次，每周 3 至 8 小时小组、额外教学
初级	核心课程优质化教学让一般学生均可成功学习	80% 以下	原班级 随课或课余无须刻意安排补救教学时间

资料来源：洪俪瑜，2012。

参考文献

Robinson, B. B. 原著，毛彦文摘译：《学校留级制度对于儿童的害处》，《教育杂志》1936 年 26（7）。

王万清（专访）：《留级与适性教育》，《师友月刊》1986 年第 227 期。

周愚文（主编）：《教育杂志（1909—1948）索引》，心理出版社 2006 年版。

尚华（专访）：《“留级”能提高学生水准吗？——访教育厅第四科黄武镇科长》，《师友月刊》1986 年第 227 期。

林照真（专访）：《国中生应不应该留级?》，《师友月刊》1986 年第 227 期。

洪俪瑜：《由补救教学到三层级学习支援》，《教育研究月刊》2012 年第 221 期。

Otto, H. 原著，胡祖荫译：《儿童留级问题的研究》，《教育杂志》1935 年 25（1）。

“国家教育研究院”：《百年教育发展》，台北：“国家教育研究院”，2012 年。

崔宇华：《恢复留级制度能提升高中生素质?》，《师友月刊》2008 年第 496 期。

莫安夏：《论本省中学生留级问题》，《台湾教育辅导月刊》1954 年 4（12）。

许细妹、许显宗、林凤朝、田春枝（联合采访）：《“临界点”的探索——谈国中生该不该留级?》，《师友月刊》1986 年第 227 期。

陈伟泓：《学年学分制的回顾与发展》，台北市教师会 1994 学年度第一学期高级中等学校校务发展研讨会，2005 年。2013 年 10 月 8 日取自 www. ck. tp. edu. tw/ ~ckplweb/articles/946. pdf。

陈惠玲（专访）：《国中需不需要有品质管制?》，《师友月刊》1986 年第 227 期。

Anfison, R. D. 原著，陈选善摘译：《留级对于学生性格之影响》，《教育杂志》1941 年 31（9）。

单文经、江书良：《台湾高级中学实施学年学分制简介》，郭华邦（主编）：《学年学分制研讨会论文集》，澳门圣若牙教区中学，2007年。

冯超俊：《中学学年学分制探讨》，郭华邦主编：《学年学分制研讨会论文集》，澳门圣若牙教区中学，2007年。

黄政杰、李隆盛、方崇雄、吴文宪、李锡津、林新发、方志华、张仕东、陈依萍：《高级职业学校采行学年学分制之研究》（四），台湾师范大学教育研究中心，1995年。

黄政杰、李隆盛、方崇雄、吴文宪、李锡津、林新发、庄谦本：《高级职业学校采行学年学分制之研究》（二），台湾师范大学教育研究中心，1993年。

黄政杰、李隆盛、方崇雄、吴文宪、李锡津、林新发、庄谦本、方志华、张仕东：《高级职业学校采行学年学分制之研究》（三），台湾师范大学教育研究中心，1994年。

黄政杰、侯世光、方崇雄、李锡津、吴文宪、庄谦本、林新发、方志华、陈依萍、黄继仁、张嘉育、叶凌华：《高级职业学校采行学年学分制之研究》（五），台湾师范大学教育研究中心，1996年。

黄政杰、黄光雄、李隆盛、林新发、潘慧玲、张芬芬、王慧娟、林山太、陈富贵、杨宗仁、翁福元、方志华、方永全、杨洲松、赵晓维：《高级中学采行学年学分制之研究》（三），台湾师范大学教育研究中心，1995年。

黄政杰、潘慧玲、方崇雄、吴文宪、李锡津、林新发、庄谦本：《高级职业学校采行学年学分制之研究》（一），台湾师范大学教育研究中心，1992年。

黄政杰、潘慧玲、林新发、高强华、陈富贵、杨思伟：《高级中学采行学年学分制之研究》（一），台湾师范大学教育研究中心，1991年。

黄政杰、潘慧玲、林新发、高强华、陈富贵、杨思伟：《高级中学采行学年学分制之研究》（二），台湾师范大学教育研究中心，1992年。

台北县政府教育局：《台北县试行延长国民中学学生修业年限实施要点》，《师说》1996年第103期。

刘淑婷：《“高中留级卷土重来”专题报道》，《台湾立报》2004年3月8日。2013年10月8日取自 http：//www. lihpao. com/？ action –

viewnews - itemid - 69897。

邓秀莲：《中学生的留级问题》，《教与学》1970 年 3（5）。

瞿立鹤：《中等教育》，台北：教育文物出版社 1985 年版。

聂钟杉：《留级问题的研究》，《台湾教育辅导月刊》1985 年 8（3）。

（作者简介：单文经，教授，台湾中国文化大学；郑英杰，助理教授，台湾体育大学师资培育中心；张建成，教授，台湾中国文化大学；廖远光，教授，台湾中国文化大学）

留级之外：以台湾永龄希望小学弱势学生课后辅导计划为例

郑胜耀

一 问题意识

教育品质与学生学力的提升一直是各国教育主管机关所戮力以赴的重要教育指标之一，相对于澳门以高达11%的初中“留级率”，也就是约有十分之一“未达学力标准”的学生被要求重读一年，来确保每一个学生的学习都可以达成基本国民的要求；而台湾近10年来则针对班级后25%的“弱势学生”，通过“补救教学”的形式来将每一个学生带上来。与此同时，“如何确保每一位学生都有向上社会流动的可能”则更是教育学者在思索“教育机会均等”与“社会公平正义”的深层意涵所在，然而随着M型化社会的日益加剧，优势族群与弱势族群之间所能拥有教育、社会与文化资源的落差亦日益扩大，学校教育反而沦为社会阶级再制与文化再制的代言人（Cheng & Jacob，2008；谭光鼎、刘美慧、游美惠，2008；郑胜耀，2011）。

为解决上述因教育资源分配不均所产生教育机会不均等议题，美国方面早在1965年，林登·约翰逊总统便大声疾呼“向贫穷宣战”（War on Poverty），而随之而起的《初等与中等教育法案》（Elementary and Secondary Education Act，ESEA，1965）的第一章（Title I）亦楬橥以“提供学区经济方面协助来帮助来自低社经家庭学童的教育需要”（Financial Assistance to Local Educational Agencies for the Education of Children of Low-Income Families）为重点，再加上在1965年所推动针对低社经学童与家庭服务的《启蒙教育方案》（Head Start Program，1965），而到了2001年，乔治·布什总统公布的《没有孩子落后法案》（No Child Left Behind Act of

2001, 2001）更以“通过绩效责任、弹性与选择，而弭平学习成就落差相关的法案，所以没有学童落后”（An act to close the achievement gap with accountability, flexibility, and choice, so that no child is left behind）为口号，希望可以针对弱势学生与学校教育之间紧张的互动关系提供应有的协助。

在英国，亦早至1967年的《普劳顿报告书》(Plowden Report, 1967) 中便开始推动强调“积极性差别待遇”（positive discrimination）的“教育优先区”（Educational Priority Area, EPA）计划（Smith, 1987），到了1998年，虽逐步修正为“教育行动区”（Education Action Zone, EAZ）(Ofsted, 2001)，但都是聚焦在如何协助教育资源较为匮乏地区弱势学生的学习适应与学习成效。

台湾虽然起步较晚，但自1977年至1992年陆续推动“发展与改进国民教育五年计划”、“发展与改进国民教育六年计划”、“发展与改进国民教育第二期计划”，并在1994年开始试办“教育优先区计划”，针对符合“地震震源区或地层滑动区”、“地层下陷地区”、“山地及离岛地区”、“试办国中技艺教育中心”及“降低班级人数急需增建教室”等五项指标的特殊需求学校提供总经费8亿元的专款补助（“教育部”, 2011a)；而在1998年的公布“教育改革行动方案”（“教育部”, 1998)，其第一章“健全国民教育”楬橥之“办理补救教学”不但回应了1996年的“教育改革总谘议报告书”中的相关建议，也顺势成为之后当局进行弱势教育政策主轴所在；2003年，“教育发展会议”更将“增进弱势族群机会、确保社会公平正义”列为三大中心议题之一（“教育部”, 2003)，到了2006年，教育主管部门整合性质相近的课后辅导计划为“携手计划——课后扶助”方案（2011)，并推动“大学师资生实践史怀哲精神教育服务计划”，结合退休教师、大学师资生、经济弱势大学生、储备教师与现职教师等师资来源，提供弱势低成就学生在义务教育阶段基本学习能力的补救教学；2008年，教育主管部门为强化弱势家庭儿童之教育辅导创办了“夜光天使点灯计划”，结合当地民间资源，借由延续性辅导方案加强扶助弱势家庭功能的缺口与学校课业之不足；而到了2010年，教育主管部门更扩大原本自2006年即开始推动以“缩减城乡落差”为目标之“偏远地区中小学网路课业辅导服务计划”为“数位学伴线上课业辅导计划”，发挥大学偏乡教育关怀，以高等教育资源关怀偏乡教育生态，并推动大学生弱势关怀、社会议题参与，进而启发对社会议题之参与及关怀（“教育部”，2011b）。

除了上述当局相关弱势教育政策与资源的介入，私部门如永龄希望小学与博幼教育基金会等民间企业与基金会亦纷纷加入中小学的课后学习辅导的行列，提出“穷不能穷教育”与“让学生带希望回家”等诉求，期许经由课后学习辅导的正向学习经验，让弱势学生转“弱”为“强”。不过，更值得注意的是由于“典型”的弱势学生与“典型”的课后学习辅导一直反复在“主流族群善意”与“政府德政”（government patronage）下的持续运作（John Ogbu，1983），弱势学生的真实需求并未真正被重视，也往往造成课后学习辅导成效不彰的批判（郑胜耀，2011）。

职是之故，本研究首先厘清弱势学生与教育之间的关系，接着爬梳课后学习辅导之相关研究与实证结果，再通过永龄希望小学中正教学研发中心的数学补救教学实验过程与成效评估，希望在留级之外，可以提供澳门未来进行弱势学生与补救教学之可行建议与政策参考。

二 弱势族群/弱势学生与学校教育

美国著名的人类学家John Ogbu（1983）提出教育最可贵的意义在于发现“某种类型”的学生在学校教育的过程中有“不成比例失败的情形”；他进一步指出由于“社会结构的不平等”（structured inequality）会产生“不对等的权力关系”（unequal power relations），而这样“不对等的权力关系”，一方面会形成“工作的天花板现象”（job ceiling），另一方面则会分别对“优势阶级”（dominant group）与“弱势阶级”（minority group）形成“理论”（theories）与“信念”（beliefs），并各自产生在教室内的互动关系（school/classroom dynamics），最后才以“产出”（outcomes）的形式呈现（详见图1）。这种“产出”的结果，我们常会发现是某“类”学生有“不成比例的失败情形”，John Ogbu将其称为“少数/弱势族群”（minorities）。由于少数/弱势族群的英文可以为minorities或是disadvantaged group，本研究认为少数不一定代表弱势，因此，将研究重点聚焦在弱势族群与弱势学生身上。

John Ogbu（1983，168—170）将美国少数/弱势族群分为三种：自主（autonomous）、移民（immigrant）与阶层化（caste-like）。所谓“自主性”的少数/弱势族群指的是纯粹因为人口数量较少的缘故而形成的少数

/弱势族群，在美国的脉络中，Amish、犹太人与摩门教徒都可以是其中的代表；而因为“移民”所造成的少数/弱势族群，则因为怀抱美国梦，寻求更好的机会而“自愿地”（voluntarily）来到新大陆，如中国移民、古巴移民、菲律宾移民、日本移民与韩国移民等；至于“阶层化”少数/弱势族群则是相对于“自主性”少数/弱势族群而言，无法独立自主地在美国生活，或是“非自愿地”（involuntarily）来到美国，属于社会阶层较低的一群，如美国印第安人、墨西哥裔美人、波多黎各移民等。

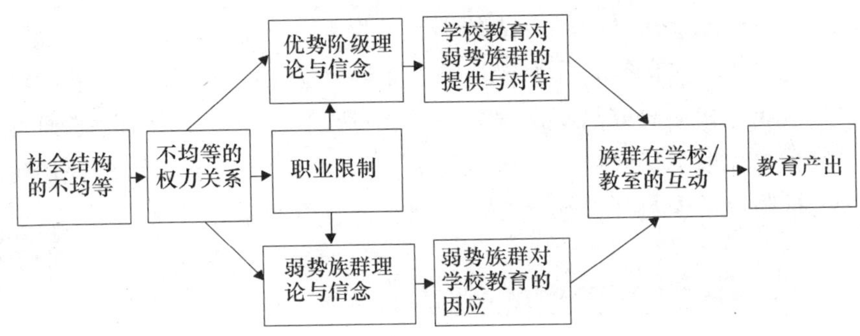

图1　优势族群、弱势族群与学校教育之互动与对话（Ogbu，1983，174）

来自上述少数/弱势族群家庭的学童在求学的过程中，常会出现“不成比例失败的情形”，John Ogbu 指出造成学生在学校适应上的差异情形的原因在于学童的“文化背景”（cultural background）与“学校文化”（culture of the schools）之间的“不连续性”（discontinuities），他指出“不连续性”存在于文化价值（cultural values）、认知（cognitive）、动机（motivational）、沟通（communicative）与互动（interactional）等层面。Ogbu（1982，291）进一步将此“不连续性”分为“普遍性”（universal）、“初级”（primary）与“第二级”（secondary）三种：所谓“普遍性”的文化不连续性是指所有学童都会面对从家庭生活到学校生活的落差，而“初级”的文化不连续性则是指来自“移民”与“非西方国家”家庭学童在面对美国学校教育文化时的冲击，至于“第二级”的文化不连续性则是指来自“阶层化”弱势族群的家庭的学童，由于家长非自愿来到美国，因此，不愿或无力协助学童适应主流社会的学校文化，也造成学童在学校教育的过程中容易“不成比例失败的情形”。

除了 Ogbu 所楬橥之“学校文化”与“家庭文化”的“不连续性”问题外，Bronfenbrener（1979）亦提出“弱势学生”应归类为受家庭、学校、社区、经济、社会、文化、族群等因素。职是之故，美国政府在其“初等与中等教育法案”（ESEA）（1965）“第一章”（Title I）便指出应针对极高度贫困学校中、低成就学童、有限英文能力、移民学童、特殊需求学童、美国印第安学童、易忽略或者非行少年，以及需要阅读协助之年幼学童进行协助；而美国教育统计中心（National Center for Education Statistics，NCES）（2012）则将弱势学生定义为以场所（地缘）与人种/族群为基准的公立学校贫穷集中区域，与依学区贫穷程度划分的公立学校，并将其归纳为“社会不利”（非裔美人、美国印第安人、墨裔美人与西裔美人）、“经济不利”（贫困学区、偏远市郊区）与“文化不利”（古巴移民、非裔美人、Amish 与特殊学习需求学生）。

而在台湾，针对弱势学生之相关教育政策主要有“免学费教育计划”、“教育优先区计划”、“携手计划”、“教育优先区计划”、“中小学儿童课后照顾服务”与“中小学学生无力缴交代收代办费计划”五种，每种弱势教育政策所规范的弱势学生定义都不尽相同。如根据 2011 年所公布“教育部补助国民中小学及幼稚园弱势学生实施要点”规定（“教育部”，2011b），教育优先区计划主要协助对象为少数民族学生比率偏高、低收入户、隔代教养、单（寄）亲家庭、亲子年龄差距过大及新移民子女之学生比例偏高、学习弱势学生比例偏高、中途辍学率偏高、离岛或偏远交通不便与教师流动率及代理教师比例偏高等情况之“学校”；而“国民小学儿童课后照顾服务”则聚焦在低收入户学生、身心障碍学生、少数民族学生与其他情况特殊经学校评估须扶助之学生；“国民中小学学生无力缴交代收代办费计划”服务对象则为直辖市、县（市）政府所属小学学生，因家庭经济突发困境或社会福利机制无法照顾，无力缴交代收代办费者。

至于《携手计划》部分，原先设计为“双低”学生（“低”社经与“低”学习成就），并针对少数民族学生、身心障碍人士子女、外籍、大陆及港澳配偶子女、低收入、中低收入家庭学生及免纳所得税之农工渔民子弟、隔代教养及家庭失功能子女（包括单亲），与身心障碍学生包括经鉴辅会鉴定为疑似身心障碍，且经学校特殊教育推行委员会认定受辅可提升该生学业成就且不影响其他受辅学生之学习者；但为因应十二年国民基本教育政策的推动，增加以下三项规定：（1）参加携手计划课后扶助学生筛选追踪辅导转衔试办学校，其学生经标准化测验结果，百分等级未达35%。（2）都会地区以单一学科班级成绩后25%，非都会地区以单一学科班级成绩后35%为指标；其所称都会地区，指直辖市、省辖市及县辖市。（3）中学基测提升方案受辅对象为前年度中学基测成绩PR值低于十之人数达到全校应考学生数之25%以上之中学校内之学习成就低落学生（“教育部”，2011b）。

综上所述，研究者在接受“国家教育研究院”委托计划《弱势教育政策与教育公平之研究：以课后学习辅导为例》时，先后花费两年时间收集与分析国内外弱势学童相关政策与研究后（郑胜耀，2011），将弱势学生归纳为经济弱势、文化弱势、学校教育弱势、家庭弱势与个别弱势等五类，一方面发现学校与教育行政机关都知觉到不应该把“原住民”与“新住民”等“典型”弱势族群视为“最重要”与“最可行”的弱势教育公平指标，反而将“经济不安全感”（如家长失业、长期没工作者、工作不稳定者、薪资不稳定、躲债/到处躲藏者、家长职业未受到辅导与支持）列为相当关键的质化指标；另一方面也在分析各国政府弱势教育政策时发现，忽略各类弱势学生所“共同”或“相异”的困难与问题点，并对应在学习、生活和行为上的适应困难，进而导致在认知、情意、技能教育学习成就及表现上，较一般学生处于相对弱势（Lee，1999；谭以敬、吴清山，2009）。

三　弱势学生与补救教学

洪俪瑜（2001）针对“中小学义务教育阶段弱势学生补救教育”的调查研究指出，家庭不利背景的学生大都以生活方面的适应困难为主，且也发现少数民族学生最大的适应问题在于学习适应，其次是生活适应；陈淑丽（2008）的研究则指出课辅教师在执行弱势学生课业辅导上，最感到困扰的是“学生学习动机低弱”以及“家长不关心学童的学习”；陈玉娟（2005）的研究也同样发现，新移民子女面临的教育问题以学业表现、学习态度、语言沟通、本身自信、文化适应及解决问题能力等问题较为严重。由上述可发现，弱势学生不管在学习表现上，还是在生活和自我适应上往往因本身处于不利地位而产生适应困难。

弱势学生在学习表现上，大多呈现许多问题，其学习特征包括学业成绩表现较差、阅读或数学的程度比一般学生来得低、有学业方面的挫折、经常不交作业或迟交，或向同学拷贝作业；在日常行为表现方面，依赖性较重，需要家长或师长的更多关心；对于有兴趣的科目或课程，有优异的理解力和记忆力，并有固著的倾向；容易分心、学习态度不佳、缺乏学习动机与恒心；在自我或社会性的控制适应部分有困难；在学习部分比其他同学需要更多时间、不喜欢学校及家庭作业、家庭提供较少的支持（张新仁，2001；Crosnoe，2005）。

若聚焦在学科上，由于数学科目有其特殊知识，而弱势学生在数学的学习上，往往造成他们较多的无助感与焦虑感，进而放弃学习数学的机会。黄志贤（2003）指出数学低成就学生学习行为的特征有记忆力困难，时常忘记某些数学概念及演算的步骤；语言能力的理解和阅读能力较为困难，因而导致运用数学符号语言的缺陷；注意力无法集中，无法从事多步骤的计算、缺乏耐心；缺乏学习动机，因而缺乏积极的学习态度、较差的自我概念、负向的内在语言、较多的无助感导致对数学产生焦虑。

黄志贤（2003）进而提出影响低成就学生的数学学习因素，主要从社会因素、学校因素、家庭因素几个方面来探讨。第一，在社会因素方面：主要由社会意识形态、价值体系、教育政策或种族优越感等影响学生数学学习的成就，如文化殊异或环境不利等因素。第二，在学校因素方面：包括教育行政、教学设备、教育目标、教学活动、师资质量、师生关系及学生同侪互动等都是影响学生数学学习的因素，如“考试引导教学”降低学生学习的意愿，教师教学时的技巧、能力与态度或是教材选择与课程安排未能符合低成就学生的学习内容。第三，在家庭因素方面：可能因家庭社经地位悬殊，造成社经地位较低的学生，学习资源较为不足。因此，对于排斥数学学习的弱势学生，需事先了解影响其学习的因素，从中研拟一套适合他们的补救教学策略。

郑胜耀（2008）尝试由 Otto、McMenemy 与 Smith（1973）的研究切入成功补救教学原则，通过永龄希望小学中正分校的实地访谈与观察后，发现以下几点要素：需获得学习者的合作；根据学生的学习程度教学；循序渐进，小步骤进行；提供回馈和安排增强；使学习和教材有意义；协助记忆；鼓励同侪间建立良好的友谊关系；维持强烈的学习动机；充分的练习机会；建立成功的经验。其中“获得学习者的合作”为成功补救教学的首要条件，且必须同时依赖来自家庭、学校教师与学童本身的支持；而“根据学生的学习程度教学”、“循序渐进，小步骤进行”、“提供回馈和安排增强”、“协助记忆”、“鼓励同侪间建立良好的友谊关系”、“提供充分的练习机会”与“建立成功的经验”都是成功补救教学的关键。“使学习和教材有意义”、“维持强烈的学习动机”与“建构适宜的鹰架帮助学生成功适应原班的学习”仍待修正。

综上所述，关于弱势学生的学习，源自本身不利的背景与外在因素的影响，产生学习、生活和行为适应的困难。若以研究者所负责之数学补救教材开发而言，数学学习的成败又与个人在中小学阶段的数学基础奠定、潜能发挥、职业选择与日常生活适应之密切关联，因此如何有效使用补救教学策略，提升其学习成效，使其再次充满学习的动机与自信，是辅导弱势学生学习的关键。

四 弱势学生与补救教材

目前各国关注于弱势学生的学习且提出相关的因应的教育政策，以落实积极性的差异原则且有效解决弱势学生的学习问题，其中西方国家在弱势学生的教育策略取向上，从重视弱势学生的补救教育及就学扶助措施，到补救教材的编制、教育人员的培训、父母教育参与的提升等都有多方面的重视（谭以敬、吴清山，2009）。

反观台湾补救教学课程内容，大多以学科的补救或学习技巧与策略的充实为主（林建呈，2006），且大多采用“精熟练习”的方式来进行补救教学。陈淑丽（2008）在“国小弱势学生课业辅导现况调查之研究”中发现大多教师仍采用学校的教科书进行补救教学，仅有少数教师会补充外加式的教材。而老师最常使用的教学策略则是以“让学生多练习几次”为主。黄佳凌（2006）也指出多数在进行课后辅导的学校，大多以家庭作业的指导方式为主要补救教学实施内容，仅有少数学校会额外准备课外补充教学资料，作为实施补救教学之用，其补救教学范围以普通话及数学领域为主。换言之，台湾进行补救教学的方式，大多以家庭作业指导为主，并辅以学校原有的教科书和重复练习的方式作为主要补救教学的实施内容。但这样的结果，可能忽略弱势学生真正的学习需求，若仍采用学校的教材再重复教导，可能成效有限，且也可能无法找出弱势学生真正问题的症结，反而影响弱势学生继续学习的意愿。

探究台湾补救教学的执行与实施，缺乏一套有利于弱势学生的课程、教学方法等相关的补救教材为主要原因之一。因为进行弱势学生的课业辅导，教师要兼顾原先课程的进度和学生过去进度的补救教学，因此课程设计与教学者需有教学能力与经验俱优的教师承担才能胜任（陈丽珠，2008）。加上在目前台湾教科书一纲多本的政策下，造成教育市场自由化，许多教科书市场强调竞争、效率，排斥公平，因而使得弱势族群不管在教科书的选购或教材使用上均无法负荷，因此弱势学生在教育市场化的影响下，可能流于画饼充饥，其学习成效有限（张建成，2002；刘世闵，2008）。目前台湾在数学教材编撰上，从现有数学知识系统地选择适合儿童学习的内容，编撰成教材且有计划地教给儿童，一般人以为这就是数学课程，但往往忽略儿童真正的学习成就因素（刘秋木，2002），尤其是在弱势学生的数学学习上更是需要较多的关注。

台湾补救教材缺乏统整性的补救教学模式，也缺乏相关的补救相关资源教材。陈淑丽（2008）指出台湾在执行课辅实施的内容上，大多是以家庭作业指导和原教材重复多次练习为主的模式，且在研究中，明确指出学校行政人员及课辅教师皆希望相关单位提供相关教材以符合弱势学生的学习需要；黄佳凌（2005）在研究中也指出为落实照顾小学阶段弱势学生，提升其学业成就是最根本也是最重要的工作，而提升学生的学业成就表现，其中教材的补助是其中的管道之一。

由此可见，提供弱势学生相关补救教材有其需求性与必要性，尤其在数学学习上，其数学概念是持续建构，一个概念和另一个概念之间前后连接也环环相扣（李美穗，2009），且数学具有特殊的知识，若学童在起点的数学概念未被建立，其后学习到的数学概念反而不易连接，甚至造成他们在学习数学上的恐惧感与焦虑感。因此在数学补救教材研发上，更需要投入相当的心力与资源，以实践“把每位学生带上来”的理念。

关于弱势学生的补救教材相关资源，则可研发一套有利于弱势学生学习的课程、教学方法，让学习可以变得更轻松、有趣（杨振升、林坤灿，2008）。这也意味着需将数学补救教材朝向弱势学生的需求，积极协助找出孩子学习上的困境与迷思的问题点，再针对其困难点进行补救，有系统建立专业的补救教学模式，才能提升弱势学生整体的数学学习成效。

五　留级之外的新取向与新思维：以永龄希望小学中正教学研发中心为例

基于关怀弱势学生的学习与生活适应，由鸿海企业董事长郭台铭所创立之“永龄慈善教育基金会”首先自2005年12月开始与台北县教师会（现改为新北市教师会）合作推动“北县课辅试办计划”，之后再于2007年5月开始与海洋大学、辅仁大学、云林科技大学、中正大学、屏东教育大学、台东大学、东华大学、花莲教育大学等9所大专院校与台北县教师会及世界展望会合作成立“永龄希望小学”；发展至2012年，永龄希望小学共有20所分校，每年服务超过6000名学童（永龄教育基金会，2012）。

永龄希望小学（2008）秉持着“不能让穷孩子落入永远的贫困”的理念，深信“穷困孩子的唯一希望来自教育”的想法，致力于“让知识带希望回家”的愿景，其主要目的在于关怀弱势学生，让穷孩子能及早补足课业上的弱势，透过课业辅导的协助降低学习落差，并提升其学习能力，从中也建立自我的学习态度，且能持续鼓励其学习之动力，甚至在学习过程中能通过教育摆脱贫穷，以发挥向上跃升的潜在能力。

为针对小学数学科课辅教学教材教法进行研发与实验，“永龄希望小学中正教学研发中心”研究者从课辅教学实践经验上出发，有系统地解决弱势学生的数学学习问题。该中心任务有三个大方向，第一是针对弱势学生数学补救教学的研究，分析弱势学生数学学习的迷思与建构有效数学学习的鹰架；第二是发展与数学补救教学相关的专业资源与系统，包括两方面：数学补救教材的研发（包含学生数学补救教材、课辅教师手册、数学学习补助教具与数学学习评量等）与数学补救教学资源网的建立；第三是弱势学生数学补救师资培训、认证与辅导，包括三部分：支援永龄希望小学数学领域的补救师资培训、发展数学补救师资认证系统与数学补救教学的辅导支援系统。

（一）弱势学生数学补救教学的研究

此部分由分析弱势学生数学学习的迷思开始，进而针对学生可能的迷思概念建构有效数学学习的鹰架。针对弱势学生数学补救教学的研究，说明如下：

1. 针对弱势学生数学学习可能的迷思概念与学习瓶颈进行深度分析与研究。首先进行学生数学学习历程分析与鹰架建构，目的在通过课程实验发展出最佳的弱势学生数学补救教学系统，包括厘清弱势学生数学学习的重要迷思观念、发展数学课辅教材、发展不同师资系统的课辅模式与子书包等。

2. 发展一套符合弱势学生数学补救教学的教材与教法。通过探究弱势学生数学的迷思现象来确认因应数学领域各项能力的发展指标，且经由架构数学补救教学资源网、搜集数学领域的评估工具与数学领域补救教材、设计补救教学诊断分析程式与数学补救教学实验成效分析，进一步研发出具诊断、教材建议及评估成效的数学领域教学网络系统，最终目的是发展一套数学补救教学执行模式，包含筛选低成就、诊断、选择教材、执行补救教学及评估成效等历程。

（二）发展数学补救教学的专业资源与系统

数学补救教材的研发，包含学生数学补救教材、课辅教师手册、数学学习补助教具与数学学习评量等，此外通过教材等相关资源的建立，进而在建置数学补救教学资源网，供相关单位使用。针对数学补救教学的专业资源与系统，说明如下：

1. 发展数学补救教材。台湾目前可使用的数学领域补救教材相当有限，该中心针对数学领域，有系统地整理与发展适当的补救教材。数学能力依据 Niss（2003）的说法，可以分为数学思维、拟题与解题、数学建模、数学推理、数学表征、符号化与形式化、数学沟通与工具的使用等八个部分，该中心将依弱势学生的学习特征与学习迷思概念为基础，发展数学能力序阶设计的补充教材。因为既有的教材并未能真正检测出学生的“错误概念”，虽通过永龄教育基金会所订定 80 分的门槛，但可能某一重要概念仍未能学会。该中心计划建立一套垂直分龄指标，将小学数学教学内容分为“数”、“量”、“形”三类，“数”则包含数与四则运算，“量”则包含时间、单位量及解题与数感，“形”则包含各类图形的辨识等。

2. 建立学校本位的数学补救教学的指南与套装资源。建立以数学领域为主的教材资料库，并提供各种数学补救教学的模式档案，各种数学教学成分的教学示范正例、反例与教学策略库，线上能力测验以及线上能力诊断的功能的线上评估区，此外，亦提供课辅学生进行课后数学练习、课辅师资培训练及教材，提供相关参与老师或大学生们的书面分享及课辅老师彼此分享以及和老师互动的区域。

3. 补救数学教学资源数位化。根据补救教学资源网的功能需求，建构一个具有弹性的网络系统，如电子书包、线上题库与教学平台等，并继续充实补救教学资源网系统的实体内容，根据使用的经验修正资源网系统。

（三）弱势学生数学补救师资培训、认证与辅导

该中心针对永龄希望小学课后辅导计划中数学领域的补救师资培训开始，从中发展数学补救师资认证系统，并建立数学补救教学的辅导支援系统，达到培训、认证与辅导持续循环的补救教学机制。其运作方式，先培养各分校数学指导员，一方面支援各分校之数学补救教学教师的培训课程，另一方面继续发展各式阅读理解教学策略的教学示范录影带。关于弱势学生数学补救师资培训、认证与辅导的相关机制，能够有效建立系统的补救教学资源。

（四）弱势学生数学补救教学成效分析

永龄希望小学中正教学研发中心为进一步确认数学补救教学的成效，在2009年起结合“国家教育研究院”测验与评量组（TASA）合作进行成就评量测验分析，主要以四年级为检测范围[①]，诊断永龄学童在全国数学的学习能力概况，提供各分校进行补救教学的方向与教学建议，作为补救教学效益的评估。本测验经试卷编撰、预试、前测与后测四阶段共计花费两年完成（2009. 09—2011. 06），并通过定锚题与全国常模进行等化处理[②]。前后测皆有施测的比较，可以真实了解学童的变化情形（请见表1）。整体而言，皆参与施测的五、六年级永龄学童，在四年级的数学能力平均表现上，皆低于平均数250分的水准。但就从PR值来看，前测时，平均数为224. 88分，对应之PR值为31，亦即学童能赢过全国31%

① 以四年级为检测范围，所以学童必须修毕四年级课程，因此，受测学童当时为原校五、六年级学生。

② 平均数为250，标准差为50。

的人；后测时，平均数为240.31分，对应之PR值为42，亦即学童能赢过全国42%的人。从表1可以看出学童在后测的平均表现有所提升。

表1　　1396位前后测皆参与施测的比较

年级	人数	前测			后测		
		平均值	PR值	标准差	平均值	PR值	标准差
五	773	217.07	26	44.85	234.63	38	47.96
六	623	234.56	38	47.02	247.35	48	49.44
五、六	1396	224.88	31	46.63	240.31	42	49.02

从表2更可得知不管原校为五年级或六年级，在四年级数学科能力检测部分，皆有达到显著考验，表示此群体学生有明显的进步。就从前后测平均数差异来看，五年级进步的幅度较六年级高，这也显示学童及早补救，其成效越高。

表2　　前后测相依样本T检定

年级	前测平均数	后测平均数	前后测平均数差异	显著考验
五	217.07	234.63	17.56	V
六	234.56	247.35	12.79	V
五、六	224.88	240.31	15.43	V

六　结论与建议

让每一个学生都可以有机会通过学校教育的管道取得向上社会流动是学校教育最初的坚持，也是最后的期待；可惜的是，M型化社会日趋严重，优势阶级与弱势阶级之间教育资源的鸿沟日益扩大，弱势学生与学校教育之间的对话也日益重要。研究者在分析世界弱势教育政策与弱势学生相关研究文献后发现，弱势学生应依其“文化不连续性”分为经济不利、文化不利、学校教育弱势、家庭弱势与个别弱势五类，也发现“典型”的弱势学生依然稳占“典型”弱势教育资源分配的大宗，未能深刻讨论弱势学生、课后学习辅导与正向学习经验的关系。

职是之故，再加上“数学学习”对弱势族群的个人社会地位向上流动的关键地位，因此，永龄希望小学中正教学研发中心便以成为“专业补救教学研究”为发展愿景，针对弱势学生数学补救教学的研究，分析弱势学生数学学习的迷思与建构有效数学学习的鹰架；发展数学补救教学相关的专业资源与系统，包括两方面：数学补救教材的研发与数学补救教学资源网的建立；弱势学生数学补救师资培训、认证与辅导。为达成上述目的，该中心一方面通过文献分析搜集弱势学生学习相关研究成果，另一方面组织小学数学辅导团教师、大专院校数学教育专家学者与中心团队进行教材研发，再辅以课辅教师教学现场回馈与教学辅导团课辅教学资料收集提供教材修正之依据与建议，从学生的数学迷思概念、学生的评量筛选、数学补救教材的研发、教师的培训与辅导、补救教学执行及学生学业进展的评量等多种面向，系统地建立数学领域补救教学的教育专业工作。

根据2011年永龄希望小学中正研发中心与台湾“国家教育研究院”合作的四年级数学成就测验结果分析，对1396位参与永龄希望小学课后辅导计划的弱势低成就儿童而言，不管学童所处的实际年级为五年级或是六年级都有显著的助益，且六年级的学童获益更多，可以补救教学应及早开始，且应聚焦在学童真正需要“补救”的地方。数学常常是弱势学生害怕的主要科目，然而他们并非真的“学不来”或“不会学”，倘若我们在教育中能适当地给予补救教学资源，提供其完整而一贯的补救教学系统，相信不仅能提升补救教师的教学品质，最重要的在于提供符合弱势学生需求的数学补救教学资源，让每一位弱势学生找回学习的动机与自信，唤起他们对于数学的兴趣，使其更乐于学习，转弱为强的结果绝对是可以期待的！职是之故，澳门教育改革若以确保学生学习品质为主轴，补救教学应可算是在“留级”之外，另一个值得尝试的改变！

参考文献

（一）中文部分

丁志权：《弱势学生教育经费编列的现况与展望》，《台湾教育》2004年第626期。

永龄教育基金会：《永龄希望小学专刊》（第二期），台北：永龄教育基金会，2008 年。

永龄教育基金会：《永龄希望小学 101 学年度执行报告》，台北：永龄教育基金会，2012 年。

李美穗：《你就是孩子生命中的贵人——谈补救教学的重要性》，《北县教育》2009 年第 67 期。

林建呈：《宜兰县办理国小弱势学生学习辅导现况》，花莲教育大学学校行政研究所，2006 年。

洪俪瑜：《义务教育阶段之弱势学生的补救教学之调查研究》，《师大学报》2001 年第 46 期。

国民小学及国民中学补救教学实施方案（2011）。

张建成：《批判的教育社会学研究》，台北：学富文化事业有限公司 2002 年版。

张新仁：《实施补救教学之课程与教学设计》，《教育学刊》2001 年第 17 期。

陈玉娟：《台湾地区外籍配偶子女教育政策及其执行之研究——以国民教育为例》，台湾师范大学教育学系博士学位论文，2005 年。

陈青达、郑胜耀：《文化资本与学习成就相关研究》，《新竹教育大学学报》2008 年第 25 期。

陈淑丽：《国小弱势学生课业辅导现况调查之研究》，《台东大学教育学报》2008 年第 19 期。

陈丽珠：《论教育资源分配与教育机会均等之关系》，《教育研究与发展期刊》2007 年第 3 期。

陈丽珠：《弱势学生照顾政策之检讨与改进》，《教育研究月刊》2008 年第 172 期。

黄志贤：《数学低成就学生的补救教学》，《九年一贯数学学习领域纲要谘询意见——理念篇》，2003 年。

黄佳凌：《教育优先区计划国民小学学习弱势学生学习辅导之研究》，高雄师范大学教育学系，2005 年。

杨振升、林坤灿：《台湾地区弱势族群学生教育辅助计划之现况与展望》，《教育研究月刊》2008 年第 172 期。

刘世闵：《弱势者教育与政策因应》，《教育研究月刊》2008 年第 172 期。

刘秋木：《国小数学科教学研究》，台北：五南图书出版有限公司2002年版。

潘文忠：《弱势学生学习辅导愿景》，《永龄希望小学专刊》2008年第1期。

郑胜耀：《永龄希望小学中正分校弱势学童学习成效之研究》，永龄教育基金会委托专案报告，嘉义：永龄希望小学中正分校，2008年。

郑胜耀：《弱势教育公平指标之研究》，《教育政策论坛》2011年第14期。

谭以敬、吴清山：《台北市弱势学生教育政策的现况及其未来因应措施之研究》，《教育行政与评鉴月刊》2009年第8期。

谭光鼎、刘美慧、游美惠：《多元文化教育》，台北：高等教育出版公司2008年版。

（二）外文部分

Adler, P. A. & Adler, P. "Social Reproduction and the Corporate Other: The Institutionalization of Afterschool Activities." *The Sociological Quarterly*, 1994, 35 (2), 309 – 328.

Bridget, Lady Plowden. *The Plowden Report*. London: Her Majesty's Stationery Office, 1967.

Bronfenbrener, U. *The Ecology of Human Development*. Cambridge: Harvard University Press, 1979.

Cheng, S. Y. and Jacob, W. J. "American Indian and Taiwan Aboriginal Education: Indigenous Identity and Career Aspirations." *Asian Pacific Education Review*, 2008, 9 (3), 233 – 247.

Crosnoe, R. "Double Disadvantage or Signs of Resilience? The Elementary School Contexts of Children from Mexican Immigrants Families." *American Educational Research Journal*, 2005, 42 (2), 269 – 303.

Elementary and Secondary Education Act (1965).

Head Start Program (1965).

Hung, C. C. and Cheng, S. Y. "Accessibility and Equitability: Who are the Students at Taiwan's Top Universities?" In Don B. Holsinger and W. James Jacob (Ed.), *Inequality in Education: Comparative and International*

Perspectives . Hong Kong: Comparative Education Research Centre at the Hong Kong University, 2008, pp. 290 – 306.

Lee , J. "The Positive Effects of Mentoring Economically Disadvantaged Students." *Professional School Counseling*, 1999, 2 (3), 172 – 179.

NCES. *The Condition of Education 2010.* Washington, DC: National Center for Educational Statisitics, 2012.

No Child Left Behind Act of 2001 (2001).

Ofsted. Education Action Zones: Commentary on the First Six Zone Inspections. London: Ofsted, 2001.

Ogbu, J. "Minority Status and Schooling in Plural Societies." *Comparative Education Review*, 1983, 27 (2), 168 – 190.

Ogbu, John. (1982). "Cultural Discontinuities and Schooling." *Anthropology & Education Quarterly*, 1982, 13 (4), 190 – 307.

Otto, W. , McMenemy, R. A, & Smith, R. J. *Corrective and Remedial Teaching*. Boston: Houghton Mifflin, 1973.

Smith, George. "Whatever Happened to Educational Priority Areas?" *Oxford Review of Education*, 1987, 13 (1), 23 – 38.

（作者简介：郑胜耀，教授，台湾中正大学）

留级学生的学校适应性不足：功能主义视野的解释

刘录护

留级是学生无法通过年级的测试要求而滞留在原来年级的一种教育现象，其对于学生个人和教育体制均具有重要的影响，因而成为社会和学界都较为关注的一个重要教育问题。学生个人是否因为留级而改善了行为表现、心理状态和学习成就，较多的研究认为部分学生虽然具有短暂的效果，但是学生总体并未展现出良好的长期效果，留级甚至导致了学生的心理受损、行为孤僻、学习的进一步恶化。而在教育体制方面，留级如果不能改善学生的教育处境，无疑是一种资源的重复性浪费。如果上升到更为宏观的层面，留级不但是现有教育体制部分无效性的展示，也是对教育公平的一种损害。

针对留级现象，不同的国家和地区往往采取了不同的应对措施。如日本、韩国等国家实行自动升级制，以此克服留级现象；而美国以及法国、比利时等国家实行留级制，希望对于学生有所帮助（陈惠英，2013）。中国目前的留级制，不同地区的具体制度和措施不同，但无外乎上述两类。留级制度的初衷是帮助那些学业落后的学生，但因其取得的实际效果有限，甚至不乏诸多负面作用，因此，留级制度存废也是一个长期争论不休，且备受关注的学术、制度与舆论话题。学生学业落后是留级问题的根本，深入探究学生学业落后的成因，是留级研究的重中之重。

本文采用功能主义理论的适应性概念，以家庭与学校的一致性为关键来分析学生学业落后问题，并进一步探究了社会主流文化、经济产业结构、人口素质等背后因素的影响。本研究以此为基础，重点讨论了留级的形成路径、教育的边界以及解决学生学业落后问题的思路方向。

一 文献回顾与评论

留级研究具有不同的取向，积累丰富，但整合性不足，这也带来留级应对措施的诸多问题。

（一）留级研究的文献回顾

留级现象因备受关注而研究成果丰富，但不同研究理路之间却存在着整合性不足的问题，这既导致研究的深入性匮乏，也促使留级矫正方案的有效性不足。以往对于留级的研究总体上是三分天下的局面。结构研究，强调了影响学生留级的诸多结构性因素；功能研究，突出了留级对于教育的微观与宏观影响；评估性研究则侧重于各种矫正项目解决留级问题的效果。

结构研究，探究了学生留级的诸多因素，包括家庭因素、个人因素、学校因素、社会因素等。在家庭因素方面，种族地位、社会经济地位与家庭结构（如单亲家庭）对于留级具有显著性的影响（Dauber，Alexander，and Entwisle，1993；Guo，Brooks-Gunn and Harris，1996；Rodney，Betty，Rodney and Mupier，1999；Randolph，Rose，Fraser and Orthner，2004），父母参与也是影响留级的重要因素（Byrnes and Yamamoto，1985）。个人因素包括留级学生学习成绩较低、纪律问题、性别等因素（Thomas and Mathews，1984；Walker and Madhere ，1987；Dennebaum and Kulberg，1994；Owings and Magliaro，1998；Jimerson，1999；Mccoy and Reynolds，1999；Alexande，Entwisle and Dauber，2003）。一些研究显示留级学生的自我调试能力和心理健康更差，以及更低的社会与行为技能（Jimerson，Robert，Egeland and Sroufe，1997）。动机与同伴群体支持也是影响留级的个人因素（Dodge，Murray and James，2009）。学校因素：Astin（1974）提出了一个参与模型（theory of involvement），运用学生的学校处境来解释学生的学习与留级行为；总体上讲，学校无法满足学生多样化的需要，是留级的一个重要成因。在社会因素方面，一些研究主张区域领导权、当地投票者的意识形态与地区代表的少数官员等，影响到教育系统的留级制度，进而影响到学生的留级（Bali，Anagnostopoulos and Roberts，2005）。

功能研究，可以分为截然相反的两种对立解释，一种主张留级对于学生的促进和改善作用；另一种则强调了留级对于学生的诸多负面影响。

留级可以让学生增加对基础知识的掌握，而提高自我效能，进而获得自信，这是家长和教师群体中的一个流行观点。部分研究认为留级是很多学生不能达到学业要求而通过延长时间来提高对下一年级适应性的一种有效策略（Smith and Shepard，1988）。通过留级，学生可以获得更多的时间进行基础学业上的加强，留级对于学生的惩罚作用也有助于学校对于学业测试的管理（Grant and Ricahrdson，1998）。部分研究也主张，留级可以促使学生的基础知识掌握得更为扎实，有利于其后续课程、知识的学习，因而留级具有长期的积极效果，是课程与教学的一种修补策略（Tomchin and Impara，1992）。因此，相对于自动升级政策来说，留级政策是妥当的，更适合于学生的能力发展。

相反的观点认为，如果留级就会打断或是剥夺学生面临挑战的机会，并将学生前期的失败强加于后续的发展之中，对于学生具有诸多负面影响，如消极影响学生的自我评价（Byrnes，1989；Alexande et al.，2003）、情绪调整、同伴关系、学校参与等。留级随着学生年龄的增长日益显现负面影响，已被丰富的经验所证实（Roderick，1994）。留级学生在班级之中，年龄大于同龄伙伴，因而会感受较大的社会压力，并因此而倾向于离开学校（Stearns and Glennie，2006）。留级学生相对于升级学生具有更少的朋友，并与以前的同伴关系、师生关系断裂（Stearns，Moller，Blau and Potochnick，2007）。学生会感知到低落的自我评价、情绪状态与同伴关系，进而导致旷课（Jimerson，Andersoon and Whipple，2002）。相对于低年级留级更有价值的观点，心理学的研究显示，小学生把留级视为惩罚，并因此而体验到情感上的恐惧、愤怒与失望（Byrnes and Yamamoto，1986），留级学生会对学校产生疏离的感觉（Tuck，1989）。延循这一思路，如果学校取消监控个人学业成就，并采用合适的教学同步指导，留级是不必要的（Hong and Yu，2007）。从宏观与长期的角度审视，留级也带来一定的经济与社会问题。美国为留级学生每年提供的教育投入是140亿美元（Dawson，1998）。同样，留级学生会导致其后期的药物与酒精滥用、青少年犯罪和过早怀孕（Grissom and Shepard，1989），成年以后会经常经历失业，依赖公共救济或是具有犯罪行为（National Association of School Psychologists，2003）。

评估性研究则是对各种留级改善措施的效果评估。有研究探究了中学过渡项目，认为克服留级的最佳方式，是建立专案中的家校整合，尤其是承认个体互动对于留级学生改善的重要作用（Smith，1997）。一些研究测试了个别大学为大一新生提供的适应校园生活课程的项目效果，发现这些课程具有阻止大一新生留级的作用（Jodi，Amber，Seemann and Bell，2012）。但是也有研究表明，学术主题板块和一年级经验课程对于留级没有什么改善作用，而新生兴趣团体对于降低留级具有作用；涵盖能力伙伴与学生实践的创造性专案，要与课程、学生成长经验相结合，才能促进学生与同伴的互动，分享学术兴趣，进而发挥克服留级的作用（Purdie and Rosser，2011）。

（二）研究评论

留级对于学生和社会的诸多负面影响，引起人们对于留级成因和解决措施的关注，但两者之间的关系却是貌合神离。如留级的诸多原因都在学校以外，教育系统针对留级问题采取了多种以学校为基点的解决措施，其效果注定是有限的。因此，这些丰富而凌乱的留级研究，显示出留级因果研究的混乱性、功能研究的矛盾性以及评估研究的单一性。

首先，留级的结构研究，探究各种不同层次的影响因素，却凌乱地混合在一起，没有清晰展示各种因素之间的结构路径。如部分研究认为学校教育无法满足学生多样化的需要而导致学生留级（Astin，1974），而相反的研究也主张，教师、学校对学生做出的留级决定，却取决于学生本身的学术表现（Alexande et al.，2003）。同样，留级影响了社会政治，还是社会政治影响了留级，也是一个逻辑不清的命题展示。

其次，在留级的功能研究，展示出深刻的矛盾性，其实质是教育与社会之间的功能错位。教育的目的在于促进个体的完善与发展，这是毋庸置疑的教育理想，但分层结构决定了社会无力也无需提供人人成功的客观事实。同样，教育希望把投入更多的留级作为加强学生评价和管理的手段，借此改变学业落后学生的处境，这凸显了教育的平等价值，却导致教育资源的浪费，损害了教育的效益与效率，致使其在改善落后学生的效果方面不尽如人意而备受批判。此外，留级固然对于学生个体具有负面影响，但却是阻止教育标准下滑的一个的重要举措，如美国的回归基础运动因主张提高教育水准而宣导留级制度（Louisa and Connell，1992），中国部分不实行留级制的地区，教师也呼吁适当地恢复留级以提升教育测试水准

（潘德、孙传钧，1998）。

最后，留级的评估研究方面显示出教育措施的单一性及其效果的有限性。学生留级的成因早已延伸到学校以外，而学校提供的各种改善性项目，其措施的单一性不言而喻。从对症下药的针对性来审视，其效果有限也在情理之中。这说明了两点，一是学校教育影响的边界性，学生在学校表现很多不符合学校规定、期望的行为，其成因如果不在学校之中，学校则难以彻底解决；二是留级问题的社会性，学生学业落后是社会诸多影响的结果，通过单一的教育措施解决，无疑是把社会问题简化为教育问题。

因此，尽管留级研究不乏丰富性，但缺乏整合性的解释性框架（Sandoval and Fitzgerald，1985）。留级研究建立在经验研究的累积性基础之上，需要引入新的理论视野，来促进研究的统整与深化，并在克服上述问题的基础上，为留级提供更为清晰的解释，进而帮助人们更为准确地理解留级现象。

二　功能主义视野的适应性与个案研究方法

功能主义理论延伸到教育领域，强调了个体适应性的培养与增长，与此相应，研究采用了个案研究方法。

（一）功能主义的适应性解释

功能主义从事物功能的角度出发来解释社会现象，早期的功能主义社会学家也都研究教育，甚至本身就具有社会学家、教育学家的多重学术身份，如斯宾塞、迪尔凯姆等。斯宾塞的功能主义将社会比作有机体，提出结构、分化等一些功能主义研究的核心范畴；其将生物进化中的“物竞天择，适者生存”也直接引入到社会竞争之中，以适应性作为社会个体行为的一个分析核心，延伸至教育中便是“教育就是为未来的生活做准备”。因此，在斯宾塞看来，教育就是个人适应性的一个重要内容。迪尔凯姆，强调社会优先于个人，教育是年轻一代系统社会化的过程；社会成为个人需要适应的目标，技能传承和规则内化是个体适应社会的两个重要教育内容。之后，帕森斯在综合古典社会学的基础上，深入分析了微观的社会行动和宏观的社会结构，在其分析宏观社会结构的 AGIL 模式中，适应是第一个功能子系统。

同样，在教育学的自然主义思想研究中，教育从模仿自然也延伸到适应性。以遵循自然规律的方式展开教育是从古希腊社会以来就存在的朴素想法，夸美纽斯明确地将部分自然规律作为教育原则，而使教育的自然主义开始明晰化。之后的卢梭、裴斯泰洛齐、福禄贝尔进一步将自然主义思想深化，即教育通过遵循儿童身心成长自然规律的方式，提高儿童对于环境的适应性。接着，第斯多惠将自然教育的适应性分为自然适应性和文化适应性。之后，杜威提出了覆盖范围更为广泛的经验适应性，教育就在于通过经验促进孩子的适应性，于是“教育即生长”（张二庆、耿彦君，2006）。自然主义的教育延伸到我国之后，加之严复将斯宾塞的社会进化论引入，1949 年前的教育学界，不乏一些研究将教育界定为适应性的增长，如陈科美就认为“教育即适应”（陈科美，2006）。

从上述理论脉络提供的分析出发，可将学生留级视为学生的学校适应性不足。教育固然要适应学生，但是在工业社会催生的科层制学校中，学校教育的标准化、规模化、复杂化、程式化等特征，决定了学校适应的是学生群体，而非学生个体，如果在个体特征和需要分化的基础上实施学校教育，目前既无法实现，未来也难以预期。相反，从个体的角度，学校也是学生必须适应的教育环境，学生适应性的高低也决定了其在学校的各种表现，其中也包括学业成就，学业成就状况是留级的决定性因素（Witmer，Hoffman and Nottis，2004）。从功能主义“教育即社会化”的角度来审视，学校不但是学生获得技能与内化规则的场所，也是学生适应性的展现场所。

功能主义的适应性，可以有效表示学生在学校的各种表现与成就，相应地，有关学生好中差的分类，实质是适应性高中低的表示，学生留级自然也是学校适应性不足的一种表现。将功能主义的社会化理论引入此中，可以为留级问题提供一个更为深入的分析框架。国外心理学的自我完善模型（The self-systems processes model），也是从学生适应性方面展开的经验研究，其认为个人有动机从事满足他们心里需要的行为活动，而且是相互关联的，个体躲避心理挫折或伤害，个人行为就是在对环境的适应中不断自我完善的（Connell and Wellborn，1990）。

（二）分析框架：家庭与学校的一致性及其延伸

功能主义对于学生社会化的分析，将各种情景的一致性置于适应性的核心，这可以为研究提供一个简要的分析框架。

在情景的转换方面，功能主义的社会化理论认为学生从家庭出来、途径学校而进入社会。弗洛伊德、埃里克森与生命历程等社会化理论都强调了社会化前后阶段的一致性，早期阶段中的问题会延伸出后续发展的障碍。于是，留级学生在学校的落后学业问题，则肯定与其前期的家庭生活息息相关。家庭生活的方式与内容不可避免地受到社会因素的影响，于是学生留级的研究需要从家庭方面获得重要的解释，进而还延伸到父辈建立家庭生活背后的社会影响之中。正因如此，斯宾塞强调教育是为未来的生活做准备，迪尔凯姆主张教育是上一代给下一代传授技能与规则的社会化过程。

借用帕森斯的社会行动理论可以有效地分析学生留级背后的成因。帕森斯的社会行动理论提出行动者的行动包括四个方面：一是行动的目的，包括价值取向；二是行动者可以控制、利用的手段或资源；三是行动者无法控制的外在情景条件；四是行动者采取行动必须考虑或是遵守的规范约束（帕森斯，2003/1949）。帕森斯研究的社会行动，其都是单个具体的，而不同情景之间的行动相关性，则依赖于其他方面的解释。如社会化理论与心理学的迁移理论都主张个体行动的一致性与迁移性，即人们往往把习惯性的行为模式迁移到另一种情景之中。因此，研究认为学生基于家庭而形成的诸多行为习惯被带到学校之中，与学校环境的匹配程度，决定了其适应程度（即适应性的高低）。

依据以上分析，研究核心分析了学生行动目的、手段、条件、规范四个方面在家庭与学校的一致性程度，并适当分析社会对家庭生活的影响。学生行动的四个构成方面，研究分别用价值、人际关系、情境、制度四个方面替代。研究中运用人际关系来替代手段，是因为所有的社会行动都与人际关系不同程度相关，且群体关系与师生关系对于学生的学校表现具有重要影响（刘录护，2009），因此，学校中人际关系也就是学生适应学校可资利用的一个非常重要的手段，人际关系的精神分析学派将人的心理问题一概归结为人际关系问题，而部分经验研究也认为人际关系的不适导致学生翘课与拒学行为的发生（刘录护，2012）。

（三）扩展性个案研究方法的选取

遵循研究意图和借鉴已有研究成果，本研究选取扩展性的个案研究方法。个案研究是一种广泛使用的研究方法。个案研究不但有整体性、独特性、丰富描述、归纳理性、经验理解等特征；而且有探索性的重要研究功能，可以了解现象过程与情景脉络，并借此进行研究的发现和理解（Merriam，1988）。布洛维（Burawoy）（2007/1998）提出扩展性个案研究方法，认为理论与个案研究之间存在距离，个案研究方法的主要目的在于修正和发展理论，个案研究样本的代表性因而也就不存在问题。

个案研究采用多种资料收集方法，本研究采用民族志观察与深度访谈两种。民族志观察集中于为期皆为1年多的广州市的一所完中和一所小学，主要收集学生在学校行为表现方面的资料。深度访谈是研究者对学生、家庭和教师进行了时间不低于2个小时的访谈。其中的学生案例主要局限于广州、澳门。

研究收集的留级案例有17例，其中广州12例，澳门5例。文中所有的编码暗含了性别、年级两个资讯。编码中前面大写字母部分为的个案姓名缩写，后面的字母编码B、G分别代表了男生、女生，最后的数字由1—16组成，分别表示从小学一年级到大学四年级的16个年级。由于广州市留级学生非常稀少，澳门留级学生的难以直接访谈（研究通过华南师范大学的澳门生获得），研究的案例数量不多。

三　学生的学校适应性：价值、人际关系、情境、制度

学生学校的适应性，主要表现为价值取向、人际关系状态、情境领略与制度适应四个方面。

（一）价值取向

注重价值是唯意志行动理论的核心，帕森斯认为其虽不能涵盖行动的所有，却是行动的一个重要组成部分，决定了行动的目标、指向、整合等诸多方面。因此，学生个体价值取向对于学校教育价值的背离程度也决定了在学校生活的参与性与投入性。

研究中访谈的案例都不同程度地展示出与学校教育价值的偏差。如案例TWW－G11就认为："学校对于我没有什么吸引力，整天就是学习。我看很多人不学习照样成就大的，考上大学又能怎么样呢。我爸爸做生意，对于我上大学也没有特别要求，反正家里物质条件也不错。"部分案例也

展示了价值观的超前性，案例 YXX－B11 说道："我觉得学校里的学生比较幼稚，毫无社会阅历。我现在非常想进入社会工作，我喜欢上网，我身边的很多同学、朋友也都经常上网的，我和社会上的那些朋友搞网络肯定能挣钱的。"YXX－B11 的父亲是一位没有接受高等教育的包工头。

澳门的学生也表现出对于学习的无兴趣，如学生 GJL－G14 谈道："我觉得我上学时，对于学习没有什么兴趣，尽力做完教师的作业，我也不阅读，回到家就是整天看电视或是上网。晚上，爸爸妈妈和我一起看电视，他们对我也没有什么特别的文凭期望。"学生 ZHW－B15 就说道："我弟弟也是留级的，他回到家整天是不学习的，上网玩游戏，澳门的竞争压力没有那么大，18 岁以后就可以上班了，去赌场工作也不一定需要高学历。澳门旅游服务业发达，做个事情还是容易的。我爸爸对孩子的学习看得比较淡，可能因为他就没有上大学吧。妈妈虽然经常提醒弟弟做作业，但也没有严格要求。"

留级学生对于学习、文凭与教育的重要性，认同度较低，并不认为学校课程的熟练掌握是个人生存与发展的必经之途。在研究者的观察中，专业技术人员阶层对于孩子的教育最为看重，因为在家长自身的个人经历与发展中，专业文凭与能力扮演了非常重要的作用。而没有接受高等教育而获得较高社会成就的人，对于教育的看法则显得一般，这种价值也无形中传递给了孩子。

（二）人际关系状态

学校中的同伴关系与师生关系，是学生身处于其中的人际环境。学生人际关系能力的欠缺，导致其人际交往的应对上，存在着各种困难与障碍，这种障碍必然会延伸到学生的校园生活与课堂学习中。

对于人际关系障碍的压力，如学生 LZM－G10 的父亲就说道："孩子与人相处的人际关系很糟糕，在班里一个朋友都没有。经常和同学因交往中的细节处理不好而大吵，甚至说'我要杀了你'之类的气话，让其他学生都很害怕，经常找老师来处理。孩子已经看过 7 个心理医生了，现在晚上还尿床，压力已经很大了，还有多少心思去学习呢，学习成绩肯定糟糕的。当然，孩子人际关系糟糕，跟我们家庭也有关系，孩子小时候就因为我们的职业调整和其他原因经常搬家，他与同龄人、家庭外的人交往较少，我们和孩子的沟通也不够。"同样，案例 TWS－G10 就说道："我在以前的那个学校就不大会和同学交往，经常躲在宿舍里一个人哭。后来留级转到这个学校，我还是不会与人交往，我想和班里别的女生交往，但是不知道怎么办，我就经常走在别人的后面不说话，别人不喜欢这样，就直接拒绝我跟随了。我的学习成绩也因为这种压力而不断下降。”研究后来也了解到，TWS－G10 的母亲因父亲在外地工作有外遇，而经常拿孩子撒气，母女关系极为冷漠。同样 LFM－G11 也说道：“我和班里其他的女生难以交往，我就到别的班找朋友，但是我们班的女生又批评我为什么不找她们做朋友，跑到外班找什么朋友呢。我现在一上课，看见前面的那些人头就烦的。我也明白，我在家里就是一个乖乖女，父亲说不让我看的，不让我和同学出去玩，我都照做，所以我没有多少与人交往的机会。”同样，澳门生 GJL－G14 就说道：“我以前在湖南上学，初中以后才到澳门来学习，觉得和别人相处总是有问题，高中拍拖才觉得自信心恢复了好多。这主要是因为我初中转来之后和澳门同学的交往存在较大的障碍。”

研究中在广州观察到的个案，有 9 例留级案例都与人际关系的心理问题有关。可见，人际关系的问题导致学生在学校中的适应性出现问题，很多学生也都出现不同程度的拒学行为或是翘课行为。

（三）情境领略

学校生活涵盖各种不同的情境，学生在情境中表现的恰当与否都直接影响到自身对于学校生活的体验与态度。

学校是一个公共场所，而家庭是一个私人领域，二者之间具有巨大的差异；家庭私人生活的复杂性也导致学校制度对于家庭问题的应对无力。对于前者，案例 CZT－B10 就说道：“我上高一的时候，我们要参加学农活动，班集体到农村的一个园艺场学习一周。吃饭都是大家一起的，围着大桌子，桌子上没有转盘，我够不着比较远的菜，我就把那边的菜碟端起来往我碗里刨，结果我刚刨了一点的时候，整个桌子都安静了，我突然意识到我的行为是错的，于是赶忙放下来，接着是整个桌子的大笑，后来传遍了全班，想起来，我至今都有很大的压力。”类似于这样的动作，在普通家庭的私人生活内是极为普遍的，但是在学校的公共场所中则是极不合适的。对于后者，学生 HBT－B7 的教师就说道：“这个孩子的状态一直不好，白天上课就是睡觉，晚上回家也不做作业，就是玩手机刷机，半夜 12 点以后游戏积分会加倍，于是孩子在 12 点以后还要玩的。我也到孩子家里了解过了，他妈妈和爸爸离婚了，妈妈带着孩子住在城中村一室一厅的出租屋里，室里有上下铺两张床，上铺堆放杂物，下铺妈妈睡，孩子就睡地铺。妈妈在商场工作，每天下午1点钟上班，晚上十一二点回来，根本没有时间教导孩子。我建议妈妈让孩子跟外公住，但是妈妈说他们和外公外婆的矛盾很严重，这个做法不可能；我建议给孩子报一个托管班，妈妈也没有答应。妈妈建议孩子晚上可以参加学校给初三年级准备的晚自修学习，但是我觉得也难以实现而没有答应。孩子要是放在初三那个班上，总要有人照看，我和别的老师晚上都没有时间。这个孩子现在对什么都很淡漠、无所谓，已经用各种理由翘课了，我也没有办法的。”这种家庭生活的紊乱和经济窘迫，已经不可避免地对孩子产生负面影响，解决更是无从谈起，学校解决也充满了各种制度、人际关系、教师精力投入的障碍。

研究者在学校进行的观察研究中，学生出现很多不适应学校情境的各种行为，这些行为最终也会引发学校对于学生的负面回应，学生在学校的适应性因这种负面回应而被进一步降低。

（四）制度适应

学校作为一个科层制组织，其制度规定涉及学校的很多方面，研究只是观察了学生对于学校课堂制度的适应性，因为影响孩子学业成就的因素主要集中于学生课堂听讲的效率。因为在孩子课堂听讲与做作业的两个学习活动中，课堂听讲持续的时间无疑是占据了重心位置。

工业化的管理模式典型的一个特点就是时间管理，严格按照时间来规范人的行为，如学校40分钟一次中间休息10分钟，并依次排列的课堂授课制，要求学生必须遵守诸多规则，如行为安静等。这预示着家庭私人生活的自由性与学校时间管理的严格性注定具有诸多的差异。如案例CMM－G1的妈妈就说道：“孩子上学很好动，上课的时候不是把这个戳一下，就是扯那个，或是左右交头接耳，让老师受不了，我每周接到班主任的投诉电话不下两次，弄得我也很烦。我也带孩子去看过心理医生，医生说是孩子有好动症，要吃药，但是我不大相信，好动怎么就是病了呢，所以也就没有让孩子吃。”而CMM－G1就研究者询问做家庭作业时的行为状态时说道：“我做作业不到5分钟就要动的，要么是摆弄一下手指头，要么看课外书，要么玩手机，要么躺在床上看天花板，要么出去倒杯水，要么上卫生间，要么到客厅把电视瞄两眼，等等。”在研究者看来，这种 5 分钟就要动一下的行为习惯根本就无法适应学校 40 分钟都不能动的课堂，而 CMM – G1 母亲从来对此也不以为然。其实，研究访谈中的很多家长，只注重孩子完成学校的作业，但对于孩子如何完成学校的作业，则从不在意。阅读是提高孩子课堂适应能力的一种训练活动，但是很多家长却没有阅读习惯，所有研究中的留级案例也没有阅读习惯。当然，研究中接触的澳门生在大学亦无阅读习惯，甚至觉得内地大学学生的晚自习令人恐怖。

等级不同学校之间的转换，也会导致学生行为适应性的变化。如 ZWY – B12 的家长就说道："孩子上小学的思维活跃，我们家长也喜欢他问这问那的。他上课也是这样，不但经常积极回答问题，还会想到与这个问题相关的另一个问题，于是就举手提问，老师也耐心解答。小学老师在我面前经常夸奖孩子，说孩子善于思考。孩子上了初中依然是这样的，课堂上既喜欢回答问题，也喜欢提问，且提的问题比较多甚至是一连串的，教师回答了以后就发现课堂时间不够用，当天的内容讲不完。后来的所有的老师都开始感觉到压力，要是我的孩子上课，他们就无法按照既定的进度要求完成当天的教学内容。最后气得班主任都要打我的孩子，所有的老师都不让我的孩子上课，给孩子在教师办公室的阳台上支了一张桌子，让他自学。我去看孩子的时候，孩子像个猴子一样被老师从阳台上拎出来。后来学校也没有办法，就让我们转学。"其实这位母亲和孩子都没有意识到小学课堂与中学课堂的巨大的差异，研究在中小学的课堂观察中发现，小学课堂内容较少，教师课堂有大量的闲置时间，教师课堂上提问的人次可达 30 人次以上，善于提问的学生往往可以减轻教师备课的投入而招致教师的喜欢；但到了中学，由于课堂内容加重，老师课堂空闲的时间急剧减少，相应地提问人次也急遽降低，学生课堂提问往往成为教师课堂时间控制的压力来源。这些课堂教学内容的数量变化，催生了课堂规则的变化，进而带来学生学校适应性的变化。

上述个体行动四个方面的分析，其核心是在于突出：学生基于家庭养成的行为模式被带到学校以后，在价值、人际交往、情景与制度规范方面，与学校生活具有或多或少的差异，这种差异的大小也决定了其适应性的高低。因此，家庭与学校越不一致，学生需要转换的情景障碍就越大，学生的适应性就越差；反之亦反。家庭生活并非截然独立，而必然受到社会的影响。

四　社会因素对于家庭生活的影响

关于社会因素对于家庭生活的影响，本研究探索了主流价值、产业结构、人口素质等几个方面的因素。

（一）主流价值

在主流价值的影响方面，本研究在访谈中可以明显地观察到珠三角早期工业化的影响、社会分化中的亚文化影响，以及澳门降低学业要求的影响。

珠三角地区是国内工业化起步较早且较发达的区域，而一些经济学研究认为，工业化起步阶段往往对于教育具有负面影响，因为劳动力市场的需要会促使学生较早地结束学业而卷入其中（王威海、顾源，2012）。本研究中 WCW - G7 就说："我的爸爸妈妈也盼望着我早点毕业，好去工作挣钱。即使大学毕业出来也要工作挣钱的。我觉得上不上大学也无所谓，考不上高中，上一个技术学校行了。"而对于城市的亚文化，处于城市边缘阶层的人口群体，如城中村等群体，对于孩子的教育较为淡漠，如学生 HLN - G11 的妈妈就说："孩子现在打扮得很时髦，和高中生格格不入的，也不讨同学和老师喜欢，她也因此经常翘课，偶尔出去挣点钱。我们觉得也无所谓，反正我们这样的城中村也是每年有红利分的，大家的孩子也都是这样的。我只是觉得孩子现在每个月的零花钱要 2000 多，要是能把零花钱降下来就好了。"

澳门由于较低的失业率和较为完善的社会保障，很多家庭对于孩子的教育往往没有过高的期望。如案例 GXF - G14 就说："我爸爸妈妈对于我上大学没有什么要求，在澳门找工作也方便。我上师范专业是因为做教师比较稳定。去香港，或去国外发展，一般都是那些个别高层家庭才这样要求孩子的。我也没有想着留在广州发展。"同样，GJL - G14 也说道："弟弟不爱学习，也留级了，爸爸妈妈也不紧张。澳门的工作就是赌场、政府事业单位、旅游业、餐饮业等，很多工作就像赌场对于教育文凭也不做要求，就业生活也不是问题。"

尽管儒家文化圈都较为重视孩子的教育，但是这种文化依然会受到工业化、社会分化、社会保障等因素的影响。

（二）产业结构

产业结构对于家庭生活的影响，主要是通过家长职业时间规则来影响家庭生活，进而还影响到家庭的代际沟通。

家长职业时间决定了其家庭生活时间，家长职业时间与孩子上学时间规则差异较大，导致家庭代际沟通的时间极为不足。如案例 ZXN－G10 的母亲就说："孩子现在经常翘课。这个肯定与我们的职业有关系。我们是开门面的个体户。孩子上学的时候人们大都也在上班，逛街的人不多；孩子下午四五点钟放学后，人们都下班了，逛街的人也就很多，这恰是我们经营的高峰期。我们上班时间和孩子上学时间是颠倒的。孩子下午四五点放学的时候，我们忙于经营店面；等到我们晚上 11 点左右打烊回家，孩子就已经睡着了；第二天早上 7 点孩子起床上学的时候，我们还在睡觉的，广州的店面如果不是买早餐的一般都是早上九十点才开门营业的。我们和孩子在家的共同时间大都是睡觉的时候，交流很少。"研究中的广州案例还涉及列车员、护士等职业，以及部分频繁出差的专业人员、应酬繁忙的党政领导与企业管理人员等。

同样在澳门，由于赌场和旅游业的发达，很多从事这一类型工作的家长，也与孩子沟通较少，这种情况因澳门产业结构而具有普遍性。如 GXF－G14 就说道："妈妈和爸爸在赌场上班，都是轮班制的。很多时候我和弟弟回家，家里都没有人的。要么买便当吃，要么就是妈妈提前做好我们自己吃，吃完就看电视或是上网玩了。爸爸妈妈不在的时候，弟弟就只是在吃饭时间回家，之前之后都是和同学出去到网吧玩。中午也是一样，我们吃完饭就一直看电视到上学前。要是妈妈不值夜班在家里的话，弟弟会回来得早一些，甚至不出去玩。"访谈中的澳门案例大多数的家长或是家庭成员，都有从事赌场或是旅游服务业的职业经历。

家长职业时间规则与学生上学的时间规则越不一致，家庭代际沟通的时间就越欠缺，文化传递的丰富性就越差，进而导致学生在学校的适应性不足，这也是经济产业影响学生学校适应性的一种路径。

（三）人口素质

人口素质主要是通过家长素质来影响孩子的家庭教育，这主要是影响了家长主观采用的教育方式与方法。研究暂未获得澳门人口的学历构成，但是访谈中了解到的学生家长具有高学历的比例极少，同样广州市的留级案例中，低学历的也较多。这种低学历的家长，在教育中主要表现出教育方式的单调性与教育策略失误两个方面。

诸多案例的家长都表现出教育方式上的单调性。如家庭沟通方面，很多案例都如 GXF – M14 说的“爸爸妈妈很少给我们讲述他们职业中发生的事情。大部分沟通只是询问一下我们在学校中的情况”。由此看来，很多家长都注意了解孩子，但是缺乏向孩子传递资讯和教育孩子的意识。而案例 ZHW – B15 就说道：“妈妈是高中文化，在赌场上班，爸爸是初中文化，做建筑装修。妈妈对我和弟弟的要求严格一些，但是弟弟不大听，她就经常就同样的要求不断重复，弟弟也不喜欢。爸爸对于我和弟弟往往不做什么要求。家里的教育方式也很简单，就是讲道理和奖励了，奖励主要是针对弟弟的，但是弟弟实现的次数不多，教育效果也不明显。”研究中的很多家庭，使用最为频繁的教育方式就是讲道理，但研究者的经历发现，讲道理是使用最为频繁的教育方式，但也是效果最不明显的教育方式。频繁地重复，甚至把道理演化成了话语暴力。

在家长教育策略的失误方面，家庭的劣势条件需要采用替代性的策略与阻止其可能出现的负面影响。比如在家长职业时间不规则而和孩子沟通较少的情况下，就需要采取替代性的措施，但是研究访谈中的案例都没有替代性策略。如学生 ZWF – G14 就有趣地说道：“我们中午回家，爸爸妈妈不在，很多同学都是买饭到同学家里去吃，吃完就是看电视或是玩游戏了。晚上爸爸妈妈要是不在家，也是一样的。我很少阅读课外读物，很多同学也是一样。现在我上华师，看到内地的同学经常看书，晚上还要上晚自习，觉得压力挺大的。现在受同学的影响，看了很多格林童话、安徒生童话，回去做教师可以给孩子讲述很多有趣的故事了。”在研究中，澳门学生几乎都没有阅读的习惯，每天只是完成课程作业，阅读几乎很少扩散到课程要求之外。在家庭教育优势的发挥与培养孩子的特长方面，所有的家长几乎都是毫无意识，表现出教育都是学校的事的意识。如广州的案例几乎没有参与特长兴趣培养，而澳门生的特长兴趣也大部分是在学校的强制性选择下来进行。

教育系统作为社会的一个子系统，不可避免地受到社会影响，社会文化价值、产业结构与人口素质影响着家长，自然也影响着家长给孩子提供的家庭教育。尤其是在澳门这样一个区域内，可以很明显观察到产业结构对于家长职业时间与家庭代际沟通的影响。

五　研究讨论

本文通过个案进行探究，旨在探究学生适应性的影响路径，研究讨论集中于下述几个方面的问题。

（一）留级的形成路径

留级研究具有丰富的积累，但亦较为凌乱，且不乏研究冲突，本研究不在于证实已有研究的结论，而在于为这些研究探索一个整体性的解释路径，以克服这一研究领域的零散性与矛盾性。

就留级研究的结构性解释来看，探究留级成因的社会因素与家庭因素较为重要，但是需要分清前后的路径位置。而有关学校的成因过于理想和矛盾，要求具有标准化特征的科层制学校实现教育的多样化需要，无疑具有组织困难；同时，学校只能在群体的层面适应学生，而学生在个体层面必须适应学校。留级的功能解释，也需要奠定在留级的结构性解释之上，如果导致学生学校适应性的因素依然存在，学生留级也就不是解决学业不良的根治之策，留级效果的有限也自在情理之中。有关克服留级问题的评估性研究，虽然展示了学校教育的能动性，但其不明朗的效果，也说明学校专案效果的有限性。这也从一个侧面说明了教育影响的边界。

（二）教育的边界：留级是社会问题的教育延伸

学生在学校的适应性不足，导致其学业不良，但其成因却不在学校之中，学校教育克服这一问题的效果也就具有有限性。

学校作为一个教育场所，以塑造和提高学生的能力为基础，但是学校也是一个表现场所，需要学生以前期的成长为基础。学生前期家庭生活中养成的诸多行为模式，在价值取向、人际关系、情景领略与制度适应方面与学校环境存在较大的差距，学校标准化的科层制组织模式，难以跨越这种多样化的差距，这也决定了学校应对学生学业不良的措施有限，针对部分个体虽不乏成功案例，但是却无群体层面上的改善效果。因此，学生在学校表现出不符合学校期望、规定的诸多（包括学业落后）问题，如其成因不在学校，那么学校是难以解决的；同样，学生在课堂中表现不符合课堂要求与规定的诸多问题行为，如其成因不在课堂之中，课堂也是难以解决的。因此，学校针对学业不良而采取的留级措施，其主要功能就流向教育理想与提高水准的坚持，而不是解决学业不良问题的根本。

（三）留级解决策略的构想

学业不良问题的成因不在学校之中，学校的留级措施自然应对乏力。因此，留级现象是一个社会问题的延伸，自然也需要社会合力来解决。

一些研究主张通过学校内部的教育革新来解决留级问题，如有学者主张通过学校的课程与教学改革来满足学生多样化需要，如强化学习等，来降低留级率（Johnson and Rudolph，2001）。部分研究者也尝试进行全年学校、时间模组，以及灵活群体、合作学习等课堂教学模式、小班化教学，群体多样化与回圈，加强一些科目的夏令营辅导，以及引入社会工作者的技能支持与协助等措施（Leckrone and Griffith，2006）。部分研究则主张网络指导、积极回馈、掌握学习等方式来克服留级（Twigg，2003）。这些措施尽管不乏学术界的宣导，但是以此来克服导致学生学业不良的诸多心理与行为问题，除了捍卫教育万能论的理想外，似乎并没有显现明确的矫正效果。因此，针对留级问题的解决，其必然延伸到学校之外的家庭与社会之中，如部分研究认为留级措施必须涉及家庭生活方式的调整（Budny and Paul，2003），或是通过社区与家庭协商，在适应父母的职业时间的前提下加强家校合作而降低留级（Epstein，1994）。同时，社会对家庭的救助和支持、改善贫穷、经济产业升级等可以为留级问题的解决提供积极的影响。

六 研究结论

本文在回顾留级研究的基础上，运用功能主义理论和自然主义教育理论的契合性，以适应性概念来解释留级问题。本研究不在于证实已有的研究结论，而在于为留级问题提供一个功能主义的解释视野，以此来丰富人们对于留级问题的理解。研究的结论可以明显分为文献评论、研究分析与推测等几个方面的结论。

在文献评论方面，已有留级研究三分天下的局面，在显示留级丰富性的同时，也展示出诸多的研究矛盾。留级的成因分析已经延伸到学校之外，决定了学校应对留级问题的局限性。正是这种成因与应对方向的不一致，导致留级结构分析的混乱性、功能解释的矛盾性与评估研究的单调性。

在研究分析结论方面，学生留级可视为学校适应性不足的一种表现；决定学校适应的因素是，学生在家庭早期形成的价值、人际关系能力、情景领略与制度适应等行动构成与后期学校生活中的差距，家庭与学校生活的一致性程度也就是学生适应性高低的关键；进而，社会文化价值取向、产业结构与人口素质也会通过影响家庭生活而影响到学生的学校适应性。

在研究推测方面，留级的成因不在学校，学校难以解决留级问题；留级问题是社会问题在教育中的延伸，其相应的解决也需要社会调整与力量的辅助。

本文针对留级进行的个案研究，更具探索性，这决定了拓展和强化的需要。如，学生行为的适应性机制，学生家庭生活、学校生活一致与矛盾的详细分析与深化等，同样，澳门的留级学生比例较高，收集分析更多澳门资料，也可以深化澳门地区的留级研究。当然，对于留级问题的研究，是教育学术追求与社会关怀的双重体现，其具有不言而喻的拓展价值。

参考文献

王威海、顾源：《中国城乡居民的中学教育分流与职业地位获得》，《社会学研究》2012 年第 4 期。

麦克·布洛维：《公共社会学》，沈原译，社会科学文献出版社 2007 年版。

刘录护：《群体社会化对于青少年的影响》，《青年探索》2009 年第 1 期。

刘录护：《城市青少年的翘课与拒学研究：一个群体社会化的解释框架》，《青年研究》2012 年第 6 期。

陈科美：《新教育学纲要》，福建教育出版社 2006 年版。

陈惠英：《义务教育阶段留级制度之审思》，《教育测量与评价》2013 年第 1 期。

张二庆、耿彦君：《西方自然主义教育思想发展述评》，《河北师范大学学报》（教育科学版）2006 年第 3 期。

塔尔科特·帕森斯：《社会行动的结构》，张明德、夏遇南、彭刚译，南京：译林出版社 2003 年版。

潘德、孙传钧：《上海市小学几无留级做法之我见》，《上海教育科研》1998 年第 1 期。

Alexande, K. L., Entwisle, D. R. and Dauber, S. L. *On the Success of Failure: An Reassessment of the Effects of Retention in the Primary Grades* (2nd ed.). New York: Cambridge University Press, 2003.

Astin, A. W. *Preventing Students from Dropping out.* SanFrancisco: Jossey-Bass Publishers, 1974.

Bali, V. A., Anagnostopoulos, D. and Roberts, R. Summer. "Toward a Political Explanation of Grade Retention." *Educational Evaluation and Policy Analysis*, 2005, Vol. 27, No. 2: 133 – 155.

Budny, D. D., and Paul, C. A. "Working with Students and Parents to Improve the Freshman Retention." *Journal of STEM Education: Innovations and Research*, 2003, Vol. 4, No. 3: 1 – 9.

Byrnes, D. A. "Attitudes of Students, Parents, and Educators toward Repeating a Grade." in *Flunking Grades: Research and Policies on Retention* (pp. 103 – 131), edited by Lorrie A. Shepard and Mary Lee Smith. London: Falmer Press, 1989.

Byrnes, D. and Yamamoto, K. Y. "Academic Retention of Elementary Pupils: An inside Look." *Education*, 1985, Vol. 106, No. 2: 208 – 214.

Byrnes, D. and Yamamoto, K. Y. "View on Grade Repetition." *Journal of Research and Development in Education*, 1986, Vol. 20, No. 2: 14 – 20.

Connell, J. P. and Wellborn, J. G. "Competence, Autonomy, and Relatedness: A Motivational Analysis of Self-system Processes." In M. R. Gunnar & L. A. Stroufe (Eds.), *Minnesota Symposium on Child Psychology*, 22 (pp. 43 – 77). Hillsdale, NJ: Erlbaum, 1990.

Dauber, S. L., Alexander, K. L. and Entwisle, D. R. "Characteristics of Retainees and Early Precursors of Retention in Grade: Who Is Held Back?" *Merrill-palmer Quarterly*, 1993, Vol. 39, No. 3: 326 – 343.

Dawson, P. "A Primer on Student Grade Retention: What the Research

Says." *Communiqué*, 1998, Vol. 26, No. 8: 28 –30.

Dennebaum, J. M. and Kulberg, J. M. "Kindergarten Retention and Transition Classrooms: Their Relationship to Achievement." *Psychology in Schools*, 1994, Vol. 31, No. 1: 5 –12.

Dodge, T. M., Murray F., and James, M. "Student Retention in Athletic Training Education Programs." *Journal of Athletic Training*, Mar/Apr (2009), Vol. 44, No, 2: 197 –207.

Epstein, J. L., "Theory to Practice: School and Family Partnerships Lead to School Improvement and Student Success." In C. Fagnano and B. Werber (Eds.), *School, Family, and Community Interactions: A View from the Firing Lines* (pp. 39 –52). Boulder, CO: Westview, 1994.

Grant, J. and Ricahrdson, I. *The Retention/Promotion Checklist.* Peterborough, NH: Crystal Springs Books, 1998.

Grissom, J. B. and Shepard, L. A. "Repeating and Dropping out of School." In L. A. Shepard and M. L. Smith (eds.), *Flunking Grades: Research and Policies on Retention* (pp. 34 –63). New York: Falmer, 1998.

Guo Guang, Brooks-Gunn. J. and Harris K. M. "Parents' Labor Force Attachment and Grade Retention among Ubran Black Children." *Sociology of Education*, 1996, Vol. 69, No. 3: 217 –236.

Hong Guanglei and Yu Bing. "Early-Grade Retention and Children's Reading and Math Learning in Elementary Years." *Educational Evaluation and Policy Analysis*, 2007, Vol. 29, No. 4: 239 –261.

Jimerson, S. "On the Failure of Failure: Examining the Relationship between Early Grade Retention and Education and Employment Outcomes During Late Adolescence." *Journal of School Psychology*, 1999, Vol. 37, No. 3: 243 –272.

Jimerson, S., Andersoon, G. and Whipple, A. "Winning the Battle and Losing the War: Examining the Relation between Grade Retention and Dropping out of High School." *Psychology in the Schools*, 2002, Vol. 39, No. 4: 441 –457.

Jimerson, C. E., Robert, M., Egeland, B. and Sroufe, L. A. "A Prospective, Longitudinal Study of the Correlates and Consequences of Early Grade

Retention." *Journal of School Psychology*, 1997, Vol. 35, No. 1: 3-25.

Jodi, L., Amber G., Seemann, E. A. and Bell, D. C. "Evaluating the Impact of Supplemental Instruction on Short-and Long-Term Retention of Course Content." *Journal of College Reading and Learning*, Spring (2012), Vol. 42, No. 2: 8-26.

Johnson D., and Rudolph, A. "Critical Issue: Beyond Social Promoting and Retention - Five Strategies to Help Students Succeed (Developed for North Central Regional Educational Laboratory)." Naperville, IL: Learning Point Associates, 2001.

Leckrone, M. J. and Griffith, B. G. "Retention Realities and Educational Standards." *Children & Schools*, Jan, 2006, Vol. 28, No. 1: 53-58.

Louisa, H. P. and Connell, J. P. "Effect of Grade Retention on Self-System Processes, School Engagement, and Academic Performance." *Journal of Educational Psychology*, 1992, Vol. 84, No. 3: 300-307.

Merriam, S. B. *Case Study Research in Education: A Qualitative Approach.* San Francisco: Jossey-Bass Publishers, 1988.

Mccoy, A. R. and Reynolds, A. J. "Grade Retention and School Performance: An Extended Investigation." *Journal of School Psychology*, 1999, Vol. 37, No. 3: 273-298.

National Association of School Psychologists. *Position Statement on Student Grade Retention and Social Promotion.* Bethesda, MD: Author, 2003.

Owings, W. A. and Magliaro, S. "Grade Retention: A History of Failure." *Educational Leadership*, 1998, Vol. 56, No. 1: 86-88.

Purdie, J. R. and Rosser, V. J. "Examining the Academic Performance and Retention of First-year Students in Living-learning Communities and First-year Experience Courses." *College Student Affairs Journal*, 2011, Vol. 29, No. 2: 95-112.

Randolph, K., Rose R., Fraser M. and Orthner D. "Promoting School Success among at Risk Youth." *Jounal of Poverty*, 2004, Vol. 8, No. 1: 1-22.

Roderick, M. "Grade Retention and School Dropout: Investigating the Association." *American Educational Research Journal*, 1994, Vol. 31, No. 4:

729 –759.

Rodney, L. W. , Betty C. H. , Rodney, E. and Mupier, R. "Varianles Contributing to Grade Retention among African Adolescent Males." *Journal of Educational Research*, 1999, Vol. 92, No. 3: 185 –190.

Sandoval, J. and Fitzgerald, P. "A High School Follow-up of Children Who Were Non-promoted or Attended a Junior First Grade." *Psychology in the Schools*, 1985, Vol. 28, No. 3: 164 –170.

Smith, J. B. "Effects of Eighth-grade Transition Programs on High School Retention and Experiences." *The Journal of Educational Research*, 1997, Vol. 90, No. 3: 144 –152.

Smith, M. L. and Shepard, L. A. "Kindergarten Readiness and Retention: A Qualitative Study of Teachers' Beliefs and Practices." *American Educational Research Journal*, 1988, Vol . 25, No. 3: 307 –333.

Stearns, E. and Glennie, E. J. "When and Why Dropouts Leave School." *Youth and Society*, 1988, Vol . 38, No. 1: 29 –57.

Stearns, E. , Moller, S. , Blau, J. and Potochnick, S. "Staying back and Dropping out: The Relationship between Grade Retention and School Dropout." *Sociology of Education*, 2007, Vol. 80, No. 3: 210 –240.

Thomas, H. C. and Mathews, K. M. "The Effect of Nonpromotion of Elementary and Junior High School Pupils: A Meta -Analysis." *Review of Education Research*, 1984, Vol. 54, No. 2: 225 –236.

Tomchin, E. M. and Impara, J. C. "Unraveling Teachers' Beliefs about Grade Retention." *American Educational Research Journal*, 1992, Vol. 29, No. 1: 199 –233.

Tuck, K. "A Study of Students Who Left: D. C. Public School Dropouts." Paper Present at American Educational Research Association Annual Meeting, San Ffrancisco, 1989.

Twigg, C. A. "Improving Learning and Reducing Costs: New Models for Online Learning." *Educause Review*, 2003, Vol. 35, No. 5: 28 –38.

Walker, E. M. and Madhere , S. "Multiple Retentions: Some Consequences for the Cognitive and Affective Maturation of Minority Elementary Students." *Urban Education*, 1987, Vol. 22, No. 1: 85 –102.

Witmer, S. M., Hoffman, L. M. and Nottis, K. E. "Elementary Teachers' Beliefs and Knowledge about Grade Retention: How Do We Know What They Know?" *Education*, Winter 2004, Vol. 125, No. 2: 173 - 193.

（作者简介：刘录护，讲师，华南师范大学）